TEATRO ESCOGIDO

Antón Arrufat (Santiago de Cuba, 1935). Poeta, narrador, dramaturgo y ensayista, estuvo vinculado a las redacciones de *Ciclón*, *Lunes de Revolución* y *Casa de las Américas*. En su vasta obra literaria sobresalen libros de poesía —*La huella en la arena*—, colecciones de narrativa —*¿Qué harás después de mí?*— y de ensayos —*El hombre discursivo*—, además de las novelas *La caja está cerrada* y *La noche del Aguafiestas* —que mereciera el Premio Alejo Carpentier en su primera edición—. Su creación para la escena, donde sobresalen títulos como *Todos los domingos* y *Las tres partes del criollo*, ha sido publicada y estrenada. Con *Los siete contra Tebas* —publicada en Cuba y en el extranjero— obtuvo el Premio José Antonio Ramos de la Unión de Escritores y Artistas de Cuba (UNEAC) en 1968. Su labor en el campo de la crónica, donde destaca su volumen *De las pequeñas cosas,* lo convierte en un semejante de quienes, en las páginas de *El Fígaro* o *La Habana Elegante*, convirtieron este delicado género en un ejercicio de sutiles aciertos. Es miembro de la Academia Cubana de la Lengua. Admirado hoy por la más joven generación literaria de la Isla como pocos autores vivos, recibió el Premio Nacional de Literatura de Cuba en el año 2000.

Antón Arrufat
TEATRO ESCOGIDO

Edición homenaje, revisada por el autor,
al cuidado de Ernesto Fundora

De la presente edición, 2018:

© Antón Arrufat
© Editorial Hypermedia

Editorial Hypermedia
www.editorialhypermedia.com
www.hypermediamagazine.com
hypermedia@editorialhypermedia.com

Selección y edición: Editorial Hypermedia
Diseño de colección y portada: Editorial Hypermedia Inc.
Corrección y maquetación: Hypermedia Servicios Editoriales S.L.

ISBN: 978-1-948517-36-2

Quedan prohibidos, dentro de los límites establecidos en la ley y bajo los apercibimientos legalmente previstos, la reproducción total o parcial de esta obra por cualquier medio o procedimiento, ya sea electrónico o mecánico, el tratamiento informático, el alquiler o cualquier otra forma de cesión de la obra sin la autorización previa y por escrito de los titulares del copyright.

EL CASO SE INVESTIGA

PERSONAJES

INSPECTOR
EULALIA
AMELIA
EUGENIA
VOCES

Acto único

Una saleta. Puerta vidriera al fondo. Se ve parte de patio. Muebles coloniales de mimbre. Mesa de caté con tres sillas. Sofá. Un radio viejo. Plantas. El Inspector y Eulalia. El Inspector lleva un traje a rayas y escarpines. Apunta de cuando en cuando en una libretica negra. Usa lentes. Eulalia viste una bata blanca de encajes. Tiene un abanico de guano. Se encuentran sentados uno frente al otro.

INSPECTOR. Y bien, señora Eulalia, quisiera hacerle algunas preguntas que considero importantes...
EULALIA. *(Tosiendo).* Usted dirá. Lo escucho con mucho interés.
INSPECTOR. Prefiero la fidelidad. En estos casos es decisiva. No debemos olvidar un detalle. ¡No omita uno solo!
EULALIA. *(Tose).* Le diré todo lo que sé.
INSPECTOR. Me encanta tratar con personas tan razonables. Así ayudará usted al esclarecimiento del crimen. A que reine la justicia.
EULALIA. ¿La justicia reina? Nunca le he visto la corona.
INSPECTOR. Es un decir, señora Eulalia. Todos sabemos que la justicia no reina.
EULALIA. ¿Qué hace entonces la justicia?
INSPECTOR. Bueno... Francamente... No obstante, como se dice... La justicia, señora Eulalia...
EULALIA. La justicia es la justicia.
INSPECTOR. Usted lo ha dicho. Nunca oí definición más exacta.
EULALIA. Toda definición es una definición. Por ejemplo, define la guanábana por la guanábana. Primero toma la guanábana y después la define.
INSPECTOR. ¿Pero quién se atrevería a definir una guanábana?
EULALIA. Es complicadísimo. Dejemos las definiciones y comámonos las guanábanas. ¿Le gustan las guanábanas?

INSPECTOR. *(Riéndose).* Mucho.

EULALIA. A propósito, ayer por la mañana el frutero me trajo unas magníficas. No hay como comerse una guanábana. No nos compromete en nada. ¿Quiere probarlas, Inspector?

INSPECTOR. Es usted muy atenta, pero no me gusta la guanábana por la mañana. Pasemos al interrogatorio. *(Se le cae la libreta y la recoge).*

EULALIA. Es cierto, el interrogatorio. Se le olvidan a uno tantas cosas. Pregúnteme. No tenga pena.

INSPECTOR. No soy penoso, soy Inspector. Comprendo. Es un asunto desagradable. Le pido disculpas.

Pasa Amelia por el fondo de la escena. Traje de soirée 1920. Música de fanfarria.

EULALIA. *(Inclinándose como para no ser escuchada).* Es sorda.

INSPECTOR. ¿Quién es?

EULALIA. Mi hermana Amelia.

INSPECTOR. ¿Sorda...? Qué lástima. Tendré que profanar la intimidad de su casa.

EULALIA. ¡Es terrible! Inspector, ¿cree que la vida privada...?

INSPECTOR. Bueno, cuando hay que interrogar...

EULALIA. Es profanable. Interrógueme.

INSPECTOR. A sus órdenes. ¿A qué hora descubrió el crimen?

EULALIA. ¿El cuerpo de mi esposo?

INSPECTOR. El cuerpo de su esposo.

EULALIA. Eran las cinco y tres minutos de la madrugada.

INSPECTOR. ¿Dónde estaba usted a esa hora?

EULALIA. Paseando por el jardín. Soy asmática.

INSPECTOR. ¿Cuántas personas viven en la casa?

EULALIA. Mi hermana, la criada y yo.

INSPECTOR. ¿Estaban todos presentes a esa hora?

EULALIA. ¿Presentes...?

INSPECTOR. En la casa.

EULALIA. Sí, señor Inspector. El jardinero también estaba *presente*.

INSPECTOR. ¿Dónde vive ese jardinero?

EULALIA. Tiene una habitación en el jardín.

INSPECTOR. ¿Qué edad tiene el jardinero?

EULALIA. La ignoro. No se atreva a preguntarme la mía.

INSPECTOR. Uno tiene la edad que representa. *(Observándola).* Cuarenta años... Más o menos.

EULALIA. Gracias. ¡Sesenta!
INSPECTOR. Me equivoqué. ¿Esta casa es suya?
EULALIA. Era de mi esposo.
INSPECTOR. Por tanto ahora es suya.
EULALIA. Se supone.
INSPECTOR. ¿Ustedes no tuvieron hijos?
EULALIA. No, señor. Mi marido era muy responsable.
INSPECTOR. ¿Qué entiende por responsable?
EULALIA. El que es responsable.
INSPECTOR. Entonces su marido era un ser responsable.
EULALIA. Mi marido se llamaba Fernando. Siempre decía: «Soy Fernando Ramírez».

Pasa Amelia por el fondo de la escena. La misma música. Eulalia repite su movimiento anterior y, cuando se dispone a hablar, el Inspector la interrumpe.

INSPECTOR. Su hermana Amelia, y sorda. ¿Cree que su esposo murió envenenado?
EULALIA. Mi esposo fue asesinado.
INSPECTOR. ¿Sospecha de alguien?
EULALIA. Veo desde aquí al jardinero regando el rosal de Amelia.
INSPECTOR. Entre nosotros, ¿sospecha del jardinero?
EULALIA. Parece que va a llover.
INSPECTOR. Claramente. Aquí se ha cometido un crimen. Un asesinato. *(Se pasea).*
EULALIA. Mi esposo fue asesinado.
INSPECTOR. ¿Qué hacía usted en el patio a esas altas horas?
EULALIA. No puedo dormir, señor Inspector.
INSPECTOR. Pues yo duermo plácidamente.
EULALIA. Ah, si yo pudiera.
INSPECTOR. Tome un poco de agua con azúcar antes de acostarse ¡y cierre los ojos!
EULALIA. ¿Cree que es un buen remedio?
INSPECTOR. El que quiere dormir, duerme.
EULALIA. Qué sabio es usted.

El Inspector sorprende a Eugenia asomando la cabeza por la puerta vidriera con una antigua cámara fotográfica de fuelle.

EUGENIA. ¿Cómo se cocinan los frijoles?

EULALIA. *(Ademán imperioso para que se retire)*. El Inspector se quedará a almorzar.
INSPECTOR. Qué hospitalidad. *(Desaparece Eugenia)*.
EULALIA. Espero que le guste el almuerzo. Comeremos frijoles negros, arroz blanco, costilla de puerco y un vaso de agua. Se va a chupar los dedos.
INSPECTOR. Tendré que lavármelos. Es usted la amabilidad en dos pies. Hace un momento me dijo que paseaba por el jardín.
EULALIA. ¿Quiere que se lo repita?
INSPECTOR. No hace falta. Lo tengo aquí. *(Señala la libretica)*. Supongo que sería usted la última persona que lo vio. ¿Es cierto?
EULALIA. Eso creo.
INSPECTOR. ¿No está segura?
EULALIA. *(Mueve la cabeza dubitativa)*.
INSPECTOR. *(También la mueve y observa el movimiento de ella)*. ¡Exacto! Dígame ahora qué sucedió esa noche.
EULALIA. *(Con emoción)*. «Era la noche de los recuerdos».
INSPECTOR. Ah, la noche de los recuerdos.
EULALIA. ¿La conoce usted?
INSPECTOR. ¡No! ¿Por qué me lo pregunta?
EULALIA. Juraría que la conocía...
INSPECTOR. Ni una palabra. ¡Lo juro! *(Se besa la mano)*. Pero cuénteme, señora Eulalia. Estoy interesadísimo. ¿Qué pasó esa noche?
EULALIA. Escuche. Una vez por semana Fernando recordaba algo de su vida. Tenía en un armario clasificados los días. En cada gaveta guardaba las cajitas con los recuerdos. Eran más bien... cofres. Entonces yo, la noche de los recuerdos, se las iba entregando. Él las destapaba, leía la tarjeta que indicaba el hecho y sonreía. Entonces comenzaba a contar el recuerdo. Oíamos en suspenso, detenida la rueda...
INSPECTOR. ¿Qué rueda?
EULALIA. La del tiempo. *(Reanuda el relato)*. Oíamos en suspenso, detenida la rueda del tiempo. Qué placer. Había cofres con recuerdos de fiestas, perfumes, paseos, tardes hermosas, vergüenzas, pensamientos, noviazgos...
INSPECTOR. Muy interesante. Estoy conmovido. Pero observo que su esposo...
AMELIA. Querida hermana, es hora de tomar el café. ¿Quiere acompañarnos, señor Inspector?
INSPECTOR. Encantado. ¿Cómo supo usted que soy el Inspector?
AMELIA. Hay un muerto en la casa, por tanto, debe haber un inspector. Es un razonamiento geométrico.

INSPECTOR. ¿Pero me oye usted?
AMELIA. Perfectamente.
INSPECTOR. ¿No es sorda?
AMELIA. Soy sorda de siete a once de la mañana.

Un locutor dice en el radio: «Las once en punto». El Inspector consulta su reloj de bolsillo.

EULALIA. *(Se levanta).* Hermana, el señor es el Inspector. Viene a investigar la muerte de tu cuñado. Señor, mi hermana Amelia.
INSPECTOR. Es un placer.
AMELIA. El gusto es mío. *(Extiende la mano. El Inspector la besa).*
INSPECTOR. Necesito hacerle algunas preguntas.
AMELIA. Primero tomaremos el café. ¿No le parece?
INSPECTOR. Sí, me parece.
EULALIA. Es tan agradable conversar tomando café.
AMELIA. Podemos sentarnos.

Se sientan alrededor de la mesita. Amelia toca la campanilla. Entra Eugenia. Traje negro, delantal y cofia, el servicio en una bandeja.

EUGENIA. El café es de ayer. *(Sale rápida).*
AMELIA. Hoy te toca servirlo.
EULALIA. *(Saca un pequeño calendario).* Sin duda, es martes. *(Guarda el calendario).* ¿Le gusta con azúcar?
INSPECTOR. Una cucharadita.

Eulalia le sirve. El Inspector revuelve el café.

EULALIA. De un tiempo a esta parte todo se me olvida. Amelia, ¿has notado que estoy perdiendo la memoria? *(Se sirve).*
AMELIA. *(Solemne).* Un ser sin memoria es un ser que vive al día.
EULALIA. Debo cuidarme.
AMELIA. Puedes convertirte en un fantasma. *(Se sirve).*
INSPECTOR. ¿Y eso de que está perdiendo la memoria?
EULALIA. No sé. La estoy perdiendo,
AMELIA. Qué hermoso es mi rosal.
EULALIA. Si Fernando pudiera verlo.
AMELIA. Ya no puede verlo.

EULALIA. Le gustaban tanto las flores. Nos sentábamos por las tardes en el patio. Se sentía tan bien, tan tranquilo, sentado. A veces tomábamos el café de la tarde en el patio.
INSPECTOR. Un momento. Dejé mi libreta en la silla. *(Se levanta y la recoge. Las hermanas secretean. Vuelve a sentarse).* Debo llevar nota de todo. No olvidar un detallito. Por el hilo se saca el ovillo.
EULALIA. ¿Eso tiene que ver con la costura, no?
AMELIA. *(Muy seria).* Tiene que ver con las flores.
INSPECTOR. Continúen. Continúen. Las escucho, y anoto.
AMELIA. Empecemos de nuevo. Qué hermoso es mi rosal.
EULALIA. Si Fernando pudiera verlo.
INSPECTOR. *(Impaciente, a Amelia).* Luego iré a verlo.
EULALIA. *(Aterrada).* ¿A quién…?
INSPECTOR. Al rosal.
AMELIA. Tendré mucho gusto en mostrárselo.
INSPECTOR. Un ruego. No pierda la memoria. ¿Por qué le gustaba a su marido sentarse en el patio por las tardes? ¿Estaba enfermo?
EULALIA. No lo sé. Nunca me lo dijo. Le gustaban las flores.
AMELIA. ¿A quién…?
EULALIA. Chica, a Fernando.
AMELIA. Ah, sí.
INSPECTOR. ¿En qué pensaba?
AMELIA. Le diré: no pensaba en nada. Me aburría.
EULALIA. Pobre Fernando.
INSPECTOR. Comparto su dolor. *(Se pone de pie y le estrecha la mano).*
EULALIA. ¡Nunca más podrá verlas. Son tan hermosas. Y siguen naciendo…
INSPECTOR. ¿Se aburre mucho?
AMELIA. Enormemente.
INSPECTOR. ¿No sospecha de nadie?
AMELIA. De la criada.
INSPECTOR. Ah, vamos teniendo una pista. *(Se frota las manos).* Dígame, dígame.
AMELIA. Creo que nos roba.
INSPECTOR. Pero se trata de un crimen.
EULALIA. Chica, hace años que nos roba.
AMELIA. Por lo visto no tenemos ya nada que decirnos.
EULALIA. Hemos agotado las sorpresas.
AMELIA. No nos queda nada. Fernando está muerto. ¿Qué va a ser de nosotras?

EULALIA. Aburrirnos.
AMELIA. Señor Inspector, ¿no cree todo aburridísimo?
INSPECTOR. No creo.
EULALIA. ¿Tiene un crimen cada día?
INSPECTOR. Casi todos. En estos tiempos la gente mata bastante.
AMELIA. Entonces es muy aburrido.
INSPECTOR. No lo crea. Pues todos los crímenes no son iguales.
AMELIA. Por favor, la muerte siempre es la misma.
INSPECTOR. Pero no sus formas.
EULALIA. ¿Se engaña usted con las formas?
AMELIA. *(Solemne)*. Las formas son las formas.
INSPECTOR. Cada crimen tiene algo interesante y particular.
EULALIA. Un muerto tiene siempre la boca abierta.
AMELIA. El jardinero está más gordo. ¿Se robará la comida? Esta casa está llena de ladrones.
INSPECTOR. *(Ríe)*. Ahí tienen un caso particular, una variante producida por la forma.
AMELIA. Pero sigue siendo el mismo jardinero.
EULALIA. El año pasado engordó también por esta fecha. ¿No, Amelia?
AMELIA. Todos los años engorda por esta fecha.
INSPECTOR. Quizá mi ejemplo no fue feliz. Sin embargo, mi experiencia me dice…
AMELIA. Que las formas son las formas.
EULALIA. Soy asmática.
AMELIA. Qué hermoso es mi rosal.
EULALIA. ¿No lo ve? El rosal hermoso, yo asmática, usted un inspector: todo es lo mismo.
INSPECTOR. Disiento. Usted no es el rosal.
AMELIA. Mi hermana fue hermosa.
INSPECTOR. El rosal no es asmático.
EULALIA. El jardinero insiste en que el rosal es asmático. Le va muy bien el sol.
INSPECTOR. Yo soy inspector y usted no lo es.
AMELIA. Eulalia, ¿tú no eres inspector?
EULALIA. A veces creo que no y otras que sí. Al fin encontramos una sorpresa: ¡yo no soy inspector!
AMELIA. Podrías serlo en cualquier momento.
EULALIA. No seas tan pesimista. Hay que aprender a estar alegre.
AMELIA. Hemos terminado. *(Se levanta)*. Ha terminado el tiempo de tomar el café.

Se levantan. Toca Amelia la campanilla. Entra Eugenia y retira el servicio.

INSPECTOR. El interrogatorio sigue su curso. *(Se frota las manos).* Está de lo más interesante.
EULALIA. Tenemos diez minutos exactos.
INSPECTOR. Son suficientes para descubrir a un culpable.
EULALIA. Se lo agradezco. Dentro de nueve minutos y medio jugaremos canasta.
INSPECTOR. No juego canasta.
AMELIA. Es asombroso.
EULALIA. Entonces no la jugaremos. *(Se sienta).*
INSPECTOR. *(Paseándose).* ¿Les gusta mucho la canasta?
AMELIA. Nos fascina.
EULALIA. Es un juego donde se sientan cuatro personas, una frente a otra, y no hablan ni media palabra.
AMELIA. Se cogen cartoncitos.
EULALIA. Se tiran cartoncitos.
AMELIA. *(Con agitación).* Se cogen cartoncitos.
EULALIA. *(Con agitación creciente).* Se tiran cartoncitos.
AMELIA. *(Con agitación creciente).* Fuman los que fuman.
EULALIA. *(Con frenesí).* Los que no fuman no fuman.
AMELIA. *(Con frenesí).* Todos respiran, respiran, respiran...
EULALIA. *(Con ahogo final).* Respiranrespiranrespiranrespiran...
AMELIA. ¿No le parece fascinante?
INSPECTOR. Prefiero el dominó.
AMELIA. *(Despreciativa).* El dominó es muy matemático.
EULALIA. Cuando Fernando era joven jugaba al dominó con los amigos. En la trastienda cada domingo. Después, ya no jugó más. ¿Pero sabe una cosa, Inspector? El dominó tenía su tarjetica en «la noche de los recuerdos».
AMELIA. Cuando salía era un horror. Temíamos oír la descripción completa de una partida. Hasta los chistes y los nombretes que le ponen a las fichas. Nunca entendí lo del «blanquizal de Jaruco». ¿Qué blanquizal era ese? ¿Y en Jaruco? Jamás supe que hubiera un blanquizal por allí.
INSPECTOR. Señora Eulalia, ¿dijo en una trastienda?
EULALIA. Creo que sí.
INSPECTOR. ¿Y de quién era la trastienda?
EULALIA. De la tienda.
INSPECTOR. ¿Y la tienda?
EULALIA. De Fernando. Pero la vendió unos días antes de morir.

INSPECTOR. Vaya, vaya… Días antes de morir. ¿La tienda estaba asegurada?
EULALIA. No recuerdo.
INSPECTOR. Trate de recordar.
EULALIA. ¡No puedo! Tengo la cabeza en blanco.
INSPECTOR. ¿Lo sabe usted?
AMELIA. La tienda no se vendió. Eso no es cierto.
INSPECTOR. ¿Cómo?
AMELIA. Cogió candela.
EULALIA. ¿Por qué eres tan mentirosa?
AMELIA. Sabes bien que cogió candela.
EULALIA. Que no y que no.
AMELIA. ¡Salían por las puertas llamas así de grandes!
EULALIA. No le crea, señor Inspector. Quiere atormentarme.
INSPECTOR. Cálmese, señora Eulalia.
AMELIA. Yo no quiero atormentarte. No sé por qué lo dices.
EULALIA. Lo has hecho siempre.
AMELIA. Digo la verdad. Cogió candela.
EULALIA. ¡Basta! Me erizo toda. Cuando hablas de candela me erizo.
INSPECTOR. ¿Y cuándo cogió candela?
EULALIA. ¿Usted también? Es una confabulación. Ambos me atormentan. Crueles. Sueño todas las noches con candela. Alguien entra en mi cuarto, riega mi cuerpo con alcohol y ¡zas!, me tira un fósforo. Muero quemada como un chicharrón.
INSPECTOR. Prefiero hacer el interrogatorio por separado. *(A Amelia)*. La llamaré en su momento. Buenos días. *(Se inclina)*.
AMELIA. Esperaré a que me llame. Hasta luego. Cogió candela. *(Sale)*.
EULALIA. Me odia, señor Inspector. Yo soy más bella y Fernando se casó conmigo. *(Se abanica)*. A él también lo odiaba. No podía tolerar sus cosas ni sus gustos. ¿Se fijó en el modo en que se expresó del dominó?
INSPECTOR. ¿Su hermana es solterona?
EULALIA. *(Inesperadamente ríe)*. Me encanta, Inspector. Repítame la pregunta. ¡Se lo suplico!
INSPECTOR. ¿Su hermana es solterona?
EULALIA. Si ella lo oyera… Prométame hacerle la pregunta delante de mí. Si me lo promete, se lo diré todo. *(Ríe maliciosa)*.
INSPECTOR. Prometido.
EULALIA. ¡Usted es admirable! El inspector perfecto. Ella tuvo un novio hace tiempo. Nunca se casaron. Una noche muy oscura y lloviznosa, él se despidió como de costumbre. «Hasta mañana», dijo. Se puso el

sombrero y se fue. ¡No volvió nunca más! ¡La tierra se lo tragó enterito, con sombrero y todo! *(Ríe. Se ahoga. Saca un pulverizador y se lo aplica).* No puedo cometer excesos.

INSPECTOR. Me doy cuenta. *(Se detiene).* Habrá sufrido mucho. No se pierde un novio así, tragado por la tierra.

EULALIA. Ella hizo lo imposible porque se fuera. Es tan dominante.

INSPECTOR. Entonces, ella y su esposo, ¿no se llevaban?

EULALIA. Fernando era un hombre muy bueno. No odiaba si no lo odiaban. Decía siempre: «A cada quien lo suyo».

INSPECTOR. *(Confidencial).* ¿Cree usted que Amelia…?

EULALIA. *(Fingida).* No, Inspector. Sería incapaz. No puede con su indolencia.

INSPECTOR. *(Paseándose con el lápiz en la boca).* Y la criada, ¿es de confianza?

EULALIA. Hoy cumple treinta años en esta casa. Nunca sale a la calle los domingos.

INSPECTOR. ¿Dónde duerme?

EULALIA. En la cocina.

INSPECTOR. ¿De pie?

EULALIA. Sobre la tabla de planchar. Quiere conservarse esbelta.

INSPECTOR. ¿La cocina se encuentra al fondo del patio?

EULALIA. Sí, señor. Es una cocina de carbón.

INSPECTOR. ¿No tienen gas en la casa?

EULALIA. El gas es muy peligroso. Un día no podemos abrir las ventanas ¡y nos ahogamos!

INSPECTOR. *(Repentino).* ¿Qué hace ella con esa cámara?

EULALIA. ¿Usted se dio cuenta?

INSPECTOR. No se me escapa nada.

EULALIA. Aficionada a la fotografía. Tiene dos lentes en lugar de dos ojos.

INSPECTOR. Por tanto, retrataría a su difunto esposo.

EULALIA. Nos retrata a todos. Se pasa el día corriéndonos detrás cámara en mano. ¿Sabe lo que se propone?

INSPECTOR. Todavía no.

EULALIA. Se lo voy a decir. He prometido decírselo todo. Y yo cumplo. Se propone comprobar el instante en que nos ponemos viejas.

INSPECTOR. Ah, ahora comprendo. Practica la fotografía científica. He conocido personas —uno conoce a tanta gente— aficionadas a los fonógrafos; ella ¿cómo me dijo que se llamaba? ¿Eugenia? es aficionada a la fotografía. Como diría su hermana, «razonamiento geométrico». Le diré, mi madre se pasaba el día entero delante del fonógrafo.

EULALIA. ¿Una aficionada?

INSPECTOR. No para oírlo, para componerlo. Tenía un alma mecánica.
EULALIA. Indudablemente.
INSPECTOR. ¡Qué interesante! ¿Verdad? La criada y el jardinero... ¿Se llevan?
EULALIA. No les he preguntado.
INSPECTOR. No ponga obstáculos a mi investigación. ¿Acaso se propone despistarme? ¿Es su objetivo? Sepa que mi departamento tiene artes especiales para hacer abrir la boca... La justicia es la justicia. Usted misma lo dijo. Y es así. Soy el Inspector. *(Más tranquilo)*. Le pido disculpas. Gajes del oficio. Pero, ¿cómo es posible que ignore el estado de la relación entre la criada y el jardinero?
EULALIA. No me meto en los asuntos de mis criados. Ellos en la cocina, y yo en la sala.
INSPECTOR. *(Sentándose)*. Señora Eulalia, viuda de Fernando Ramírez, la justicia tiene su modo propio de actuar. Cada caso, su interrogatorio específico, graduado y perfeccionado. Siempre que la realidad sea un elemento invariable. Un factor constante, como se dice en álgebra. Tenemos veintiocho cuestionarios para las veintiocho posibilidades. Posibilidades o argumentos. Y sobre todo, perspicacia y silencio. ¿Oyó hablar del crimen de Luyanó? ¿Se enteró del chino que apareció descuartizado en el arrecife del Malecón? Señora Eulalia, por un cabello olvidado en una cabina de teléfonos, encontramos al asesino. Dos crímenes y un solo autor. ¿No oyó hablar de la colilla delatora? Señora Eulalia, por una colilla de cigarro, a veces por un palillo de dientes, se descubre al culpable. Un interrogatorio ordenado y preciso es fundamental para nuestro trabajo. En mi libreta de apuntes tiene que estar el culpable. La verdad no está siempre en el fondo de un pozo. Veamos.
EULALIA. *(Lo interrumpe, colocando el abanico sobre la libretica)*. ¿Quiere que le enseñe a jugar canasta?
INSPECTOR. Es un juego muy complicado.
EULALIA. Al contrario, es un juego sencillo.
INSPECTOR. No me gustan los juegos de azar.
EULALIA. Al contrario, es un juego de destreza.
INSPECTOR. Dígame, ¿está loca?
EULALIA. Al contrario, estoy cuerda.
INSPECTOR. Al fin sé algo: está cuerda.
EULALIA. Estoy loca. *(Solemne)*. Es el minuto de las contradicciones.

Aparece Amelia envuelta en gasa amarilla. Remeda grotescamente, con una mano en alto, un paso de ballet. Música. Se inmoviliza.

AMELIA. ¡Soy la mujer onírica! *(Se va).*
EULALIA. Señor Inspector, deseo confesarle algo.
INSPECTOR. Ábrame su corazón.
EULALIA. Leo a Tácito.
INSPECTOR. Interesante. Narra varios crímenes que se hicieron famosos. *(Anota).*
EULALIA. ¡Es terrible pensar que Fernando murió antes de conocer lo que le pasará a Nerón!
INSPECTOR. ¿Su esposo también leía?
EULALIA. Leíamos por la noche.
INSPECTOR. ¿Quiénes?
EULALIA. Nosotros.
INSPECTOR. ¿Quiénes?
EULALIA. Mi hermana, Eugenia y yo.
INSPECTOR. ¿La criada también? Usted tiene mucha paciencia.
EULALIA. *(Con intención equívoca).* ¡Sé esperar! ¿Quiere que le cuente lo que leí en Tácito?
INSPECTOR. Todo puede ser importante.
EULALIA. Antes de comenzar, ¿sabe quién fue Nerón?
INSPECTOR. Supongo que lo conozco.
EULALIA. Exacto. Es tan solo un nombre. Escuche. Un día fue Nerón al Circo. Al Circo Romano. Llevaba su esmeralda para protegerse del sol. No se concibe a Nerón sin su esmeralda. Él lo sabía, y llevaba siempre su esmeralda para que lo concibieran. Cuenta Tácito que una vez Nerón salió sin su esmeralda y nadie supo quién era. *(Se levanta).* Ahora caigo. ¿Será Nerón una esmeralda?
INSPECTOR. ¿Qué hacía el jardinero cuando ustedes leían?
EULALIA. Acostarse temprano.
INSPECTOR. ¿Y su esposo disfrutaba la lectura de Tácito?
EULALIA. Le encantaba. Pero cuando Amelia iba, él no asistía.
INSPECTOR. Me doy cuenta.
EULALIA. *(Con insidia disimulada).* Ya se lo dije: odio cordial.
INSPECTOR. *(Sumamente interesado).* Y aparte de lo que ya me ha contado… ¿A qué otra cosa atribuye el disgusto entre ellos?
EULALIA. No dije tanto, Inspector. Usted exagera. Mire, Amelia se encaprichó en que Fernando le recordaba a su novio. No quería mirarlo. ¡En nada se parecían se lo aseguro!
INSPECTOR. Misterios del corazón. *(Anota).*
EULALIA. ¿Continúo…?

INSPECTOR. Bueno.
EULALIA. Un día fue Nerón al Circo. Al Circo Romano. Llevaba su esmeralda para protegerse del sol. Su séquito tomó asiento dispuesto a disfrutar del espectáculo. De pronto el Emperador notó que nada sucedía. El tiempo pasaba. La arena estaba vacía. Entonces Nerón se levantó y gritó: «¡Traigan a la víctima!» Presentose el General de la Guardia Imperial. «Búsqueme una víctima», ordenó Nerón. «Sin una víctima peligra la seguridad del Estado». Y el general contestó: «No existe una víctima en todo el Imperio, César». El tema lo discutimos en nuestra reunión. Las tres nos preguntábamos: «¿Por qué no hay más víctimas?» Eugenia dijo: «La solución es muy simple: Tácito se marchó del Circo porque tenía una cita».
INSPECTOR. *(Interrumpe)*. Es mucho más simple. La verdad no está en el fondo de un pozo. No me explico cómo ustedes no dieron con ella. ¡Se habían agotado las víctimas!
EULALIA. Amelia dijo: «El victimario es víctima de la víctima, y la víctima es víctima del victimario. Es un razonamiento geométrico». No dijo nada más. Como Fernando no asistió aquella noche, no pudo hablar.
INSPECTOR. Claro. Asistía Amelia. Y usted, ¿qué dijo?
EULALIA. «El Emperador estaba ciego».

Entra Eugenia con un caldero. Enciende la radio de un golpe. El locutor bosteza y luego dice: «Aquí Radio Cadena Suaritos. Buenos días, queridos radioescuchas. No es lo mismo alto quién vive que quién vive en altos. Así como el llanto se enjuga mejor con ternezas que con pañuelos, así también la cara se enjuga mejor con una toalla de la marca Telva.

«Y ahora una noticia. El asesinato del distinguido comerciante Fernando Ramírez, alias El Primoroso, sigue sin esclarecerse. Los organismos competentes andan tras una pista. ¿La encontrarán? Por ahora, hacemos llegar nuestro más sentido pésame a su desconsolada viuda. Tome café Pilón, el néctar negro de los dioses blancos. Para ustedes la guaracha Los carniceros».

Eugenia canta y baila sin tomar en cuenta a los presentes. Canta de acuerdo con la radio.

EUGENIA. Niño, se va el carnicero
    con la masa de ternera,
    yo llevo la choquezuela

y el riñón en mi tablero.
coro. *(En la radio).*
¡Que yo llevo las paticas
del cochino!
¡Que yo llevo la asadera
del cochino!
Pero se va el carnicero,
se va, se va, se va.
Se va el carnicero
y no vuelve más.
EUGENIA. Es carne de masa sola
que la cocinera aprieta;
con ella forma una bola,
y con un hilo sujeta,
la tira en la cacerola:
eso se llama pulpeta.
coro. *(En la radio).*
¡Que yo llevo las paticas
del cochino!
¡Que yo llevo la asadera
del cochino!

Eulalia apaga el radio bruscamente. Amelia entra hasta el centro de la escena y se detiene de pronto. Gran expectación. Trae al cuello un largo collar de perlas.

AMELIA. ¡Amo al jardinero!

El Inspector y Eulalia se miran asombrados.

EULALIA. ¿Ya se lo dijiste?
AMELIA. Cuando regaba mi rosal me acerqué a él. ¡Qué hermoso es mi rosal! Estaba con el pecho desnudo y los pantalones puestos. Me estremecí ante aquellos pantalones, ¡qué pecho! La llama del amor me abrasaba todo el cuerpo. Búfalos recorrían mi sangre, galopando de los pies a la cabeza, de la cabeza a los pies. Estaba convulsa, fuera y dentro de mí. Me acerqué más y más, y le dije: ¡Ah! ¡Oh! ¡Ah! ¡Oh! ¡Humm! *(Levanta los brazos. Grita).* ¡Nadie en el mundo tiene nada que decirse! *(Rompe el collar dramáticamente).* «Las perlas del collar deshace en chispas». *(Se sienta en el sofá. Silencio).*

INSPECTOR. Ya que Amelia se encuentra entre nosotros, continuaremos el interrogatorio. *(Las hermanas se miran con entendimiento).* Ella puede conocer algo de la muerte de su cuñado. No omita un detalle.
AMELIA. Ahora estoy tan emocionada.
EULALIA. Hermana, un esfuercito.
AMELIA. *(Suspirando).* Como quieras.
INSPECTOR. Se lo agradezco. Entre todos tenemos que descubrir al asesino. El crimen no puede quedar impune.
EUGENIA. ¡Así sea!
EULALIA. ¿Usted cree en la existencia del asesino?
INSPECTOR. Sospecho. Es raro, pero lo descifraremos.
AMELIA. Señor Inspector, le contaré todo lo que sé.
EULALIA. *(Interrumpiendo).* Un momento. Recuerde, señor Inspector. Me debe algo.
INSPECTOR. ¿Qué...?
EULALIA. Lo que me prometió. *(Señala a Amelia).* Ella está aquí delante.
inspector Cierto. Una deuda. *(Zumbón).* Ya recuerdo, ya. *(Rápido, sonriente, a Amelia).* ¿Es usted solterona?
AMELIA. *(Grita).* ¡Me atormentan! *(A Eulalia).* ¡Tramposa! ¡Lechuza! ¡Tiñosa!
EULALIA. *(Ríe divertida, casi infantil).*
INSPECTOR. Cálmese, señorita.
AMELIA. Ese «señorita» es un estilete. Usted también es buena pieza. ¡Conmigo no cuenten!
EULALIA. Chica, no des la nota delante de la visita.
INSPECTOR. Excúseme, por favor. No me figuré que se pondría así...
AMELIA. La tienen cogida conmigo. *(Se sienta).*
EUGENIA. *(Mirándola como un fotógrafo).* ¡Qué foto! Envejeciste veinte años. Te verás monísima. ¿La traigo?
AMELIA. ¡Atrévete!
EUGENIA. Usted se lo pierde.
INSPECTOR. ¿Qué hacía su cuñado habitualmente?
AMELIA. No lo veía hasta la hora del almuerzo. Nunca salía de su cuarto por la mañana.
INSPECTOR. *(A Eulalia).* ¿Qué hacía su esposo?
EULALIA. Se acostaba y se levantaba, comía y digería, se paraba y se sentaba, jugábamos canasta y dejábamos de jugar.
INSPECTOR. ¿Ninguna otra cosa?
EULALIA. Soy estricta, Inspector. No tengo otro modo de decirle lo que hacía mi marido. Un día exclamó: «¡Estoy cansado!» Y concluyó de vivir.
INSPECTOR. Ahora resulta que cree que él mismo...

EULALIA. Se acostó. Dejó de levantarse.
INSPECTOR. ¿Últimamente no se levantaba?
EULALIA. Nunca.
AMELIA. Jamás.
EUGENIA. Quiero hablar.
EULALIA. Las criadas a la cocina.
EUGENIA. El tiempo de los bobos se acabó.
EULALIA. No seas atrevida.
AMELIA. Esta noche no comerá.
EULALIA. Morirá de aburrimiento.
AMELIA. ¡Y de hambre!
EUGENIA. *(Al Inspector).* El caballero Fernando no se levantaba de la cama. El jardinero lo atendía.
EULALIA. ¡Enredadora!
AMELIA. ¡Curandera!
INSPECTOR. Así que el jardinero... Su esposo, ¿tomaba alguna medicina?
EULALIA. Leche.
AMELIA. Estaba enfermo de úlcera.
EUGENIA. Una úlcera así de grande.
INSPECTOR. Pero dígame, ¿no tomaba nada especial, algún medicamento, gotas?
AMELIA. Querida hermana, Fernando tomaba unas goticas.
EULALIA. A veces. Pero él se negaba. No le agradaban las medicinas.
INSPECTOR. *(Amenazador).* ¿Quién le daba esas gotas?
EULALIA. *(Con decisión repentina).* ¡Yo!
INSPECTOR. No trate de ocultarme nada, señora. Hace un momento la criada dijo que el jardinero lo atendía. Usted no la desmintió.
EULALIA. Nunca tomo en consideración lo que dice una criada.
AMELIA. Bueno, Inspector, el jardinero...
EULALIA. Se llevaban a las mil maravillas. A Fernando le encantaba conversar con él de flores, sobre las siembras, las semillas...
EUGENIA. El jardinero es tartamudo.
EULALIA. Amelia solía darle también las gotas.
INSPECTOR. ¡Imposible!
AMELIA. Tengo dos manos y él tenía una boca que se abría y se cerraba.
INSPECTOR. Ella me confesó que no se trataban. ¿Cómo iba a entrar en su cuarto para darle unas gotas?
AMELIA. ¡Eulalia! ¿Dijiste que no soportaba a tu marido?
EULALIA. No tanto. Acá es muy imaginativo.

INSPECTOR. Un visionario. Hay más: usted misma dijo que no veía a su cuñado hasta la hora del almuerzo.
EUGENIA. Señora Eulalia, ¡se quemaron los frijoles! *(Sale)*.
EULALIA. ¡Ay, Amelia! Perdí mi brazo. ¡Ay, mi brazo! ¿Dónde, dónde está? Mi brazo derecho. No podré lucir la pulsera de topacios, mi anillo de brillantes. No podré verme mis cinco dedos cuando esté aburrida. *(Llorosa y angustiada)*. ¡Amelia, hermanita, ayúdame a buscarlo! ¡Ayúdame! *(Busca por la saleta, detrás del sofá, detrás del Inspector)*.
AMELIA. ¡No puedo! ¡Sufre! Lo estamos perdiendo todo. Regalaré tus topacios a Eugenia y me quedaré con el anillo. ¡Si pudiera! ¡Si pudiera ayudarte, hermanita! Pero no veo nada. ¡Se me cayeron los párpados!
EULALIA. ¡Ya lo encontré!
AMELIA. *(Extiende los brazos como una ciega)*. ¡Todo es negro!
EULALIA. ¡Estamos perdidas!
AMELIA. *(Caminando)*. ¡Todo es negro!
EULALIA. Es el minuto de la desesperanza.
AMELIA. *(Grita)*. ¡Todo es negro!

Eulalia la toma del brazo y la guía. Amelia coloca sus dedos en los ojos y se levanta los párpados. Al salir tropiezan con Eugenia. Viste un traje elegante y trae un libro.

EUGENIA. ¡No estoy para interrogatorios!
INSPECTOR. ¡Basta! ¡Soy el Inspector!
EUGENIA. *(Hojea su libro. Saca unos espejuelos y los limpia)*. En esta casa no hay nada que inspeccionar.
INSPECTOR. Hay inspectores porque siempre hay algo que inspeccionar.
EUGENIA. Me atormenta con sus sofismas. Nunca hay nada que inspeccionar.
INSPECTOR. Se ha cometido un crimen y usted lo sabe. El dueño de la casa apareció muerto en circunstancias sospechosas. El médico que practicó la autopsia. ¿Es su día libre? ¿O la botaron?
EUGENIA. Dejé de ser la criada hace cinco minutos. Lo soy de siete a doce del día. *(El locutor dice en la radio: «Las doce y cinco minutos». El Inspector consulta su reloj de bolsillo)*. Y no sé nada.
INSPECTOR. Le voy a demostrar que soy un ser racional. Un inspector que no inspecciona, no es un inspector. ¿Qué cosa es entonces?
EUGENIA. *(Imita a Amelia)*. Señor Inspector, eso es asunto suyo. *(Solemne)*. Quien es un ser racional hace uso de su razón. *(Como la criada)*. La casa está hipotecada.

INSPECTOR. ¡Dato importante! Redondea. Dígame quién la hipotecó.
EUGENIA. Lo ignoro, amigo mío. ¿Me dejará usted leer a Tácito?
INSPECTOR. ¡Usted también!
EUGENIA. Soy igualita.
INSPECTOR. Por tanto, y de acuerdo con su noticia, la cuestión monetaria anda mal por aquí.
EUGENIA. Usted, amigo mío, es muy… suspicaz. *(Cierra el libro con estruendo. Lo tira al suelo).*
INSPECTOR. Si una familia hipoteca, falta dinero.
EUGENIA. Aquí sobra.
INSPECTOR. *(Se aprieta la cabeza de repente).* ¡No entiendo!
EUGENIA. Apártese, que explota.
INSPECTOR. *(Reponiéndose).* Si uno hipoteca…
EUGENIA. Amigo mío, Fernando Ramírez tenía un seguro de vida. Todas tenemos un seguro de vida. Y todas iremos muriendo.
INSPECTOR. Tengo una corazonada.
EUGENIA. Había que hacer algo ante tanta seguridad. ¡Hipotecaron!
INSPECTOR. ¿Quién cobraría el seguro a su muerte?
EUGENIA. ¿A la mía…?
INSPECTOR. No, a la de Fernando.
EUGENIA. No se puede conversar con usted. ¡Solo interroga! Averígüelo. Para eso es el Inspector.
INSPECTOR. Nadie detiene a la justicia. No hay poder humano ni sobrehumano… Ningún crimen se puede ocultar en la tierra. Hipoteca…, seguro de vida… *(Eugenia se sienta disgustada en el sofá).* Le pido disculpas. No puedo atenderla ahora. Voy a sumirme en mis datos, como otros en el sueño. El culpable aparecerá.

Se sienta en una silla. Comienza a revisar sus anotaciones. Amelia y Eulalia entran y se sientan en el sofá junto a Eugenia.

AMELIA. Estoy creciendo para abajo.
EULALIA. Todos estamos creciendo para abajo.
EUGENIA. Vivir es crecer para abajo.
EULALIA. Tengo hambre y sed. *(Mece su cuerpo).*
AMELIA. Mírame, Eulalia.
EULALIA. *(Se detiene y la mira).* Tienes una mosca en la nariz.
AMELIA. Veo mi cara reflejada en la tuya. Eugenia, por favor, mírala.
EUGENIA. Veo mi cara reflejada en la tuya.

EULALIA. Te veo una mosca en la nariz. *(Se mece).*
EUGENIA. En esta casa hay muchas moscas. *(Se mece).*
AMELIA. Hemos comenzado a pudrirnos.
EUGENIA. Eulalia, ¿dónde está tu cara?
EULALIA. Quizá se me quedó en el espejo.
AMELIA. El jardinero es tan hermoso.
EUGENIA. Para él no pasa el tiempo.
EULALIA. En cambio nosotras estamos perdidas.
EUGENIA. Están poniendo rejas a la casa.
AMELIA. Ayer me descubrí otra arruga en el ojo izquierdo.
EULALIA. Estás muy bien.
EUGENIA. ¡Envejeciendo!
EULALIA. Vieja y␣pelleja.
AMELIA. El jardinero no envejecerá.
EULALIA. Para nosotros la vida no retoña.
EUGENIA. ¿Será feliz el jardinero?
AMELIA. La belleza es algo más que la belleza.
EULALIA. Es la ausencia.

Silencio.

EUGENIA. *(Levantándose).* He descubierto mi cadena. *(Camina como quien lleva una cadena de la cintura al suelo. A semejanza de la cola de un vestido, la arregla de cuando en cuando).* Sí, no cabe duda, estoy sujeta a una cadena. ¿Podría rebelarme contra ella? Es posible. Pero yo prefiero aceptarla. *(Al público).* ¡Todos ustedes están sujetos a una cadena! ¡Confiésenlo! De nada vale tener una cadena y ocultarlo. Acéptenla o rebélense. Pero tienen una cadena. ¡Miren la mía! *(La señala, la toma en sus manos, tira de ella como si se le hubiera enganchado de algo, la acaricia, camina).* ¡Qué larga! Puedo moverme, desayunar y acostarme a dormir tranquilamente. ¡Hoy cociné con mi cadena! ¿Podré retratarla? ¿Podré algún día comérmela? ¿Me moriré con ella? ¿Me la pondrían en la caja? Mi abuela se murió con su cadena, y mi madre y la madre de mi abuela. *(Se detiene. Grita).* ¿Quién tiene el otro extremo de mi cadena?
EULALIA. *(A un lado).* ¡Fernando Ramírez, viejo hipócrita!
AMELIA. *(Al centro).* ¡Fernando Ramírez, viejo déspota!
EUGENIA. *(Al otro lado).* ¡Fernando Ramírez, derrochaste nuestro dinero!
AMELIA. ¡Canallón!

EUGENIA. ¡Llegó tu hora!
EULALIA. ¡Con la boca llena de hormigas!

Vuelven al sofá.

AMELIA. *(Con la entonación de las letanías católicas).* La vida es la vida y nada más.
EULALIA. *(Con la entonación del* miserere nobis*).* Todo es definitivo.
AMELIA. La realidad es la realidad.
EULALIA. Todo es definitivo.
AMELIA. El amor es el amor.
eugenia y eulalia. *(A coro).* Todo es definitivo.
AMELIA. La vergüenza es la vergüenza.
eugenia y eulalia. *(A coro).* Todo es definitivo.
AMELIA. La muerte es la muerte.
eugenia y eulalia. *(A coro).* Todo es definitivo.
AMELIA. El hombre es el hombre.
eugenia y eulalia. *(A coro).* Todo es definitivo.
AMELIA. *(Con entonación más rápida).* Santa Noria.
eugenia y eulalia. *(Con la entonación del* ora pro nobis*).* Siempre se cumple.
AMELIA. Santo Turbión.
eugenia y eulalia. Siempre se cumple.
AMELIA. Santa Caída.
eugenia y eulalia. Siempre se cumple.
AMELIA. Santa Repetición.
eugenia y eulalia. Siempre se cumple.
AMELIA. Santa Pugna.
eugenia y eulalia. Siempre se cumple.
amelia, eugenia y eulalia. *(Se levantan al mismo tiempo y exclaman).* ¡El acabóse! *(Se sientan. Silencio).*
INSPECTOR. *(Hojeando sus apuntes. Parte de su parlamento, hasta «el marido no estaba enfermo» se dirá simultáneamente con las letanías).* Gotas... Es sorda... Cogió candela... La casa será suya... No puedo dormir... ¿Cómo se cocinan los frijoles?... Hay un seguro de vida... El café es de ayer... Estamos perdidas... El gusto es mío... Hay un muerto en la casa... *(Deja de leer).* El marido no estaba enfermo. Pero sí estaba. Primeramente no estaba y después estaba. ¿Úlcera, no? *(La escena se ilumina profusamente. Parece que el Inspector ha descubierto al culpable. El radio emite un zumbido estridente).* Amelia no se trataba

con el cuñado… ¡El quid de la cosa! *(Tacha algo y se guarda decidido la libreta. Se dirige resueltamente hacia Amelia).* Esto se acaba. El culpable está a punto de aparecer. ¿Qué clase de gotas tomaba su cuñado?

AMELIA. ¡Preguntas y preguntas! Así terminaremos comprometiéndonos. No se puede hablar tanto sin meter la pata. Acepte los hechos.

INSPECTOR. Acepto el hecho de que en esta casa se ha cometido un asesinato. Busco al culpable. Es mi deber. El culpable debe ser castigado. Pero acepto otro hecho, pese a lo que me dijo su hermana, el hecho de que usted también le daba las gotas. ¿Qué gotas eran esas?

AMELIA. Nunca lo supe.

INSPECTOR. El médico tuvo que darle instrucciones. ¿Cuáles?

AMELIA. Nunca vi al médico. Son insoportables. Cuando me miran, pienso que están descubriéndome una enfermedad a cada minuto.

INSPECTOR. Si no fue el médico, alguien la enseñó a darle las gotas. Dígame quién.

AMELIA. Mi hermana Eulalia.

INSPECTOR. ¿Usted lo sabía?

EULALIA. El médico me enseñó.

INSPECTOR. ¿Quién de las tres lo vio primero?

EULALIA. Toqué a la puerta y no respondió. Entonces entré.

EUGENIA. Las puertas no tienen cerradura.

INSPECTOR. Por tanto, nadie puede encerrarse en su cuarto.

AMELIA. Tenemos miedo de morirnos solas.

INSPECTOR. Sin embargo, él se murió solo.

AMELIA. Nadie sabía que se iba a morir.

INSPECTOR. ¿Está usted segura?

AMELIA. Nada oí esa noche.

EUGENIA. Ni yo tampoco.

INSPECTOR. *(Se ha ido transformando en el dueño de la situación).* ¿Y usted, señora Eulalia, tampoco oyó nada esa noche?

EULALIA. No.

INSPECTOR. Claro. Las gotas son silenciosas. Sin embargo, él pudo llamar. Pedir auxilio. Gritar que se moría. Y usted paseaba por el patio. Lo dijo antes. Buscaba aire, pues es asmática. No obstante asegura no haber oído nada. ¡Bien! No importa. El interrogatorio cierra su círculo. *(A Amelia, con firmeza).* ¿Qué le pasaba a usted con su cuñado?

AMELIA. Nunca lo supe.

INSPECTOR. *(Va hacia ella para confundir a Eulalia).* ¿Que nunca lo supo? Yo lo sé, amiga mía. No trate de ocultar que lo odiaba porque le recordaba a su novio. *(Con sorna).* ¡Al novio que la dejó plantada! Pero,

para mayor gravedad, conocía la dosis de las gotas y se las daba. ¿No le parece contradictorio? Además, poseo el informe del médico forense. El resultado de la autopsia. ¿Qué demuestra? Fernando Ramírez murió envenenado por su propia medicina. Se le dio una dosis mayor y quedó. Le reservaba esa sorpresa. Ya ve. Todo no es tan aburrido. Y ahora se pondrá mejor. *(Exclama y se da en la frente como quien comprende algo de pronto)*. ¡He dado en el blanco! ¡Eso es! *(Se encara con Eulalia)*. ¿Le gusta la ginebra?
EULALIA. A veces tomo un poquito.
INSPECTOR. ¿Bebió anoche?
EULALIA. Un vaso de agua antes de acostarme.
INSPECTOR. Es bueno tomar agua. Aligera la sangre.

Amelia y Eugenia se apartan turbadas y miedosas.

EULALIA. *(Tratando de defenderse)*. ¿Y usted qué toma, Inspector?
INSPECTOR. *(En voz alta)*. ¡Leche!

Eulalia se levanta de un salto, aterrada.

INSPECTOR. Yo también estoy enfermo de úlcera. Si mi mujer quisiera, podría matarme aumentando simplemente la dosis durante varios días. *(Silencio expectante. El Inspector le da la espalda. Volviéndose hacia Eulalia rápido, la apunta con el índice)*. ¡Usted lo asesinó!

Eulalia coloca en la cabeza del Inspector un cartucho grande en forma de mitra color violeta. Amelia, remedando grotescamente un paso de ballet, se para junto a él. Música de fanfarria. Eulalia ocupa su lugar en el grupo. Eugenia se adelanta con una cámara fotográfica de paño negro, un aparato de luz de magnesio y los retrata. Fogonazo y deflagración.

La Habana, 1957.

LA ZONA CERO

Personajes

Poldo
Delia
Teresa
Reinaldo
El Militar
Raimundo
El Juez
La Piadosa
El Político

Primera parte

escena primera

Esfera de reloj sin agujas. Gran marco sin espejo.

1

DELIA. Entonces, ¿soy la primera?
POLDO. La primera.
DELIA. Me encanta.
POLDO. ¿Qué cosa?
DELIA. Ser la primera.
POLDO. ¡Ah!
DELIA. ¿No hay error?
POLDO. Nunca.
DELIA. ¿Se imaginó que lo preguntaría?
POLDO. Nunca imagino.
DELIA. Lo tenía previsto.
POLDO. ¿Qué cosa?
DELIA. Ser la primera.
POLDO. ¡Ah!
DELIA. Me levanté en mi casa tempranito. No es mi costumbre, pero no iba a perder la ocasión.
POLDO. ¿Y por qué?
DELIA. Quizá por placer.
POLDO. ¿Todavía?
DELIA. Puede ser el último. ¿Me lo permite?
POLDO. No vale la pena.

DELIA. Sin embargo, me encanta. No puedo evitarlo. Sé que debo tratar. No se moleste: aprenderé. Ahora me encanta ser la primera. ¿Y sabe por qué? Para ver la cara que ponen al entrar. Las miraré con atención, sin un parpadeo. Estoy aquí, entran, y las observo. Cómo perderme esto. ¿No se fijó en mi cara?
POLDO. Me fijaré en sus palabras, después en su silencio. Su cara no me interesa.
DELIA. ¿Y a él?
POLDO. Tampoco.
DELIA. ¿Él nunca miró una cara al principio? La cara de los que llegan por primera vez, ¿nunca le preocupó? Quizá mira en secreto, sin que nadie lo sepa.
POLDO. No tiene importancia. Son el pasado.
DELIA. ¿Cree que lo conseguiré?
POLDO. De usted depende.
DELIA. ¿No me alienta?
POLDO. Es asunto suyo.
DELIA. En adelante, todo es asunto mío.
POLDO. ¿Se lamenta?
DELIA. ¿Es una trampa?
POLDO. Me pareció oír que se lamentaba.
DELIA. Hablé con la mayor frialdad. ¿Debo esperar mucho?
POLDO. Estamos a punto de empezar.
DELIA. Cómo podré saberlo.
POLDO. Le digo que debe esperar, y que no es mucho.
DELIA. Bien. Se lo agradezco.
POLDO. Volveré.
DELIA. Gracias.
POLDO. Es mi deber. *(Sale)*.
DELIA. *(Queda en mitad de la escena, completamente rígida)*.

Entran Reinaldo y Poldo.

REINALDO. No creía. Es un poco. ¿Cómo diré? De-so-la-do. Las cosas están muy separadas, quise acercarlas al entrar.
POLDO. ¿Todavía?
REINALDO. Sí, es como... un impulso. ¿Por qué tan pocas?
POLDO. No es necesario nada más.
REINALDO. No lo hubiera esperado. Siempre me sentí mejor rodeado de cosas. Hay quien le teme a las cosas, yo al espacio vacío. Me vuelve chiquito, me reduce. Un mueble podrá aplastarte, pero no te vuelve chiquito.

POLDO. Volveré. *(Sale)*.
REINALDO. ¿Somos dos?
DELIA. Hasta ahora.
REINALDO. Entonces, ¿también escogió… venir?
DELIA. *(Sonriendo)*. También.
REINALDO. ¿Hace rato que llegó?
DELIA. No lo sé. Quizá un poco antes.
REINALDO. ¿Me observaba?
DELIA. ¿Cómo lo sabe?
REINALDO. Yo lo hacía. ¿Cómo era mi cara?
DELIA. Como son cuando se entra a un lugar por primera vez.
REINALDO. De curiosidad, supongo.
DELIA. Exacto. ¿Y la mía?
REINALDO. Una cara curiosa.
DELIA. ¿Expectante?
REINALDO. Exacto.
DELIA. *(De golpe)*. Quizá después…
REINALDO. *(De golpe)*. ¿Y qué esperaba?
DELIA. ¿Esperar…?
REINALDO. No importa: sé que se refiere al futuro. Pero en este momento esperaba algo, que algo sucediera en mi cara. Y no ha visto nada ¿Era eso?
DELIA. Ya no lo sé.
REINALDO. ¿Por qué me engaña?
DELIA. Le advertí que después.
REINALDO. Dijo: quizá.
DELIA. Repuso: tal vez.
REINALDO. Dudamos, dudamos desde el principio. Esto, lo otro. Hay que dar en el blanco, en uno solo.
DELIA. Estamos aquí. Eso basta.
REINALDO. Por un tiempo.

Entran Teresa y Poldo.

TERESA. *(Con ímpetu)*. ¡Buenas! ¿Usted es Raimundo?
REINALDO. *(Niega con la cabeza)*.
TERESA. Disculpe. Qué lugar. Si estuviera en mi casa pondría flores. Pero no estamos en casa. Además, a lo mejor no hay flores. No sé por qué creí que era Raimundo. Venía pensando en él. Claro, las flores aquí no hacen falta. ¿Y usted, cómo se llama?

REINALDO. Reinaldo.
TERESA. Yo, Teresa. ¿Y usted?
DELIA. Delia.
TERESA. Qué raro. No conocí a nadie con tales nombres. Por más que piense, a nadie. ¿Conocieron a alguna Teresa? Un nombre corriente. Hay dos o tres Santas.
DELIA. Mi tía se llamaba Teresa.
TERESA. ¿Murió?
DELIA. Por supuesto.
REINALDO. Dicen que a causa del nombre.
TERESA. *(Sonríe).* ¿Cómo debo hablar? ¿En presente? ¿En pasado?
POLDO. ¿No leyó la circular?
TERESA. Varias veces. Tiene cosas que no entendí o me confundieron. ¿De qué hablábamos? Ah, de los nombres. Yo tenía una amiga. ¿Debo decir tenía, verdad? Tenía. Se llamaba Teresa. Cuando nos presentaron, nos echamos a reír. Teresa, Teresa. Y luego, calladas. ¿Les pasó alguna vez? Dar la mano, mirar a alguien del mismo nombre. También pasa con el vestido o con la camisa. De pronto alguien viste una ropa como la nuestra. Imagínense. Parece que nos han quitado algo o que nos vamos a desintegrar. Nos apartamos, reímos o prendemos un cigarro. Nunca he podido fumar. Me estraga. ¿Ustedes sí? Me parece que el cigarro acompaña, tanto como la cartera. Salgo siempre con cartera. Igual que mamá que también salía con cartera. Se me olvida algo. Es la cartera, y regreso. Llevo algo, algo va colgado del brazo, ¿Qué decíamos?
REINALDO. Tan solo nuestros nombres.
TERESA. Ya conocemos algo.
POLDO. ¿Lo creen así?
REINALDO. Podemos llamarnos. Si camina hacia el fondo, la llamo.
TERESA. *(Camina lentamente de espaldas).*
REINALDO. Teresa.
TERESA. *(Se detiene).*
REINALDO. *(Con inquietud).* ¿Por qué no se vuelve?
TERESA. Llámeme otra vez.
REINALDO. Teresa.
TERESA. *(Se vuelve despacio).*
REINALDO. *(A Poldo).* ¿Ve?
POLDO. ¿Es todo?
REINALDO. ¿Le parece poco que pueda llamarla, y se detenga, y se vuelva? Si no hubiera respondido, si no se hubiera vuelto, ¿qué pasaría?

POLDO. El silencio.
REINALDO. ¿Y después?
POLDO. No llamar. No llamar nunca más. Deme sus cosas.
DELIA. ¿El chal?
POLDO. El chal, las joyas, el sombrero.
DELIA. Pero es muy pronto.
POLDO. ¿No leyó la circular?
DELIA. La leí en el tren. *(Comienza a quitarse las joyas, el chal, el sombrero).* En los trenes todo se mueve, tintinea. Platos, tazas, parecen a punto de volar por las ventanillas. En un tren, de veras, el mundo es tan frágil. Cuando era jovencita, me gustaba viajar con la ventanilla cerrada. Adivinen por qué. Para mirarme en el cristal durante el viaje. Al fondo árboles veloces, y me arreglaba el pelo, una mujer y un niño cargado diciéndome adiós, y abría un poco los ojos, o me retocaba las cejas en medio de una llanura. ¿Hace mucho que no viaja en tren?
POLDO. Nunca salgo.
REINALDO. Le entrego mi reloj. Recuerdo de familia. Mi hermano me lo regaló cuando terminé los estudios. *(Oprime el cierre: se abre la tapa).* Está parado. Tal vez me quedé dormido durante el viaje. O la cuerda se fue volando por la ventanilla.
DELIA. Recójala en la última estación.
TERESA. ¿A mí qué me toca dar? El equipaje está en el pasillo. No traje sombrero. Ni chal. Objetos personales, no tengo. No tengo recuerdos de familia.
POLDO. *(Implacable).* Deme la cartera.
TERESA. Me quedaría desnuda.
POLDO. No nos prive del espectáculo.
REINALDO. Que suene la orquesta.
DELIA. Muéstrenos sus encantos.
REINALDO. Los más recónditos.
DELIA. Contribuya a que la conozcamos.
TERESA. Sin la cartera me quedo sola, y como si cruzara un parque desierto.
REINALDO. La acompañaremos.
DELIA. Seremos su cartera.
REINALDO. Llévenos del brazo.

Se cuelgan de los brazos de Teresa. Emiten el sonido del broche de una cartera al cerrarse. Enlazados los tres, caminan por un parque invisible.

DELIA. Una mujer y dos carteras por un parque desierto.

REINALDO. Una mujer con cartera no teme a la soledad.
DELIA. Una mujer con su cartera es invulnerable.
REINALDO. ¿Por qué no amar la cartera ardientemente?
DELIA. El carretel.
REINALDO. La llave.
DELIA. Converse con el árbol.
REINALDO. Respóndale a la yerba.
DELIA. Comuníquese con la paloma.
REINALDO. Deje un rastro de migas en la tierra.
TERESA. *(Se aparta y entrega la cartera a Poldo).*
POLDO. ¿Alguna pregunta?
TERESA. *(Permanece callada).*
POLDO. No insisto.
TERESA. *(Se coloca delante del marco del espejo).*
DELIA. Necesito hacerle tres preguntas.
POLDO. Primera.
DELIA. ¿Qué harán con nuestras cosas?
POLDO. Las pondremos en una vitrina iluminada. De cuando en cuando podrán verlas. Después no las verán más. Segunda.
DELIA. ¿Hay agua caliente?
POLDO. Estamos equipados con lo necesario.
DELIA. Yo sin agua caliente no puedo estar. Me baño dos y tres veces. Era lo único que me calmaba.
POLDO. Ya habla en pasado. Tercera.
DELIA. ¿Por qué no quitan el marco?
POLDO. *(Insinuante).* ¿Le molesta?
DELIA. Desde que entré está probándome. En fin, puede ser mejor. No me gustan los espejos. Me dan horror.
POLDO. Ya le resultarán indiferentes. Contesté sus tres preguntas.
TERESA. Brillante idea. *(Se compone irónicamente).* Felicite al dueño de la casa.
POLDO. Lo haré.
REINALDO. ¿Cuándo podremos verlo?
POLDO. Pronto. Al comienzo, jugarán conmigo. A medida que avancen hacia las puertas, él jugará con ustedes y los conducirá.

Comienza a salir. Voz de Raimundo. Poldo se paraliza.

RAIMUNDO. *(A través de un micrófono).* Poldo, ¿dónde está la camisa blanca? ¿Dónde están los yugos?

POLDO. *(Da pasos inseguros. Se recupera).*
REINALDO. *(Deteniéndolo. Perplejo).* ¿No falta nadie?
POLDO. ¿Ya olvidó sumar? *(Sale).*

2

DELIA. ¿Cuántos somos?
TERESA. Tres.
DELIA. ¿Cómo arribaste a esa conclusión?
TERESA. Uno más uno más uno: ¡tres!
DELIA. Cómo sabes. Nunca me apartaré de tu lado. Te lo juro. No haré nada sin consultarte. Dormiré al pie de tu cama. Pero dime: ¿cuántos se necesitan para jugar?
TERESA. Uno más uno más uno más uno. Total…
DELIA. ¿Total?
TERESA. Cuatro.
DELIA. ¿Quién puede faltar entonces? Somos tres, y con Poldo…
TERESA. Cuatro.
DELIA. Preguntar si alguien falta o vendrá es una equivocación.
TERESA. Algo mucho peor: distracción.
DELIA. Hay que dar en el blanco. Tenlo presente.
REINALDO. Empiezo a conocerlas. Está bien. Búrlense.
TERESA. ¿Nos burlábamos?
DELIA. No me parece. Simplemente, recordábamos…
REINALDO. Cumplen con su deber. Me ayudan.
DELIA. Sin duda, tendrás que enseñarle a sumar. A mí, ¡no! Es un poco tarde. Preferiría, hubiera preferido, aprender a restar. Se pierde, un día nos perdemos: ¡y cataplum! Enséñale a sumar.
TERESA. ¿Y tú qué piensas?
REINALDO. Me doy cuenta que nos tuteamos ya. No pienso nada.
DELIA. Algún día, un momento, tendremos que pensar.
TERESA. ¿No es el hombre un animal pensante?
REINALDO. Algún día.
DELIA. No puedo con los recuerdos. Me matan. Tú eres dichosa. No recuerdas. Lo dijiste hace un rato. Y yo hasta de ese momento me acuerdo. ¿Qué es estar concentrado? Lo leí en la circular. Él tendrá que enseñarnos.
REINALDO. Sigan burlándose.
DELIA. Estoy tan vieja para burlarme.
TERESA. Tú eres aquí el único. Nosotras, ¿a qué hemos venido?

DELIA. A una feria.
TERESA. ¿Puedes conseguirlo?
REINALDO. Lo intento. Lo busco. Lo deseo. Con tanta habladuría no lograrán nada. Total, no las tomaré en serio.
TERESA. Mientes.
REINALDO. Prueba. Cuéntame algo. Me quedaré frío. Sin oírte.
DELIA. Este pretende ser diferente.
TERESA. Como los ángeles, especie única.
DELIA. La tuerca clave. Tú y yo, dos equivocadas. Paseábamos, un dedo en la boca y bizcas, y caímos aquí, como quien mete la pata en un charco.
TERESA. No es eso, Delia. Hay otra cosa. Ahora me di cuenta. Él no quiere que hablemos. Así podrá quedarse callado. Cerrada la boquita. Sin contar nada.
DELIA. Bueno, dejémoslo, que haga lo que le dé la gana.
TERESA. ¿Tú también?
DELIA. *(Desafiante).* Yo, ¿qué?
TERESA. Como él. Boquita cerrada. Nada nos trajo hasta Raimundo, nada nos impulsó. Delia, abre tu boca de par en par.
DELIA. Qué desgracia la mía. Otra especie única. Él quiere callarse y que todos callemos, tú hablar y que se nos caiga la lengua. Pues bien, hablaré cuando yo quiera, como quiera y si quiero. Yo también soy única. ¿Me oyen?
RAIMUNDO. *(A través de un micrófono).* El que ha terminado, destruyendo lazos y ataduras, debe permanecer despierto, a un paso del vacío. Aparten sus manos y sentidos, sus ojos y apetencias. Esto les digo para llegar a la primera puerta, la puerta de la renuncia.

3

REINALDO. ¿Por qué no siguen? Arriba. Las estoy esperando. Continúen. ¿Quieres que me calle?
TERESA. Contigo es inútil. Cuando cruzábamos el parque, tu mano temblaba en mi brazo.
REINALDO. Y tú, parapetada detrás de una cartera, hablando de flores. Niña inocente. Teresita, coge tu muñequita. Mira qué linda. ¿Quieres que te diga cómo era tu cara al entrar? Ella lo sabe, y yo también. Los dos te miramos. Los dos.
DELIA. Era una cara alegre, segura, hermosa.
REINALDO. Ya me necesitarás.
TERESA. ¿Cómo era? Dímelo.
REINALDO. ¿Mi brazo temblaba? Dímelo.

TERESA. No me acuerdo.
DELIA. Arrodíllense y canten. Los tres nos hemos visto las caras. Pero ninguno lo dirá. Un arma en el bolsillo.
TERESA. Cuéntame todo. Acaba.
DELIA. Enséñame a renunciar.
TERESA. ¿A qué?
DELIA. A renunciar.
TERESA. Aprende tú sola.
DELIA. Ahora mismo tú querías.
TERESA. Él tiene razón. Es mejor callarse.
DELIA. Todavía, no. ¿Callados? No. ¿Solos? No. Hablarás delante de mí. Y nosotras delante de ti. Reinaldo, muéstrame cómo se renuncia. Dímelo. Dejaré de recordar. Dímelo. No sabes nada. Ninguno sabe nada.
REINALDO. Él nos enseñará.
TERESA. Delia: ¿tú confías?
DELIA. Espero. Ya lo dije. Espero en él. Si pudiera confiar.
REINALDO. Tienes que hacerlo.
DELIA. Suéltame. Estás vivo.
REINALDO. ¿Cómo? ¿Qué dices?
TERESA. ¿Sentiste que estaba vivo?
REINALDO. Mentirosa.
DELIA. Un vaho espantoso.
TERESA. *(Con asombro).* Estás vivo.
DELIA. Le ardía la mano.
TERESA. Estás vivo.
DELIA. No lo toques.
REINALDO. *(Apartándose).* ¿Cuándo vendrá? Nos vamos a devorar.
TERESA. El reloj me atormenta,
REINALDO. Para eso lo pusieron. *(Con sorna).* ¿Todavía? No aprenderás.
TERESA. ¿No será para ti? Tú traías un reloj.
DELIA. Recuerdo de familia.
TERESA. Regalo de su hermano.
DELIA. Todo respiraba inocencia. Se acercó y dijo: «Le entrego mi reloj».
TERESA. Lléveme a la primera puerta.
DELIA. Tum, tum. ¿Quién es?
REINALDO. «El reloj me atormenta». ¿No fue un lamento? ¿No mostraba una atadura, un lazo? «El que ha terminado destruyendo lazos y ataduras…».
TERESA. ¿Y tú no esperabas que viniera alguien más? Lo preguntaste. Un lazo. Una atadura. ¿A quién esperabas? Nadie vendrá ni tú irás en busca de nadie.

DELIA. *(Fatigada).* Sin duda, el espejo es para mí.
TERESA. Se enteró de que eras vieja.
DELIA. Alguna vieja tenía que venir.
REINALDO. Hay viejas por todas partes.
DELIA. ¡Y las habrá! Te aseguro que las habrá. Viejas que miran pasar a los jóvenes y quisieran chuparles la sangre. Ojos como vampiros. Morderé esos cuellos palpitantes. Y sobre todo si se miran demasiado. Aparten de mí sus cuerpos fragantes.
REINALDO. ¿Te ofende, verdad?
DELIA. Me ultraja. Me aniquila. No tiene explicación.
TERESA. Podías haberlo olvidado.
REINALDO. Borrón y cuenta nueva.
DELIA. ¿Olvidar esta carne, estos ojos apagados, estas manos que me delatan? Si tú supieras cómo se veían mis manos en un cuerpo joven. Una rama seca. Pediré que me pongan en la vitrina iluminada, junto al chal y el sombrero. Estirada, los párpados cerrados. Cuando quieran conocer el futuro, pasen a contemplarme.
TERESA. Eres vieja. Viejísima. *(A Reinaldo, irónica).* ¿Te afecta?
REINALDO. Ya no me importa. Estamos a punto de empezar.
TERESA. *(En un grito).* Triunfo. *(A Delia, exaltada).* ¿Cuántos tienes?
DELIA. Soy milenaria.
TERESA. ¿Cómo pasó, Delia? ¿Dónde?
REINALDO. ¿En qué parte?
DELIA. En un tren. En un tren vine a este sitio. En un tren lo perdí.
TERESA. Me retocaba las cejas en el cristal, en medio de una llanura.
REINALDO. Una mujer saluda con un niño en los brazos.
TERESA. En un tren, Reinaldo.
REINALDO. En un tren, Teresa.

Forman un tren. Teresa, con los brazos semeja una ventanilla. Reinaldo, detrás, tira de la palanca. Hacen el sonido de los escapes, el pito, las ruedas.

DELIA. Ah, eres un encanto. Me adulas. Me mientes. Cuántas promesas. Fragilidad es mi nombre, pero nada creeré de cuanto dices. Quieres que dependa de ti. Cuando me mire los ojos, tendré que acordarme de lo que me has dicho. De las pestañas, del color de la piel. No te creo. Quieres que cada parte de mi cuerpo me deje un recuerdo tuyo. No te creo. Pero dímelo, dímelo otra vez. Sin acercarte tanto. Nos miran.

Cómo corre el tren. ¿Te gusta mi sombrero? ¿El chal? Adulador. Eres incansable. Te aseguro que en el próximo andén olvidaré todo cuanto me has dicho. Todo, todo. ¿Me lo dirás otra vez? No, no tanto. Quieto. Nos miran. Te detengo con la punta del abanico.

TERESA. *(Susurrante).* La boca te tiembla.

DELIA. Bajemos el cristal. Me hace daño el viento. *(Baja de un tirón la ventanilla).* No te aproveches. Te pedí solamente que bajaras el cristal. Me oprimes. ¿Ya? Retírate entonces, tentador.

REINALDO. *(Susurrante).* Te veo una mancha debajo de la nariz.

DELIA. *(Sin oírlo).* Qué linda vista. Me calma. A ti, no. Ay, muchacho, déjame las manos. Se me caerán las sortijas.

TERESA. *(En un susurro más fuerte).* La boca te tiembla.

DELIA. De alegría me tiemblan los labios. ¿No lo notas? Por favor, no es en el pecho. Qué manos tan aventureras.

REINALDO. *(Más fuerte).* Te veo una mancha debajo de la nariz.

DELIA. *(Estallando).* Es un efecto de la luz. Me encanta este chal. Chenilla. Un cosquilleo en la sangre. ¿Por qué estás tan serio? No te alejes tanto. Fue una broma. Miénteme un poco. Anda, muchacho.

TERESA. Mírale la mancha.

REINALDO. Apriétale la boca para que no le tiemble más *(Sonidos del tren, mezclados a las palabras).*

DELIA. ¿Se me habrá caído el maquillaje?

REINALDO. Se te cayó.

TERESA. Empólvate, Delia.

REINALDO. Se te ve el manchón.

DELIA. Oigo graznar a las urracas.

REINALDO. Pasa una urraca con un espejo.

TERESA. Pasa una urraca con un pañuelo.

REINALDO. El espejo para la mancha.

TERESA. El pañuelo para la boca.

DELIA. No los quiero. Vayan a volar a otra parte.

TERESA. Es una mancha de nicotina.

DELIA. *(Suspira).* He fumado tanto.

REINALDO. Es el temblor de la vejez.

DELIA. *(Suspira).* He vivido tanto.

TERESA. Jabón Perro al diez por ciento.

REINALDO. Al veinte por ciento.

Cesa el tren lentamente.

DELIA. No se me cae con nada. Abur, muchacho. El andén de la vieja. Aquí se queda. Te di mi abanico de recuerdo. No se me cae con nada. La boca ya no puedo controlarla.

RAIMUNDO. *(A través de un micrófono).* Él distraído se confunde y quiere regresar. El dolor es nuestro y está en nosotros. No es obra de nada ni de nadie. Aquellos que se vigilan día a día, se apartan del dolor y entran por la segunda puerta, la puerta de la aniquilación.

4

TERESA. Algo falta, Delia. Eso no es todo.
REINALDO. ¿Por qué no sigues?
TERESA. Ese muchacho.
DELIA. Se llamaba Joaquín. Me abandonó. El tren siguió su curso.
TERESA. ¿Seguro? *(Mofándose).* Abur, Joaquín.
DELIA. ¿Y a ti, Teresa, no te queda nada, una pequeña debilidad?
TERESA. Los desafío.
REINALDO. Empecemos, Delia.
DELIA. Empecemos, Reinaldo.
REINALDO. *(Imitando a Teresa).* «No tengo recuerdos de familia». ¿Cómo te sonó?
DELIA. «¿No tengo recuerdos de familia?» Eso lo dijo al ratico de haber entrado. A falso. A falso.
REINALDO. ¿Te fijaste?
DELIA. Estuve siempre fijándome. Aprendí a oír cómo dominaba su voz para ocultarnos algo.
TERESA. Yo también los miraba, también los oía, y también aprendí.
REINALDO. Esto marcha, Delia. Empieza a defenderse.

Se mueven en círculo alrededor de Teresa.

DELIA. «Si estuviera en casa pondría flores».
REINALDO. «Pero ya no estamos en casa».
TERESA. Bravo. Me gusta.
REINALDO. En casa, Delia.
DELIA. El ya, Reinaldo. Apunta el ya.
REINALDO. ¿Y en esa casa donde ya no está…?
DELIA. ¿No habría recuerdos familiares?
REINALDO. ¿Qué había entonces en esa casa?

DELIA. ¿Dónde estaban tus padres?
REINALDO. ¿Dónde?
TERESA. Muertos.
REINALDO. ¿Muertos?
TERESA. Con los ojos cerrados.
DELIA. ¿Y el corazón?
TERESA. Se detuvo.
REINALDO. Sin duda, muertos.
DELIA. Conclusión: huérfana.
REINALDO. Lágrimas…
DELIA. Ataúdes…
REINALDO. Velas…
DELIA. Coronas…
REINALDO. Y sobre todo…
DELIA. El silencio, la despedida.
REINALDO. Y esa pregunta siempre: ¿Por qué? ¿Por qué?
DELIA. Y siempre sin respuesta.
TERESA. Así mismo. Todo eso.
REINALDO. ¿Y después?
DELIA. La tierra. Paletadas de tierra.
REINALDO. ¿Juntos?
TERESA. Murieron en un accidente. Dos trenes chocaron.
DELIA. Una interrupción. Una luz apagada.
REINALDO. Una señal que no se cumple.
DELIA. Una barrera que no cae a tiempo.
REINALDO. Y llega la muerte y se los lleva.
DELIA. Juntos.

Reinaldo y Delia cargan dos ataúdes imaginarios. Caminan solemnes, entonando una marcha fúnebre. Colocan los ataúdes en el suelo, uno al lado del otro. Teresa, parada entre los ataúdes, se persigna con grandes gestos. Reinaldo y Delia imitan el chisporroteo de los cirios, el sonido del órgano, las salmodias funerarias. Colocan cojines de flores y distribuyen coronas. Teresa estrecha manos invisibles.

REINALDO. *(Interrumpe).* A la tierra en ataúdes separados.
DELIA. Alimento de gusanos.
REINALDO. Pedacito a pedacito los fueron devorando.
DELIA. Dicen que el pelo y las uñas crecen y crecen después de la muerte.

REINALDO. Una gran cabellera debajo de la tierra.
DELIA. Uñas enormes. A la vida le cuesta trabajo parar.
REINALDO. Piensa en los ojos de tus padres. Resbalaron de las órbitas como un poco de agua, como una lágrima.
DELIA. Son un escupitajo seco.
TERESA. Me dan asco los dos.
DELIA. *(Alegría cruel)*. Triunfo ¿Oíste, Reinaldo?
REINALDO. Todo.
DELIA. De aquí no podrás quitar esa palabra: asco.
REINALDO. Aquí está.
TERESA. Yo adoraba a mis padres.
DELIA. Cuidado.
REINALDO. Va a vomitar.
TERESA. Mientras vivieron, la vida estaba fuera, y yo en el fondo del mar, en una cueva. ¿Qué podía ocurrirme? Todo era blando y flotaba. Nada sabía. Miraba, navegaba. Las aguas no se resisten. Sin avisarme, los perdí bruscamente. ¿Ya dije que recibí un telegrama? Ellos murieron cuando venían a verme, de regreso de un viaje. Sola, perdida, sin jueces. Subí del fondo de las aguas: el mundo, resistente y afilado. Los vi en el hospital. Amarradas las mandíbulas, los ojos todavía abiertos. Oigo el chirrido de la camilla, pasan delante de mí. No quise volver a verlos. Ni en el velorio, ni cuando me avisaron que iban a cerrar los féretros. No lloré en todo el tiempo del velorio ni después. Estrechaban mi mano, escuchaba los pésames. Ni una lágrima. Seca desde el principio, preguntándome por qué. La muerte empezó realmente para mí cuando los enterraron. Primero me sentí aliviada, después, después estaba al descubierto. La vida se me pegaba, soltándome su vaho. Tenía que aceptarla o escapar. Un día me paré frente al armario donde guardaba mi madre sus carteras, y lo abrí: un olor se desprendió de las pieles. Y sin darme cuenta, lloré. Lloré cuanto no había llorado. Después iba al armario y lo abría. Me quedaba parada oliendo, olfateaba como un perro aturdido. Quizá sentía miedo. Otras veces, como un impulso, un deseo de vivir. Una tras otra, usé cada una de sus carteras. Una tras otra. El fondo de las aguas había terminado. Escapé. Algo me decía que me cuidara. Se han dado cuenta, ¿no es cierto? No tuvieron que esperar mucho. La pobre Teresa tiene miedo. Dime, Reinaldo: ¿traspasaré alguna puerta?
REINALDO. *(Estallando)*. Yo no puedo ayudarte. No puedo. ¿De qué sirve todo esto? ¿Frente a qué puerta estás? Yo no puedo ayudarte.
TERESA. No te pedí que me ayudaras. Me basto y me sobro.

REINALDO. ¡Poldo! ¡Raimundo! Vengan. Necesitamos ayuda. *(Corre. Se para extraviado).* No responden. Quizá no ha llegado el momento. Díganme dónde están las puertas. ¿Cómo llegaré a ellas? La primera, la segunda, la última. ¿Tú las ves? *(Se sienta).* Condúceme, hermano mío, condúceme. «Si vas a salir, no dejes de llevarlo». *(Saca el mapa de una ciudad, lo desdobla y extiende y, finalmente, se envuelve en él, como quien busca amparo).* Lo hizo para mí. Está en su cuarto cerrado, trazando planos y mapas. No hay allí un mueble. Miro y quisiera. Creo que ya lo dije. El espacio, ¿saben? Habría que llenarlo con algo. Mi hermano trabaja en el suelo, duerme en el suelo. «Es duro y firme. Lo único firme que queda, Reinaldo. Sabes que la tierra gira, lo sabes, por eso es firme. No te va a traicionar». Día y noche dibuja. No apaga nunca la luz. Nadie viaja en la casa sin que él le entregue un mapa. «Algo puede ocurrirte. Llévalo». Hubo un tiempo en que entraba y salía sin cuidarse. Después que volvió de la guerra, se encerró en su cuarto y empezó con los mapas. «Una vez pasó un soldado enemigo, Reinaldo, cerca de mí. Le apunté y entonces vi su cara un segundo. Fatigado, sin afeitar. Y no lo maté. Él se alejó sin enterarse. ¿Por qué matarlo? Un tipo cualquiera, igual que yo. Aquello no tenía sentido. Lo terrible no es sufrir ni morir, sino sufrir y morir en vano». *(Sus dedos abren huecos en el mapa).* El hospital, la estación de bomberos, la funeraria. Qué hermosa ciudad. ¿Tienes prisa? Camínala despacio. Cristal y piedra. Yo no fui. No pude ir. Tenía a mi hermano presente. Era como una luz que me impedía caminar. Un hoyo negro puede abrirse en cualquier momento y tragarme. Qué zumbido. Cuántas trincheras. Están sonando las alarmas. Mi hoyo negro. Me hundo. La ciudad. La hermosa ciudad.

DELIA. Vómitos por todas partes. Al norte y al sur es demasiado. Van a mancharme la punta de los zapatos. Sentada en el último rincón, en el más oscuro, para no descubrir las señales. Voy a dormir un rato. Quizá después todo marche mejor. Dormir, leer, conversar. Cuando lo creemos olvidado, te pega una mordida. Otra vez la desesperación, la tranquila desesperación. Vámonos a dormir.

5

TERESA. ¿Cuándo empezaremos a jugar?
REINALDO. ¿Cuándo vendrá Raimundo?
DELIA. A su tiempo. Vendrá a su tiempo.
REINALDO. ¿Sabes jugar?
TERESA. Muy poco.

DELIA. ¿Y tú?
REINALDO. Algo, algo quizá. Aprenderé el resto.
DELIA. Yo tampoco sé mucho.
TERESA. Aprenderemos.

Imitan el juego de cartas. Cada uno es una carta para el otro, que roba o tira. Los brazos reproducen las figuras. Se mueven rítmicamente.

TERESA. ¿Siempre habrá tanta luz?
DELIA. Cuando estemos despiertos.
REINALDO. ¿Siempre habrá tanto espacio?
DELIA. Cuando vengamos a jugar.
REINALDO. Tendré cuidado en aprender.
TERESA. No te demores. Avanza.
DELIA. Saca tus cuentas. Vigila.
REINALDO. Acércate a la primera puerta.
DELIA. Adiós, Joaquín. Iré al rincón oscuro. Me cubriré la cara con el chal. Quise retenerte y fue inútil. Hiciste bien. Eras joven. Yo huelo a muerto. Pero antes de irte, debiste aplastarme de una vez.

Golpe de gong. Aparece Raimundo. Viste de blanco. Trae de la mano, atado de un cordón de seda, un perro blanco que olfatea inquieto.

RAIMUNDO. Sean bienvenidos. Ahora comienza el camino. Recibirán un reglamento que deben aprender a cumplir. Yo los ayudaré. Entregue el mapa. Vayan a sus habitaciones. En breve, jugarán. Poldo, enséñales el lugar.

Se apaga de golpe la luz.

ESCENA SEGUNDA

Luz repentina: juegan a las cartas. Los objetos del juego, naipes, mantel, un tanto más grandes de lo habitual. Teresa tira una carta. Poldo y Reinaldo juegan en silencio hasta Delia, que coloca en hileras varias de sus cartas.

1

POLDO. Sin los tantos, no puede hacer juego. *(Desplaza un dedo).* Faltan cinco.
DELIA. *(Repite la acción).* Pues, no los tengo.

POLDO. Recójalas.
TERESA. ¿Ya se te olvidó sumar?
DELIA. Te avisaré.
REINALDO. ¿Tendremos que recordarte que el juego tiene sus reglas?
POLDO. Invariables y seguras.
DELIA. Sin duda, cometí un error. *(Retira las cartas y las ordena en sus manos. Tira)*.
POLDO. Prosiga, Raimundo vendrá después.
DELIA. ¿Se ocupará de nosotros?
TERESA. ¡Juego!

Tiran Poldo y Reinaldo.

DELIA. *(Colocando su carta, susurra)*. Dama de trébol, ¿sucederá?
TERESA. Rey de corazón rojo, ¿sucederá?
POLDO. *(Juega en silencio)*.
REINALDO. Dama de diamantes, ¿sucederá?
TERESA. ¿Qué tiempo hace?
DELIA. Te distraes.
TERESA. *(Con repentina angustia)*. Pero entonces, ¿qué día es hoy? ¿Qué día será mañana?
POLDO. El día de la dama de diamantes, del rey de corazón rojo.
DELIA. Mira, la dama del olvido cae en el pozo. ¿Es tuya?
TERESA. Una vuelta más y será mía.
POLDO. Tendrá sobre el pecho una flor negra.
DELIA. Flor que nunca se marchita.
REINALDO. Estará atravesada por una espada.
POLDO. Espada que no derrama sangre.
DELIA. Cubierta de rojos corazones.
REINALDO. Corazones que no traicionan.
TERESA. Un caballero acompaña a la dama.
DELIA. Un caballero siempre joven.
TERESA. ¿Qué ocurre afuera? ¿Qué está pasando?
POLDO. No se detenga.
TERESA. Quiero llamar. Llamar.
POLDO. *(Forma cuidadosamente hileras con sus cartas)*.
REINALDO. Llama otro caballero en la primera puerta.
TERESA. ¿No llueve? ¿Estará lloviendo? Quiero saberlo. Enterarme de lo que ocurre aunque no sea nada y no valga la pena. ¿No comenzó ya el

tiempo de las lluvias? Todo está quieto, esperando. Y el aire de pronto. Olor a yerba, a beso, a mortaja. Llega la lluvia. Suena en los techos. Me moja entera. ¿Qué hacen ellos? ¿De qué se ocupan? Antes.
REINALDO. *(Con voz aguda).* ¿Antes? ¿Cuándo fue antes?
TERESA. ¿No hay una señal? ¿Una marca?
DELIA. No mirarás los calendarios.
REINALDO. No te detendrás en ningún andén.
DELIA. No te acercarás a las trincheras.
TERESA. Una marca. Una señal.
DELIA. Traza una raya en tu cuarto.
TERESA. Anoche oí un ruido en el tuyo.
DELIA. Dormía profundamente.
TERESA. Alguien trazaba una raya.
DELIA. Dormía profundamente.
TERESA. El crujido de la tiza me dio escalofríos. ¿Ya no te importa? Ahora puedes estar sin una marca. Cuando me levanté, fui a su cuarto. Allí estaba la raya.
DELIA. Mi suelo está limpio. Buscas un cómplice. *(Ríe sarcástica).* La lluvia, la frescura. Ya oímos esa música. No nos importa. Métalo en tu cabeza.
TERESA. Eres dura con los demás.
DELIA. Así te ayudo.
TERESA. ¿Por qué de repente esto? Recordar, pensar que algo ocurre fuera.
REINALDO. Te lo figuras.
POLDO. Un paso más. Uno.
TERESA. Si fuera posible. Voy a cerrar los ojos. Tal vez.
POLDO. No los cierre. Abiertos. En un punto fijo y distante.
DELIA. En un círculo.
REINALDO. En una piedra pulida.
TERESA. Súbitamente alguien tose, el chirrido de una camilla.
DELIA. ¿De una camilla dijiste?
TERESA. ¿Dónde quedan las cosas? ¿El chirrido de la camilla?
POLDO. Al pozo.
DELIA. Al pozo con ellos.
TERESA. Estabas en tu casa vacía. Esperabas. Oíste entonces el traqueteo del tren, las ruedas girando. En ese momento recibiste la circular de Raimundo. En ese o en otro. Había tantos momentos parecidos. El tren pudo detenerse, Delia. Piénsalo. Quizá había otra oportunidad. Alguien podía llamar, apretar el timbre, hacer sonar el teléfono. Cualquier cosa, algo que te hiciera vivir.

DELIA. *(Con sarcasmo violento).* ¿Pero qué dice esta?
POLDO. Dijo vivir.
REINALDO. Quiere hacernos fracasar.
DELIA. *(Gritando).* Dijo vivir. Fue un aullido.
REINALDO. Qué asquerosa esperanza. Otra oportunidad. ¿Entonces hemos venido por error? Tengo la boca seca. Es temprano todavía.
DELIA. *(Brusca).* ¿Cómo lo sabes?
POLDO. Solo puedo decirle, Teresa: hay palabras que ya no significan nada.
TERESA. ¿Y nosotros? ¿Y el pasado? ¿Y el porvenir?
DELIA. Al pozo.
TERESA. ¿Entonces no significamos nada?
POLDO. Vibramos desprendidos. Es tan simple.
TERESA. Juego.

En silencio juegan dos veces cada uno. Poldo se levanta. Entra Raimundo. Los personajes inmóviles, las cartas en las manos quietas y alzadas. Poldo sale. Raimundo ocupa su lugar. Viste de blanco. Sus ademanes son reposados y un tanto impasibles. Hay algo fatigado en él, como si hubiera realizado un largo ejercicio de concentración o se hubiera flagelado. No obstante, su presencia seduce y su silencio es inquietante. Toma las cartas de Poldo y las ordena en sus manos. El juego se reanuda. Van saliendo los demás de su inmóvil suspensión.

2

DELIA. *(A Reinaldo).* Es tu turno.
REINALDO. Un cuatro.
DELIA. No recuerdes. Un seis.
TERESA. Aún debo hacerlo. Siete de corazón.
RAIMUNDO. *(Juega sin hablar).*
REINALDO. ¿No es un obstáculo? Un tres.
TERESA. Es otra forma. Cinco de diamantes.
DELIA. *(Con ternura).* Te ayudaremos. Otro seis.

Entra Poldo trayendo tres vasos. Todos bajan sus cartas y empieza el conteo. Cantan los números con la entonación de las letanías católicas.

REINALDO. Ciento cincuenta y cinco.
DELIA. Trescientos sesenta y nueve.

TERESA. Doscientos ochenta y siete.
REINALDO. Ciento sesenta y cuatro.

Cantan y anotan. Cuando las voces dejan de oírse, están de pie. Poldo les entrega un vaso a cada uno. Raimundo no toma. Beben sin sensualidad. Poldo recoge los vasos. Los cuatro se sientan. Raimundo comienza a barajar. Poldo inicia la salida.

TERESA. Poldo, ¿es posible?
DELIA. ¡Otra vez! No tienes cura.
POLDO. Si reconoce que lo desea, lo haré.
TERESA. *(Asiente).* ¿Lo hará?
POLDO. Es parte del camino.
DELIA. Me molesta. Nos interrumpe.
REINALDO. *(A Delia).* A veces me parece que nos engañas. Eres demasiado igual. Es sospechoso.
DELIA. No me extraña. Te pareces a ella.
REINALDO. Yo no he pedido nada.
DELIA. Pero te da lo mismo, ¿no?
POLDO. *(A Teresa).* Le advierto...
TERESA. *(Mirando a Raimundo).* Pronto no deberé ni podré hacerlo. No podremos.
DELIA. Allá tú. A mí no me interesa.
RAIMUNDO. *(Indica a Poldo que ya puede salir).*

Poldo se retira.

REINALDO. ¿Continuamos?
RAIMUNDO. *(Asiente).*

Cambian los puestos. Teresa ocupa el lugar de Delia y esta el de Reinaldo, que pasa al de Teresa. Raimundo no se mueve. Indica a Teresa que corte. Reparte once cartas a cada jugador. Al terminar, señala a cada uno que saque una carta. Operación que él realiza por último.

TERESA. *(Consultando con la mirada a Raimundo).* Salgo yo.
RAIMUNDO. *(Recoge las cuatro cartas y las agrega al mazo por diversos lugares).*
TERESA. Un nueve.
REINALDO. Un cinco.

DELIA. Yo te digo.
RAIMUNDO. *(Roba y juega concentrado)*.
POLDO. *(Entra con un teléfono y un fonógrafo. Marca un número)*. ¿Observatorio Nacional? ¿Puede darme el estado del tiempo? ¿Normal? Dígame el parte completo. «Se pronostican temperaturas frescas durante el día y ligeramente frías en la noche; cielos parte nublados y chubascos en la mitad oriental; mar ligeramente movida en la costa norte y rizada en la costa sur». ¿Es todo? Bien. Gracias.
TERESA. *(Impaciente)*. Pregunte si lloverá.
POLDO. ¿Lloverá? Dijo chubascos.
TERESA. ¿No saldrá después un arcoíris?
POLDO. ¿Arcoíris? El tipo soltó una carcajada. *(A Teresa)*. Posiblemente salga un arco iris con sus siete colores.
DELIA. Chica, es tu turno. *(Sarcástica)*. Un arcoíris. El mundo, un cuento de hadas, suave y coloreado.
TERESA. Déjame hablar con el Observatorio.
RAIMUNDO. *(Extiende una mano)*.
POLDO. Prohibido levantarse.
TERESA. Pero es que no sabe preguntar.
DELIA. Acá es especialista en preguntas. Un cuestionario parlante. Igualita que el otro.
REINALDO. No me metas en eso.
DELIA. Lo estás. Y deberías decir algo. Algo que no fuera una pregunta. *(A Teresa)*. Me cansas con tus simulaciones.
TERESA. Pregúntele por el mar.
POLDO. Ya lo dijo.
TERESA. Que diga algo más.
POLDO. ¿Y el mar? Se riza o se calma.
TERESA. ¿Nada más?
DELIA. Está en su lugar y se mueve. Nada más le puede ocurrir.
POLDO. El empleado ve desde la ventana un barco.
TERESA. Oigan, un barco. Ve un barco.
DELIA. Ayúdame a decapitarla. Es una mentirosa. Quiere un regreso. Ayúdame a decapitar esta Circe.
REINALDO. Su cabeza seguiría hablando. Mejor, no la oigas.
DELIA. La oyes tú. Miro ese viaje en tus ojos, las velas hinchadas.
TERESA. ¿Qué más ve el empleado?
POLDO. Nada más.
TERESA. Tiene que haber algo más.

POLDO. Es todo.
TERESA. ¿Entonces la naturaleza, el paisaje?
POLDO. Está ahí. ¿Quiere otra prueba?
DELIA. Que le haga una seña.
REINALDO. Que le comunique alguna cosa.
DELIA. Paisaje, saluda.
REINALDO. Bríndanos algo.
DELIA. Un color.
REINALDO. Un aroma.
DELIA. Un sonido.
REINALDO. Saluda.
TERESA. Alguien entra en un bosque, se asoma a una ventana, mira un árbol.
DELIA. Corta. No hay otra naturaleza que este mantel verde.
TERESA. Si yo pudiera.
REINALDO. *(Con ternura).* Podrás. Los tres podremos.
POLDO. ¿Alguna otra cosa?
TERESA. No.
POLDO. *(Cuelga el teléfono).*
TERESA. Ponga el disco.
REINALDO. ¿También? *(Mira a Raimundo).* Qué peligroso es ayudarte. ¿De veras te atormentas?
DELIA. Nos engaña.
REINALDO. *(A Delia).* ¿Pero a ti qué te ocurre?
DELIA. *(Espera que hable Raimundo, quien guarda silencio y sigue jugando).* No me comprendes. Quisiera estar ya en la primera puerta.
REINALDO. Ella también.
DELIA. Tonto. Crees en sus máscaras. Pronto estará helada, bajo cero. Entonces, seremos iguales y marcharemos juntos. *(Con ademán imprevisto).* Ponga el disco.

Poldo echa a andar el fonógrafo. Sonar del viento. El pito de un tren. Campanas. Crepitar del fuego. Tableteo de ametralladoras. Sirenas. Silbidos de un hombre que pasa. Oleaje. El motor de una lancha. Voces humanas se quejan, pronuncian palabras aisladas, sonidos inarticulados. Teresa primero, luego Reinaldo y Delia, van identificando los sonidos del disco y dicen los nombres correspondientes. Suelen equivocarse, tratan de rectificar y se equivocan de nuevo. Se van quedando silenciosos. Entran El Juez, La Piadosa, El Político y El Militar. El disco sigue sonando en contrapunto, hasta la entrada de El Militar. El Poema electrónico, de Edgar Varése, puede servir de sugerencia.

3

EL JUEZ. Ya lo sé. Soy una persona ilustrada. Me quemé los ojos. Fui a la Universidad. Tienen razón. Son lógicos. ¿De quién van a esperar si no es de mí? Pero cuando se empieza a rodar, ya no se para. Un pie ahora, otro después.

LA PIADOSA. *(Con un perrito cargado).* Mi querida Adriana, hemos estado con ella. Mi esposo y yo acabamos de verla. Es un espectáculo que parte el corazón. Temí no resistir. Tú sabes: me ahogo con frecuencia. Así, de repente, unas tenazas en el pecho. Y la vida que se va como un soplo. ¿No es cierto, Adriana? Siempre al borde de la fosa. Yo que estoy tan enferma, el corazón maltrecho, lo sé mejor que nadie. Como un soplo.

EL JUEZ. Que mañana, que pasado mañana, que nunca más lo volveremos a hacer. Y un pie ahora, y otro después. Ya no creo, y a rodar. Compréndanme. Estoy estropeado, la frente hendida. Un hombre como yo debía dar ejemplo. ¿Quién decide la vida de los demás? Tengo tantas vidas en estas manos. Y soy franco, no puedo. Me quemé los ojos estudiando las leyes, y no creo, señores, no creo. Un pie ahora, otro después.

LA PIADOSA. Late, corazón. Permíteme auxiliar a los desgraciados, a los hambrientos, a los enfermos. Les dejamos dinero, querida Adriana, y alimentos, y ropas. Se puso tan contenta. Y yo con este corazón y estos ahogos. Si hubieras visto su alegría, la de sus hijos. Fue como una llama que iluminó todo el cuarto.

EL JUEZ. ¿Dónde está la justicia? ¿Dónde? ¿En qué hueco cayó? ¿O nunca? No, no debo ir tan lejos. Quizá alguna vez, remota, hace tiempo. Es demasiado para mí. Esa gente esperando que yo decida: inocente o culpable. Es demasiado. Qué digo.

EL POLÍTICO. *(Entra con un cajón. Sube. Se baja, lo cambia de lugar y sube de nuevo).* El hombre está en una encrucijada, como nunca en toda su historia, y es preciso contribuir con nuestro esfuerzo a su salvación.

Entra El Militar. Trae una fusta. Se escucha un galop de circo.

EL MILITAR. ¡Hop la! ¡Hop la! *(Restalla la fusta. Gruñe. Aúlla en contrapunto con el discurso del Político).*

EL POLÍTICO. Por todas partes asistimos a una crisis terrible producida por la desobediencia, por la desobediencia que engendra el desorden. No hay amenaza mayor ni mayor peligro. La desobediencia arruina las ciudades, lleva la desolación a las familias, destruye la concordia social. ¿Y qué obediencia pedimos? Obediencia a las instituciones que el hombre, en su larga experiencia histórica, ha sabido crear y llevar a la práctica.

EL JUEZ. Uno, dos, tres. Giro, giro de nuevo. No hay remedio. Tú inocente, tú culpable. O si quieren al revés. Da lo mismo. Uno, dos, tres.
EL MILITAR. ¡Hop la! ¡Hop la!
LA PIADOSA. Late, corazón. Ayudas y ayudas, y no se termina nunca la necesidad.
EL POLÍTICO. *Homo sapiens*, despierta. Quien no cree en el valor de lo que hiciste hasta ahora es un enfermo, un desconfiado peligroso. Que se aparte y no moleste, con su mirada infiel y descreída, la hermosa creación humana. (*Rueda el cajón y empieza de nuevo su discurso*).
EL MILITAR. ¡Hop la! ¡Hop la!
EL JUEZ. Me siento abandonado. Compadézcame. Alguien debiera darme un par de bofetadas. ¿Pero quién se preocupa? Chirrín, chirrán. Cuando vengan por mí, le habré prendido fuego a todo.
LA PIADOSA. Tropezamos con una pareja de mendigos y le dimos todo el dinero que llevábamos encima. No se termina nunca. Tendremos que hacer milagros. Multiplicar los panes y los peces. Quieto, Edipo. No seas majadero. Me partes el corazón.

Cuando El Político comienza a repetir su discurso, los cuatro personajes hablarán simultáneamente.

RAIMUNDO. (*Alza la mano*).
POLDO. (*Apaga el fonógrafo*).

Salen los cuatro personajes y se encienden las luces.

TERESA. (*Con los ojos cerrados*). Buenas tardes, buenas noches, buenos días.
POLDO. (*Desconecta el teléfono. Cierra el fonógrafo y sale con ellos*).

4

Juegan una vez con lentitud y callados.

DELIA. Al fin nuestro espacio cerrado.
REINALDO. Nuestro tiempo invariable.
DELIA. Pronto jugaremos el día entero.

Juegan otra vez con igual lentitud.

REINALDO. Refléjame.
DELIA. No puedo.

REINALDO. ¿Y tú?
TERESA. Me pierdo. ¿Qué?
REINALDO. ¿Entonces me abandonan?
DELIA. Te llevamos. Soy tu dama de trébol.
TERESA. Tu siete de espadas.
DELIA. La carta que parte.
TERESA. Mírame.
REINALDO. Indícame el lugar.
DELIA. ¿Por dónde vas? ¿Me oyes?
TERESA. Avanza. Avanza sin detenerte.
DELIA. ¿Por dónde vas?
REINALDO. Si pudiera decirlo. Siento, quizá veo. Algo se borra. Me acerco. Hay una gran quietud. Ni el aire sopla. Quitarle a la cebolla piel tras piel, y de pronto, nada. ¿Qué te decía?
TERESA. Avanza. Avanza sin detenerte.
DELIA. No te preocupes de las palabras. No te preocupes. ¿Me oyes? Es el rey de corazón. Desaparece.
REINALDO. Las manos, ¿cómo las tienes?
DELIA. ¿Oyes lo que te digo?
REINALDO. Llega el momento.
TERESA. Empieza en mis pies.
DELIA. ¿Cómo tienes los pies?
TERESA. Me alejo tanto. Me preguntabas. ¿Desde dónde?
DELIA. ¿Hablaste? Tus labios se movieron. ¿Qué decías de los pies?
TERESA. *(Con esfuerzo, vagamente).* No hubiera podido reflejarte. Compréndelo.
DELIA. No eres Reinaldo. *(Se le apaga la voz).*
REINALDO. Me pareció que me hablaste. No me llames.
DELIA. *(En un susurro).* Nadie puede llamarte.
TERESA. *(Encontrando con dificultad las palabras).* Vas… con… nosotros…
DELIA. Te toca a ti. Creo, me parece. Es el viento sonando en el árbol. Sigo.
REINALDO. ¿Qué carta es?
DELIA. Déjame verla.
REINALDO. *(Levanta la carta).*
DELIA. Un pañuelo.
TERESA. Una azucena.
REINALDO. Es un tres.
DELIA. ¿Cómo es un tres?
REINALDO. Un cuatro y una estrella.
TERESA. ¿Por dónde vamos?

REINALDO. Estás tan pálida.
DELIA. Sigo.
TERESA. Sóplame.
DELIA. ¿A quién le toca?
REINALDO. Sóplame.

Los tres soplan con suavidad y palpan en el vacío. Entra Poldo con cuatro vestimentas blancas. Raimundo se levanta frágilmente y las va colocando en los hombros de cada uno. Vuelve a su sitio. Concluyen de vestirse unos a otros con movimientos impersonales y pequeñas equivocaciones como de sordos y ciegos. Los tres avanzan flotando hacia Raimundo, que mira al vacío, para investirle su ropa blanca. Poldo sale. Los cuatro ocupan de nuevo sus lugares y reanudan el juego torpemente. El escenario gira lento.

TERESA. Un témpano.
REINALDO. Un astro.
DELIA. Un metal refulgente.
TERESA. Adiós, sin nombre.
REINALDO. Adiós.
DELIA. Adiós, sin nombre.
RAIMUNDO. *(Rompiendo su mutismo).* Adiós.

Permanecen rígidos. Entreabierta la boca, los ojos parecen no ver. Los cuerpos se bambolean de cuando en cuando. Las cartas, como abanicos abiertos, son ahora completamente blancas. El escenario continúa girando sin ruido. La luz es cegadora, alucinante. Se dispersan hojas de papel blanco. Se oye el golpe repentino del hacha de Poldo partir carne y huesos. Todo queda a oscuras.

SEGUNDA PARTE

Amanece. Ladra el perro de Raimundo. La luz crece despacio. La escena está vacía. No hay reloj ni marco de espejo.

1

REINALDO. Entretenerte conmigo. Evidente.
TERESA. Si tú lo crees.
REINALDO. No tenías que llegar a eso.
TERESA. No pienso molestarte. ¿Por qué te preocupas?
REINALDO. No me siento seguro.

TERESA. ¿De mí? ¿O de los dos?
REINALDO. Me estás probando. ¿Qué día es hoy?
TERESA. El día en que te lo dije.
REINALDO. ¿Pero qué nombre tiene?
TERESA. Cualquiera. ¿Me estás probando?
REINALDO. Fue anoche cuando me lo dijiste. Anoche no es hoy.
TERESA. Es posible. Cierro los ojos: nada. Dale un corte. Dime su nombre.
REINALDO. Tramposa. Te olvidaste.
TERESA. Cuando acabo de levantarme, cualquiera puede hacerme confesar. Me levanto debilucha. Qué cosa la mañana. ¿Cuánto hace que amanece? ¿Empezó alguna vez? ¿Fue siempre así? La mañana, la tarde, la noche. Y de nuevo. Deberíamos desayunar.
REINALDO. Cuando viniste a decírmelo, tuve que oírte. Esto no se rompió. Y ya no podré. Aquí: sonando. Y ahora: ¿qué? Bailemos. Empiece por un baile. No te me resistas. Oye la música. Déjame llevarte. Así se empieza. Pongo mi mano en tu cintura.
TERESA. Eres torpe. Suéltame. No entiendes.
REINALDO. Entonces me engañaste.
TERESA. Al contrario: te dije la verdad.
REINALDO. Debiste decirme que me habías engañado. Comprendo: te basta con que lo sepa. Ya nada será igual. Nos miraremos de otra forma, con un secreto entre los dos, ¿entiendes? Nadie sabrá nada. Solo nosotros. Qué lástima. Inútil haber venido. Nada podré conseguir. ¿Quieres que me desnude? Verás: tengo una marca en el pecho. No es un tatuaje. Es natural. Me han dicho que muy atractiva. Tendrás que verla. Las muecas las conoces. Las hago de vez en cuando. ¿No te gusta? Con esta mano las tapo un poco. Qué lástima. Ni a la primera puerta llegaremos. Vengan el rey de corazón, la dama de trébol. Debo estar prevenido. Andas detrás de mí.
TERESA. Haz lo que quieras.
REINALDO. Ya no puedo. ¿Bailamos?
TERESA. No.
REINALDO. Tócame entonces. Déjame tocarte.
TERESA. Hazlo.
REINALDO. No, así no sirve. ¿Te da lo mismo?
TERESA. No voy a morderte ni a besarte. Te lo confesé. Nada te pido.
REINALDO. Ojalá estuvieras segura.
TERESA. ¿No pude ser sincera? ¿No me crees? Empiezo a pensar que estamos perdidos.

REINALDO. Déjame perdido. Lo prefiero. Estar perdido y esperar.

2

TERESA. Llévame a recorrer la ciudad.
REINALDO. Así quieres hacerlo. Así quieres empezar. La ciudad... Vamos. *(Extiende en el suelo un mapa imaginario. Se dan la mano. Pasean).*
TERESA. ¿Qué calle es esta?
REINALDO. Imagina.
TERESA. Tú eres mi guía.
REINALDO. Escoge. Nómbrala.
TERESA. ¿Por aquella casita? ¿Lleva al puerto? ¿A un viejo campanario?
REINALDO. Termina de pronto en una pared.
TERESA. Fácil. Calle de la Soledad.
REINALDO. Ven por aquí. ¿A que no lo descubres?
TERESA. ¿Qué cosa?
REINALDO. Hay que descubrirlo entre las piedras y el asfalto. Tener buena vista. Todos pasan sin verlo. Y el jardín está aquí. ¿No lo ves? ¿Te gusta mi jardín?
TERESA. Es tan pequeñito. Se puede llevar en la mano.
REINALDO. Llévalo. Te lo regalo.
TERESA. Ahora mira: por todas partes crece la yerba. Mira: yerba en los dedos. Tienes yerba en el pecho. *(Lo toca).* Un día la yerba inundará la ciudad, detendrá los elevadores, se tenderá en todas las camas, y habrá una gran paz, Reinaldo. Mira: tapó las trincheras. Lo entenderemos todo de nuevo. ¿Qué parte de la ciudad es esta?
REINALDO. El mismo jardín. En todas partes, el mismo jardín. Entremos.
TERESA. No hagas ruido: hay un colibrí en aquella mata.
REINALDO. ¿En la de granada?
TERESA. Sí. Está libando.
REINALDO. Qué lindo.
TERESA. Cómo bate las alitas.
REINALDO. Es tan pequeño como una mariposa.
TERESA. Llévalo. Te lo regalo.
REINALDO. Sssssss. Te oyó.
TERESA. ¿Por dónde se fue? Ya no lo veo.
REINALDO. No importa: tengo otro pájaro en la mano. *(Se lo muestra).*
TERESA. ¿Y canta?
REINALDO. Y se riza el plumaje. *(Lo hace. Mueve el brazo, planeando, y posa su mano en la cabeza de ella).* Te lo dejo.

TERESA. ¿Ahora qué hace?
REINALDO. Mira todo. Le dio la vuelta al mundo. Y regresó a posarse en tu pelo. Ha visto tantas cosas.
TERESA. Debía contármelas.
REINALDO. Vi un campo de trigo y vi el mar, pinos y palmares, una casa blanca de madera y las murallas de una vieja ciudad. Vi en lo alto de una montaña un palacio en ruinas.
TERESA. Canta. No me hables de las ruinas.
REINALDO. *(Silba)*.
TERESA. *(Echa el pájaro a volar de su cabeza)*. Vuelve otro día. Me gustó tu canto. Si vuelves, cuéntame lo que has visto.
REINALDO. ¿No te gusta tener a nadie preso?
TERESA. A nadie.
REINALDO. ¿Y a mí?
TERESA. Libre. Desnudo. No quiero retenerte, tampoco que te vayas. Quiero solo que estés.
REINALDO. Solo deseo estar.

Se desnudan mutuamente. Caminan de la mano. En sus cuerpos se manifiesta la presencia de los árboles, el agua, el viento, la yerba. Retozan. Se esconden tras los árboles. Arrancan frutas, las muerden, se las tiran entre las piernas y los pies, a la cabeza y a la espalda, riéndose, corriendo, se revuelcan en la yerba. Acostados uno al lado del otro, permanecen inmóviles, jadeantes, jubilosos. De nuevo, como en los niños, comienza la vivencia del mundo.

TERESA. Me toca el viento. Otra vez. En los brazos, en el pelo.
REINALDO. ¿Dónde?
TERESA. Aquí y aquí.
REINALDO. A mí también me toca.
TERESA. ¿Dónde?
REINALDO. Aquí, y aquí, y aquí.
TERESA. Tiene muchos dedos el viento.
REINALDO. Tiene una mano grande.
TERESA. Eso, en el cielo, ¿se llama?
REINALDO. Lo nombro amanecer.
TERESA. Las plantas también están amaneciendo.
REINALDO. Ya no quedan estrellas.
TERESA. Amanece.
REINALDO. Tengo las manos mojadas.

TERESA. Llámalo rocío.
REINALDO. Agua del amanecer: te nombro rocío.
TERESA. Ro-cí-o. Qué rico. Se siente en la boca.
REINALDO. *(Palpando)*. ¿Qué es boca? ¿Dónde está?
TERESA. *(Colocándole los dedos)*. Esta es mi boca.
REINALDO. *(Ladeándose)*. Te nombro bo-ca. Mojo tu boca con rocío.
TERESA. *(La misma acción)*. Esta es tu boca. Y estos, tus ojos. No los cierres. ¿No quieres verme?
REINALDO. Quiero oírte. Háblame.
TERESA. Muy despacito. Después yo cerraré los ojos.
REINALDO. Y yo te hablaré. *(Se tiende)*.
TERESA. *(Un sonido)*.
REINALDO. Agua.
TERESA. *(Otro sonido)*.
REINALDO. Aire.
TERESA. *(Otro sonido)*.
REINALDO. Fuego.
TERESA. *(Cierra los puños y los abre a lo largo del cuerpo de Reinaldo)*.
REINALDO. Tierra.

Quedan quietos, sin hablar.

TERESA. Oye.
REINALDO. Sí.
TERESA. El silencio.
REINALDO. *(Se vuelve despacio hacia ella apoyándose en el codo)*. Este es el monte de Venus, el monte de la luna. *(Ella forma la luna con los dedos. Él sopla y ella impulsa la luna a lo alto)*. Desde allí nos vuelve a mirar. Desde lo oscuro. Si la miro, es a ti a quien miro. Si miro una concha, y un cofre, y la espuma, si entro a una cueva, es a ti a quien miro y es en ti en quien entro. *(Se acuesta sobre ella)*.
TERESA. Te salta una vena en el cuello.
REINALDO. Tócala. ¿Sientes…?
TERESA. Siento tu sangre. El mundo.
REINALDO. Adivinaste.
TERESA. ¿Qué cosa?
REINALDO. Mi cuerpo, el tuyo. Volvimos.
TERESA. ¿Estás seguro, Reinaldo?

REINALDO. Lo sientes. Tu vena late contra la mía. Tu sangre. El mundo. Ofreciéndose, hablando. Otra vez. Otra vez. Él y nosotros. No te arrepientas. ¿Te arrepentirás?
TERESA. No quiero arrepentirme.
REINALDO. Eres fuerte.
TERESA. Somos puros.
REINALDO. ¿Eso significa?
TERESA. Que somos lo que somos. Ni más ni menos. Tu cuerpo me lo dice. Oigo.
REINALDO. ¿Estás segura?
TERESA. No empieces a dudar.
REINALDO. Ayúdame.
TERESA. ¿A qué?
REINALDO. Ya no lo sé. Es como si de pronto. ¿Oyes algo?
TERESA. Oigo tu cuerpo. Ayúdame.
REINALDO. ¿A qué?
TERESA. Ya no lo sé.
REINALDO. Entonces, vámonos.
TERESA. ¿Cómo?
REINALDO. Creí, pensé, me pareció.
TERESA. Ya comenzó de nuevo.
REINALDO. ¿Comenzó qué?
TERESA. Eso.
REINALDO. Creí…
TERESA. No, no comienza: estuvo siempre. No nos deja. Si damos un paso, si te detienes o piensas, amas a alguien, esperas, comienza o te das cuenta que ha seguido. ¿Qué nos falta, Reinaldo, o qué nos sobra? Hace un momento parecía.
REINALDO. Eras fuerte y pura. Hay condiciones. No queremos aceptarlas.
TERESA. ¿Aceptar? ¿Por qué? ¿Y por qué esas condiciones? ¿Quién las impuso? Podría haber otras. Suéltame. Pareces un náufrago.
REINALDO. No manotees. Tú también te ahogas.
TERESA. Basta. Tu cuerpo no puede defenderme.
REINALDO. ¿Y se trataba de defenderte? Qué va. Era otra cosa. Otro modo. Yo no soy tu padre ni tu juez. Me hace falta el mapa. Me hace falta. Un plano detallado, para no hundirme. Aquí una cosa, aquí la otra. Grandes redondeles con: «Peligro», en grandes letras. Oh, hermano mío, condúceme.
TERESA. El ave no volverá, ¿me oyes? O me buscará en vano. Nunca se posará en mi cabeza.

REINALDO. Entonces no podremos irnos.

Se separan. Se visten rápidamente, como avergonzados de su desnudez. Miran a todas partes, temerosos. Sus manos y pies rechazan y destruyen el jardín.

3

REINALDO. No estabas satisfecha. Viniste a decirme que yo te gustaba. Hablaste hasta del amor.
TERESA. Antes lo dije en mi cuarto, después de la última partida. Lo dije a las paredes, abrí la ventana y lo grité a la noche. Había tanta intensidad en todo. Los árboles se apretaban contra mis ojos. Un olor tibio. Un ruido de agua. Comprendí que era posible, lo sentí. Algo sin término medio, sin ilusión, con dicha, con dolor. Entonces te busqué. Te lo dije.
REINALDO. ¿Y los demás?
TERESA. ¿Quiénes?
REINALDO. Por ahora Raimundo, Delia, Poldo.
TERESA. No me importan.
REINALDO. ¿Solamente te importo yo?
TERESA. Tú solamente.
REINALDO. ¿Y te importa lo que pienso?
TERESA. Lo que piensas, lo que eres. Tu cuerpo. Tu voz.
REINALDO. Me emocionas.
TERESA. Te burlas de mí.
REINALDO. Oye esto: sin ellos nada podremos.
TERESA. No soy un profeta. Me basta contigo.
REINALDO. ¿Pero no te das cuenta?
TERESA. Sería demasiado. Imposible.
REINALDO. Ellos también, en un momento, decidieron.
TERESA. ¿Huir? Lo quieren. Déjalos. Déjalos donde quieren estar.
REINALDO. Teresa, si ellos no cambian, nosotros no podremos cambiar.
TERESA. Nos iremos de aquí.
REINALDO. Están en todas partes. En todas. Verás al juez. Oirás a la piadosa. Tropezarás con todos. El mundo que han hecho se colará en tu casa. Te irá cambiando otra vez la cara. Y un día. ¿No te das cuenta? Algo tendremos que hacer con ellos.
TERESA. ¿No basta con nosotros dos?
REINALDO. Nunca ha bastado. Cuando descubres algo, cuando todo vuelve a brillar, vez que te atreves, piensa: ¿qué haré con los demás?

TERESA. Me desesperas. Yo estoy sola. Tú estás solo. Compréndelo.
REINALDO. Es falso, es mentira. En cada cosa han puesto sus manos. Empujaban la camilla, hacían sonar el tren. Cavaban las trincheras. Piensan en nosotros. Sueñan. ¿Qué hará Delia? ¿Qué hará Poldo? Ellos, nosotros. Si no, tendremos que regresar.
TERESA. Me haces daño. Miles y miles de ojos me miran, esperan por mí. Cada una de mis palabras, cada gesto mío, es observado, analizado. No quiero perderme en ese laberinto. Pensé, sentí que algo iba a renacer. Que no estábamos perdidos. Tú. Yo. Déjalos delante de sus puertas, agitando los naipes. Ah, me doy cuenta, acabo de darme cuenta: buscas pretextos. Quieres quedarte.
REINALDO. Vaya, descubrimiento. Minerva brotando de la cabeza de Raimundo. Repiquen los tambores. Mírame. Los dos estamos llenos de pretextos, hasta el culo. Nos gusta ponerlo contra la pared. Avanza. Retrocede. Abrimos la boca, ba, ba, ba. Un chorro. Voy a reventar. Arráncame la cabeza. Al carajo. No me engañes. No finjas. ¿De veras quieres irte? ¿De veras quieres que nos vayamos?
TERESA. *(En un grito).* Lo quiero.

Reinaldo descubre de un tirón la vitrina. Está iluminada por una luz blanquecina, que hace resaltar extrañamente los objetos que trajeron: el reloj, la cartera, el chal, las joyas, el mapa, la pamela. Espejos los multiplican en su interior.

TERESA. La llave. Pide la llave.
REINALDO. La tiene Raimundo.
TERESA. La tiene Poldo.
REINALDO. La tiene Raimundo.
TERESA. Llámalo. Que nos dé la llave.
REINALDO. No hace falta.
TERESA. Temes encontrarte con Raimundo. Le tienes miedo.
REINALDO. ¿Por qué piensas en él?
TERESA. Por la llave
REINALDO. No hace falta. Romperemos el cristal.
TERESA. Mi cartera. Coge tu reloj.
REINALDO. Ven. Ayúdame.
TERESA. *(Sin moverse, de espaldas a la vitrina).* Mi cartera. Tu reloj.
REINALDO. Ven, la romperemos juntos.
TERESA. Mi cartera.
REINALDO. *(Inmóvil frente a la vitrina, los puños alzados).*

TERESA. Rómpela. Que oigan en la casa el estrépito. *(Ruido con la boca).* ¿Ya...? No recojas nada. Deja los vidrios en el suelo. Que Raimundo los vea. Fuimos nosotros, Raimundo. Nos llevamos nuestras cosas. Te hicimos pedazos tu vitrina. ¿Yaaa...? Pisotéalos. Baila. Si te cortas, mejor. Hallará tu sangre. La huella de nuestro adiós. ¿Yaaaa?
REINALDO. Te espero. Rompe tú también.
TERESA. Raimundo, nos vamos. Rompe, Reinaldo. Destroza.
REINALDO. Te espero. Tenemos que hacerlo los dos.

Teresa con gesto nervioso y creciente, se palmea los muslos, los pechos, el cuello. Jadea. Se muerde los brazos, una mano. Gime. Lloriquea. Rueda por la tarima. Se sienta.

Vuelve a palmearse con un sonido restallante. Imita el chasquido del látigo. Reinaldo regresa y la toma por las muñecas, férreo. Lamentos de perro apaleado. Chasquidos de látigo. Se van los dos arrodillando. Los ruidos se diluyen. Y de repente parece que nada ha ocurrido. Retoman su posición. Empiezan a barajar, ordenan los naipes. La acción se precisa, como un conocimiento olvidado que acude despacio. Entra Delia.

4

DELIA. *(Con la supuesta voz de Joaquín).* «Arriba, Delia. Recibe el pan del amanecer». Y yo seguía tapada hasta la coronilla. Pan sagrado de la mañana. Tiesa en la cama, no me dejaba contemplar del rubio Febo. Joaquín silbaba y cantaba. Descalzo. Tiraba unos pasillos. Buenos días. Moja tus viejos dedos en el rocío. Un arrullo, un grito de júbilo. Como las bestias, agradecía el amanecer. Ya no está. No canta. No lo oigo silbar. Agradecer la aparición del sol. Quizá fue a reunirse con otra mujer. ¿Dónde silbará ahora? Qué idiota todo. Caramba, me dejó sin resuello. *(Canta).* «Ya la higuera se secó, tiene la raíz de fuera...» También yo te saludo, Sol. Contempla a una de tus hijas. Pero por mucho que me busques, no me encontrarás. La casa de Raimundo es perfecta. Buen techo. Buenos días. Buenos días. No me contesten. Sé que tienen el agua al cuello. ¿No hay ninguna epístola para mí? ¿Un telegrama, un volante, un recado? He recibido varias cartas. No se asombren. Varias. Ayer me pedía perdón. *(Extraviada).* ¿Ayer? ¿Cuándo? ¿Cuándo fue ayer?... Se demoran, ¿eh? El juego de empezar en la cama. Abro los ojos, y me encuentro las barajas. ¿Para qué esta demora? Me duele una mano. *(Suspira, irónica).* ¿Será el corazón? Por aquí, bajando. ¿Por qué Poldo no habrá puesto las cosas? Va de mal en peor. Desde que abramos los ojos: las barajas delante. No, mejor saltar de la cama. Despiden un olor demasiado tibio al amanecer. Como dice Teresa, el vaho de la vida. Buenos días. Sí se demoran en empezar, iré a cubrirme con la sábana hasta la coronilla. Glu, glu, glu. *(Con la supuesta voz de Joaquín).* «Arriba, Delia, recibe el pan del amanecer».

TERESA. Tanto pan me ha abierto el apetito.
DELIA. Ah, me oían.
REINALDO. Tengo un hambre espantosa.
DELIA. ¿Poldo se habrá quedado dormido?
REINALDO. Lo dudo. Es exacto.
TERESA. Lo era.
REINALDO. Es obediente.
TERESA. Tan obediente como nosotros.
DELIA. Ya empiezan. Cada mañana los mismos planes, cada tarde el mismo final. Raimundo, padre mío, acude.
REINALDO. ¿Y si no viniera, Delia?
DELIA. Presiento lo que te propones.
REINALDO. Si no viniera, ¿qué ocurriría?
DELIA. *(Desafiante).* Una profunda desdicha.
TERESA. Quizá podríamos huir.
DELIA. ¿Y él te lo impide? ¿Te cierra el paso? Él, que nos enseña, que es paciente y perfecto. Inútiles. Me repugna el odio de los débiles. Al menos cumplan el reglamento.
TERESA. Con esa edad, con esos dedos engarrotados, ya no se decide nada.
DELIA. Óyeme: ya decidí. Mírame: estoy aquí. Y estaré por *secula seculorum*. ¿Algo cambió? Salgan. Aquí los espero. Confío en él. Padre mío. Me has dado todas las pruebas. ¿Quieren más? Vaya, qué bonito. Y ninguno se ha ido.
TERESA. Ahí la tienes, Reinaldo. ¿Lo ves? Basta con nosotros dos.

Entra Poldo con la mesa del juego. La abre.

DELIA. Creíamos que se había quedado dormido.
POLDO. *(Extraviado momentáneamente).* ¿Qué…?
DELIA. Dor-mi-do.
POLDO. *(Salmodia).* Dormidooo… *(Recuperándose).* Yo no duermo. Vigilo. *(Se extravía).* Al amanecer, me atreveré. ¡Zas! Liquidado. ¿De qué hablabas tú, vieja?

DELIA. ¿Eres Poldo o Joaquín?
POLDO. ¡Soy el vengador errante! ¡Tamakún!
REINALDO. El desayuno.
POLDO. *(Recuperándose)*. No grite. Conozco mis obligaciones. El reglamento. *(Se extravía)*. Leña, mucha leña. Una gran pira en el patio. Una tremenda hoguera. *(Como si blandiera un hacha)*. Por la cabeza, por la barriga. Ra. Ra. Me duele la garganta. La tengo reseca. *(Impersonal, a Reinaldo)*. ¡El desayuno! Está preparado. Perfectamente preparado. Ahora lo traigo. Avancen. Avancen hacia las puertas. Raimundo empieza a cansarse de ustedes. *(Se abraza el cuerpo encogido y febril)*. «Vengador, líbranos», me decían bajito los pájaros, parados en el aire. *(Sale)*.

5

Hay un silencio. Delia, después de friccionarse los dedos, baraja imaginariamente. Teresa y Reinaldo intentan encontrarse, acercándose para decirse algo, pero la presencia de la vitrina iluminada se los impide. Se apartan dándole la espalda, caminando de cierto modo para no tropezar con ella ni tener que mirarla. Trae Poldo el desayuno en una bandeja. Lo coloca sobre la mesa de juego. Ha recuperado su actitud del principio, precisa e impersonal. Se dirige a la vitrina y la cubre despacio, con gesto ritual. Teresa y Reinaldo gritan: «No», pero permanecen inmóviles. Delia, tapándose la boca, reprime una carcajada. Cloquea.

POLDO. Todo lo arreglaremos aquí dentro. Traeré las sillas. *(Se transforma)*. Una candelada en la garganta. Agua. Me echaré el agua del río. *(Parece coger agua de un río, empaparse nuca y el cuello. Se salpica, agitando los brazos)*. Debo estar puro y limpio. *(Entra al río y se golpea con ramos invisibles)*. Agua buena: tú pariste el mundo. Cuando te acabes, terminará también. Al latón de la basura. Eres buena. *(Lava el hacha)*. Limpiecita. Brilla. Ahora se puede hacer el sacrificio. Agacha, zás. Lindo tajo. Al río tu cabeza. *(Ruido de agua)*. Cierra los párpados. No me mires así. Tuve que hacerlo. Yo también... *(Avanza en el río como si llevara del cabello una cabeza cortada)*. Paren las campanas. Apaguen las velas. *(Arroja la cabeza al agua)*. Florecita amarilla. *(Infantil)*. Tontorín. Vuelve a tu pueblo. A jugar, a tirarle piedras al río. Florecita amarilla. *(Ríe. Sale del río. Violento)*. Con las uñas te sacaré el corazón y se lo echaré al perro. *(Se va)*.
DELIA. Cuánto odio. Ampárame, Raimundo. Enloqueceré.

TERESA. Qué astuta eres.

DELIA. Oye mi advertencia, Raimundo. Acude.

REINALDO. Cállate, Casandra. Cierra el pico.

DELIA. No bajes al patio. Rondan, entre el estiércol de los chiqueros, con el cuchillo en la mano. Cuídate, padre mío. Veo un gran crimen y un funeral antiguo. Lustrarán tu cuerpo, limpio del fango y del estiércol. Con perfumes y aceites lo amortajarán. Caballos con penachos y cascabeles, redoblantes, pendones. Abrirán las puertas de la catedral

TERESA. Suben las escaleras del atrio. Cantan, rezan. Tiemblan miles de flores. Colocan el féretro en un catafalco.

REINALDO. *(Imita el sonido de las campanas, el redoblar de los tambores fúnebres).*

DELIA. Te llevan en andas por la nave central.

TERESA. Relampaguea el cuchillo clavado en tu pecho.

DELIA. Pero no podrán huir. No podrás.

TERESA. Ven con nosotros. Te llevaremos.

DELIA. Cállate. No hay lugar adonde ir. Esta casa es tan grande como el mundo.

REINALDO. Mejor desayunamos.

TERESA. ¿Tú no me dijiste…? Convéncela. Anda, profeta. Clama delante de ese páramo. ¿O quieres ganar tiempo? No tengas miedo, Reinaldo. No voy a obligarte. Lo haré yo misma.

DELIA. ¡Ni un pelo! Pondré mi lengua en su oído y el perro los rematará. Malagradecidos.

REINALDO. Algo te propones, y muy claro. Quedarte sola. No aprendiste. Parece que soy un mal profeta. Fíjate, nosotros estamos también. Contamos en esto.

DELIA. Y con una lengua que no me cabe en la boca.

TERESA. Pues bien: no los necesito. Ni a ella ni a ti.

REINALDO. «Desprecio a quien me ayuda».

DELIA. Ya oímos esa melodía. Al principio la oímos.

TERESA. Y lo repito. Me basto y me sobro.

REINALDO. ¿Fue así, Delia, verdad?

DELIA. «¡No te pedí que me ayudaras!» Eso dijo esta revoltosa.

TERESA. Y muy claro. Los desprecio.

REINALDO. Tú sola no lo harás. No tendrás para ti sola esa oportunidad. Lo haremos los dos o los tres. O nadie.

TERESA. Entonces, nadie. Perderemos el tiempo discutiendo. O convenciendo a esta.

POLDO. *(Entra con dos sillas).* Suplica. Llora. Quiero verte llorar. Tú también tienes lágrimas. ¿Estás llorando? *(Sale y regresa con dos sillas más).* Voy a enterrarte con tus naipes. Te haré un caja toda de naipes. El perro lamerá tus manos muertas. Qué poco han conseguido. Ni siquiera saben empezar. Sigan el reglamento. Lo primero, desayunar. Después... *(Comienza a llorar).* Un tormento de fuego. Ayúdenme. Estoy jodido. *(Sale corriendo).*

6

REINALDO. Una pregunta para ti. ¿Lo intentaste todo con Joaquín?
DELIA. Ah, es conmigo ahora. Mi turno. Dándome vueltas. ¿Qué tortura me propones? A Joaquín lo olvidé. Se lo debo a Raimundo. Me ha enseñado. Pronto empezará el juego. Esta demora debe ser otra enseñanza. Nos deja libres. Es generoso. Desayunemos.
REINALDO. ¿Entonces lo intentaste todo? ¿No te quedó nada por hacer?
DELIA. Cierra los brazos. No voy a dejarme caer en ellos.
TERESA. No te tires, Delia.
DELIA. ¿Eres Joaquín? No tienes sus ojos. Él era decidido y juvenil.
TERESA. Y este no se atreve a nada. No da ni un paso.
REINALDO. *(Deja de moverse).*
TERESA. Sí se aparta, te rompes la crisma.
DELIA. No le tengo confianza.
TERESA. Te verías preciosa con la cabeza soldada. ¿Qué pensaría Joaquín?
DELIA. Tú también. No le gustaban las cintas en la frente. Prefiero hablar contigo. Eres más interesante.
TERESA. Es tuya, profeta.
REINALDO. Me debes una respuesta.
DELIA. Te la pago enseguida: No me acuerdo.
TERESA. Cobarde. Tiemblas de miedo.
DELIA. Ya te advirtieron sobre las grandes palabras. Y sigues usándolas. Te encantan. Mira, Reinaldo: repíteme la pregunta.
REINALDO. ¿Lo intentaste todo con Joaquín?
DELIA. Fui razonable y loca. Regalos, promesas, besos encendidos. Mañosa. Honesta.
REINALDO. ¿Solamente?
DELIA. ¿Y qué querías? ¿Que lo matara? ¿Que lo encerrara en el baño? Joaquín entraba y salía. Podía amarme, dejarme de amar. Aunque yo me ciñera de amuletos mágicos, perfumara mis pechos con albaha-

ca, conjurara a las estrellas, cruzara su nombre y el mío con alfileres, prendiera lámparas de aceite, él entraba y salía. Siempre pudo irse, desde que llegó. No era yo, era otro. Lo miraba bañarse, dormir junto a mí, entrelazarme en sus piernas, y no era yo. Qué horrible es darse cuenta de esto. ¿Entiendes? Irse o quedarse. Ahorcarse o darse candela. Pueden. Pueden. Eso es lo terrible: que los otros pueden. No los tienes aquí, en un puño. Uno debía tener derecho a amarrarlos. Que estuvieran el día entero diciéndote: amor, amor. Hasta una vez quise contagiarle en secreto una enfermedad mortal y pedirle de rodillas que me amara antes de morir. Me haces divagar, Reinaldo. Te me pareces un poco a Joaquín. Tal vez antes estaba equivocada. Brillaron tus ojos un momento como los suyos. Yo a veces le decía estas cosas.

Teresa bruscamente se coloca detrás de Reinaldo, saca las manos por debajo de sus brazos, asoma la cabeza a ambos lados y mueve las piernas alternadamente. Con voz aguda de títere.

TERESA. No lo intentaste todo. Algo importante dejaste de hacer.
REINALDO. *(Con la misma voz).* ¿A quién tengo delante? ¿Quién eres?
TERESA. A una mujer que quiso amar. Dile algo. Dale la clave.
REINALDO. Extranjera: nada intentaste contigo.
DELIA. ¿Eres andrógino o son siameses?
TERESA. Somos una conciencia con dos voces.
DELIA. Pronuncia la sentencia.
REINALDO. Te quedaste fuera. Era un asunto entre los dos.
DELIA. ¿Pero quién tiene una táctica efectiva?
TERESA. No se trata de táctica, *madame*.
REINALDO. Es un descubrimiento.
TERESA. ¿Vale o no vale la pena?
DELIA. Esa pena cuesta mucho.
REINALDO. A pesar de todo, ¿vale o no vale?
DELIA. No sigo. Quieren perjudicarme.

Reinaldo y Teresa se separan.

REINALDO. Yo no he visto esas cartas.
DELIA. Hermosas epístolas. En ellas me pide regresar. En otras pide perdón. Subirá al tren en la estación más cercana. Solo espera que le conteste. Un día tras otro escribe esas cartas plagadas de súplicas, mojadas de

lágrimas. Yo las beso, las guardo, y no respondo. Ella las conoce. Se las he mostrado. Está arrepentido. Quiere tenerme.

TERESA. Una, dos, tres… Las he visto todas. Todas las he leído. «Volveré». «Cuánto te extraño». «Déjame tenerte en mis brazos». «Perdóname». «Ansío besar tu rica boca». «Me equivoqué contigo».

DELIA. Nunca dijo eso ¿Dónde leíste «me equivoqué contigo»? Joaquín siempre estuvo seguro de mi amor. ¿Cómo iba a equivocarse? Lo amé siempre, siempre.

TERESA. ¿Estás segura?

DELIA. Qué vulgar eres. ¿Pero qué pretenden demostrarme? No, ¿me oyeron? No merecen nada. No merecen la generosidad de Raimundo. Debían partirles el lomo. Mis cartas. Lo suponía. Me envidias. No tienes cura. Estás aquí, inútilmente. Si hubieras tenido un Joaquín como el mío, que te escribiera cartas de fuego suplicándote que le permitas volver, verte, tenerte las veinticuatro horas, te largarías con él tranquilamente. Aprende a renunciar como yo.

TERESA. ¿Leerías una de esas hermosas cartas de Joaquín? Puedo darte una de las mejores. Llegó muy temprano «el pan del amanecer». ¿Te pica la curiosidad?

DELIA. Ráscate en otra parte. No te permito Quieres una prueba en mi contra para ir a contárselo a Raimundo. La vieja no adelanta. Además, no me gustan sus ojos. Por más que se los miro, no me gustan. Son capaces de manchar la hermosa caligrafía de Joaquín. Y con ese tic, se le saltarán las líneas. Qué va. Hará una lectura espantosa.

TERESA. Que lea con los ojos cerrados. ¿Lo harás? Hazlo, Reinaldo. Puedes leer con los ojos cerrados. No necesitas abrirlos ni un poquito. Esas cartas están en blanco. Todas, de una punta a la otra. En blanco.

DELIA. Mentirosa. Te mueres de envidia. Nunca te ha amado nadie.

TERESA. Ni una línea ni una letra ni una coma. Nada.

DELIA. ¿Cómo puedes mentir de ese modo? Me repugnas.Y tú, impasible. Dale un par de bofetadas. Ay, Raimundo, líbrame de esta alimaña. De esta huérfana pervertida. ¿Qué pensarían tus padres si te oyeran? Deben estar dando brincos bajo la tierra.

TERESA. Di lo que te dé la gana. Pero nunca te escribió. Y nunca te escribirá. Ni un papelito. Joaquín se fue para siempre. Oye pitar el tren. *(Lo hace)*. ¿Y sabes por qué?

DELIA. Te quemaré la boca con un tizón.

TERESA. Arrojaré piedras encendidas gritando: «Se fue, se fue para siempre. ¿Y saben por qué?».

DELIA. ¿No soy digna de amor? Mis labios son una rosa encarnada, mis dientes aljófar. Mírame. Contempla. Sin pena. Estoy habituada. ¿Y las manos? ¿Y mis cabellos de mora? Huele este negro vellón que baja hasta la cintura. Pon tus dedos, ábrelos lentamente. Almizcle. Aloe. Todos los perfumes de la Arabia. Un oasis. ¿No soy digna de amor? No la oigas. Es un basilisco. Está muerta de envidia. No conoció el amor. Los padres la dejaron abandonada. Ella no conoce más que la muerte. La ve en todas partes. Mírame tú. Soy una ninfa. Lo que sueñes, lo que anheles. ¿Cómo Joaquín no iba a amarme? Se le cortaba la respiración. Y yo le decía: «No temas. Siempre me tendrás». ¿Eres Joaquín o Reinaldo? Has vuelto, amor. Tómame. No temas. Nunca te abandonaré.

REINALDO. Hechicera.

DELIA. ¿Tienes catarro? Te ha cambiado un poco la voz. Voy a hacerte una limonada caliente. Te daré una aspirina. Qué torpe soy. La emoción te ha cambiado la voz. Dilo otra vez.

REINALDO. Hechicera.

DELIA. Un hechizo para vivir. Que lo haga más hermoso todo. Me gustan tus brazos. Me defienden. ¿Puede ocurrirme algo en tus brazos? Bésame el cuello y los hombros. Despacio, para irlo sintiendo. Pronto arderás. Nos quemaremos juntos. Dejaremos un reguero de cenizas en la cama. Dirán: «Aquí hubo un gran amor».

TERESA. No es Joaquín. Mírale el tic. Compruébalo. Joaquín se marchó y te manda silencio. Cartas de silencio. Y tuya es la culpa Se acercó a ti, se ofreció. Y tú retrocediste. El amor avanzaba, con sus peligros y sus dichas, y te escondiste en el rincón oscuro. Tapada con tu chal. Lo supo. Te descubrió. El amor es lúcido a su manera. Corre, Joaquín. No te detengas. La conociste. Corre. Apártate de esta desolación.

DELIA. Perra. Carroña. No te perdonaré. *(Grita como un animal herido).* Virgen pútrida. Alimento de buitres. *(Se mesa el cabello).* Boca sucia. Corazón maldito. *(Escupe. Pega dentelladas al aire).* Horror. Maldita. Que el huracán te lleve. Y tu cabeza vaya golpeando en todas las piedras del mundo. *(Se desploma).* Ahora soy tan vieja, estoy tan perdida. No lograrán convencerme. No me iré. Maldita, maldita.

TERESA. Abur, Joaquín.

REINALDO. En los yermos del mar donde habitas,/ alza, oh, Sol, tu cabeza encendida./ ¡Salve!, padre de luz y de vida,/ centro eterno de fuerza y calor.

7

Se van acercando a la mesa. Sus cuerpos expresan una transformación, otro estado. Ordenan las sillas. Cada movimiento es preciso y grave. Abren un mantel anormalmente blanco y visten la mesa. Colocan al centro la bandeja. Se sientan con gran compostura y reposo. Todo evidencia la seguridad de lo que se conoce. La silla, que da frente al público, permanece vacía. Es la silla de Raimundo. Se distribuyen copas de cristal altas y transparentes. Vierten, de una jarra de metal liso, jugo de naranjas. Beben con calma y sin sensualidad. Reparten las tazas, las cucharillas. Sirven la leche y el café. Endulzan. Mueven las cucharillas. Las piezas, de loza blanca y lisa, suenan con ruido puro y perceptible. Beben. Mantienen un rato las tazas a la altura de la barbilla. Se pasan tostadas. Comen, lentos y acompasados. Al final, abiertas las grandes servilletas blancas, se secan los labios. Dobladas, las dejan sobre la mesa. Se levantan. No han hablado una palabra.

DELIA. Me dolerán las manos toda la mañana. Cristales, pequeños cristales... *(Se fricciona los dedos y los tobillos).* Aquí también cruje. En cualquier momento me quedaré rígida, lanzando destellos. Caramba, los dinosaurios también se quejaban. Iban renqueando por el fango. ¿Se sorprenden? Ellos tenían estos cristales. Quedan huellas en sus restos. ¿Podrán confundirme con un dinosaurio? Vamos, dedito, muévete. Ya descansarás.

TERESA. Miren, está entrando el sol. Clarean las tapias de la casa.

REINALDO. Tendrás calor.

DELIA. Eso quiero, antes de jugar.

TERESA. Vamos, viejo, calienta un poco los corazones. ¿Estás cansado de alumbrar esta tierra podrida? Oía la sirena de la fábrica. La gente levantándose. «Vamos, Pedrito. Se te hace tarde». ¿Por qué mis padres no venían a despertarme? ¿No se me hacía tarde a mí también? Madre, dime que me levante. Dondequiera que estés, dime que me levante. Se me ha hecho tan tarde. ¿No prometieron a su hija que nunca la dejarían? Cumplan esa promesa, por favor. Oh, Sol. No hay respuesta.

DELIA. Listos para empezar. Venga la dama de trébol, el rey de espada.

REINALDO. ¿Qué hora es?

DELIA. Eso no hace falta.

TERESA. ¿Poldo se acordará?

REINALDO. Ya lo has visto.

DELIA. Allí hay un reloj. ¿Por qué no lo miras?

REINALDO. ¿Un reloj?

DELIA. El tuyo. Te lo regaló tu hermano.

REINALDO. A lo mejor. ¿Está parado?

DELIA. No me fijé.

REINALDO. Fíjate.

DELIA. ¡No!

Silencio.

REINALDO. ¿Oíste si Raimundo se despertó?
TERESA. El perro ladró temprano.
REINALDO. ¿Qué harás?
dalia. Jugar.
TERESA. No te niegues.
DELIA. Me niego.
TERESA. Ya ves. No quiere.
REINALDO. Insistiremos.
TERESA. Profetizaste bastante.
REINALDO. Valdría la pena convencerla. Cuando pienso en ella, retrocedo. Poldo, ¿apestaba?
DELIA. Apesta.
REINALDO. Raimundo lo estuvo llamando. Lo ha cuidado. ¿No te das cuenta? Míralo. Es un guiñapo. ¿Qué ha logrado aquí? Seguro: ni una puerta. Ni una.
DELIA. ¿Qué sabes tú? Pregúntale a Raimundo. ¿No te permite a ti cosas? La vitrina permanece encendida. Ve y descúbrela. Nadie te lo prohíbe. Ahí está tu reloj y tu mapita. Y a esta, ¿no le permite llamar al Observatorio y hacer dramáticas despedidas? En cambio, yo nunca pedí nada. Entregué mis cosas y rompí. Me cansan con sus mentiras. Poldo, Poldo. Aunque él no lo logre, yo sí.
TERESA. Óyela cantar. ¿Vale la pena?
REINALDO. Insisto. Mírate en Poldo.
DELIA. ¿Y tú me lo dices? ¿Precisamente tú? Acabemos, Reinaldo. *(Comienza a trazar con movimientos amplios y decididos un mapa en suelo).* Aquí el hospital. El cementerio. Calles claras, rectas. Sin peligros. Sigue. Sigue tú. Termínalo.
REINALDO. ¿Qué dices? Era mi hermano…
DELIA. ¿Tu hermano? Un mapa, un mapa que nos proteja. Caminar con cuidado. Un hueco negro. ¿No vas a irte? Traza tu mapa para salir. Claro todo. Ni un riesgo. Trázalo. Así podrás irte. ¿Se te olvidó?
REINALDO. ¿Y tú qué dices? ¿La apoyas?
TERESA. Vámonos. No me importa.
DELIA. ¿No te importa? Tú y yo lo sabemos. Desde el principio. Tu hermano, ¿eh? Mentira. No podrás irte. No podrán. Aquí estaremos los tres.

Marcha atrás, marcha adelante. La ciudad. ¿Cómo caminarás por ella? Peligro, en cada esquina. Termínalo. ¿Quieres tus instrumentos?

REINALDO. ¿Pero tú también lo sabías?

TERESA. Dibujas muy bien. Vi una de tus páginas.

DELIA. Y aunque no la viera. Es un viejo recurso. Cargarle a otro la cuenta. No eres tú, era tu hermano. Mientes. Te escondías detrás de él.

REINALDO. Bien. ¿Dije que era mi hermano? No existe. Era yo quien dibujaba los mapas. Quien estaba encerrado. Fui yo quien descubrió que la guerra no tenía sentido, puro gollejo. Di vueltas. No disparé. Desde aquel momento traté de fugarme. Me hice el enfermo. Al fin, me licenciaron. Otros murieron por mí. Soy un prófugo, un tránsfuga. Lo sé. No tiraré. Eso no vale. Ya no vale. Quisiera que otros tampoco murieran por mí. ¿Por qué lo oculté? ¿Por qué no se los dije? Claro, si todo es una piltrafa, un gollejo, yo también. *(Borra el mapa con un movimiento brusco).* Es duro. Había que señalar al menos que el peligro existía.

DELIA. Trata de irte ahora. Te esperan. Oigo tronar los cañones.

TERESA. Queda un modo, Reinaldo. Un modo de convencerla. De arrastrarla con nosotros. Queda uno.

REINALDO. ¿Cuál?

TERESA. Hacerlo. Así comprenderá.

DELIA. ¿Y si después me opongo?

TERESA. No te opondrás. Sentirás un gran alivio. Te sentirás libre y dispuesta.

REINALDO. Entonces, ataquemos.

De repente Teresa y Reinaldo se abrazan.

DELIA. No se abracen delante de mí. Sigan hablando. Me encantaba ese arrullo. Prometo no interrumpirlos. ¿Dónde quedaron?

TERESA. Ya es tarde para burlarte.

DELIA. Es tarde para todo. Para todo. Solo nos queda el juego. La dama de trébol, el rey de espada. Solo ellos nos esperan. Siempre estarán esperándonos.

REINALDO. Sabemos tu opinión. Y sin embargo...

DELIA. Y sin embargo, nada. Mírense las marcas. Al hierro candente. Tendrían que mudar la piel entera.

REINALDO. Serviremos de ejemplo.

DELIA. *(Suelta una carcajada).*

TERESA. Basta.

DELIA. Me sentaré y mirare callada, las manos juntas. ¿Así? *(Sonríe)*. Servir de ejemplo.
REINALDO. Si alguien mejor... mejor que nosotros, nos viera. Es posible que... «Comprendo. Me doy cuenta de lo que se trata». Los demás, los demás podrían. A partir de nosotros, podrían encontrar... No es por ahí. ¿Por dónde es, por dónde?

8

Tres veces tocan con un dedo en un micrófono. La bocina zumba estridente. Luego, silencio. Los tres, sobrecogidos, permanecen anhelantes, a la espera de algo. Teresa y Reinaldo, como animales acorralados, expresan la presencia invisible del peligro o la lucha. Escudriñan. Olfatean. Empiezan a desplazarse sigilosos.

RAIMUNDO. *(A través del micrófono)*. Heme aquí nuevamente. Se inicia la vigilia. Concéntrese. Jugaré con ustedes desde el principio. Pronto marcharemos juntos.
REINALDO. *(Repentinamente corre a la mesa y busca febril en la bandeja, entre las tazas y los restos del desayuno)*. No lo encuentro. ¿Lo viste?
TERESA. Busca otra vez.
REINALDO. *(Repite la acción)*. No está. Tú lo cogiste.
TERESA. Te lo habría dicho. Te lo habría puesto en las manos. Que aparezca, Reinaldo. Que aparezca.
REINALDO. Siempre lo trae. Siempre lo deja en la bandeja.
TERESA. Tiene que haberlo dejado ahí. O entonces Poldo.
REINALDO. ¿Poldo qué?
TERESA. Se ha dado cuenta. Le habrá advertido. No tiene voluntad. Viste cómo estaba.

La bocina zumba de nuevo.

REINALDO. Va a hablar dos veces.
DELIA. Nunca lo hace.
TERESA. Te lo dije. Fue Poldo. Se lo ha contado todo. Busca. Tiene que aparecer.
REINALDO. Te digo que no está.
TERESA. ¿Pero dónde ha podido ponerlo? ¿No había pan?
REINALDO. Está cortado.
TERESA. Esto tiene que terminar. De cualquier modo. Cógelo por el cuello.

Ahógalo Que sus gritos derriben el firmamento. Ya lo sabe. Ahora mismo. O no lo haremos nunca.

POLDO. *(Entrando súbitamente)*. Lo haré yo. Es mío. Me lo juré. Acabaré con él y todo empezará de nuevo. De corazón los quiero. Abrácenme. Mi familia. Mi gente. Los libraré. Soy el vengador errante. Abrázame, hermano.

REINALDO. Apártate. Le metiste demasiado.

POLDO. No importa: ayuda. Me empuja como una ráfaga de candela.

TERESA. No grites.

POLDO. ¿Y qué? ¿Le cogieron miedo? Ya verán cómo lo hago correr, ya verán cómo lo hago pedir perdón. Lo pondré a llorar y será igualito que nosotros.

TERESA. Reinaldo, no cuentes con él. Lo haremos tú y yo solos.

REINALDO. No sigas. Cuento con este y con la otra. Ven acá. ¿Dónde pusiste el cuchillo?

POLDO. ¿Cuchillo? Eso no sirve, compadre. *(Señala el pecho)*. Aquí tengo un hacha, el hacha de la cocina. Afiladita. Le tumbo la cabeza. Y contemplaré cómo se desangra. *(Pega un brinco y comienza a reír)*. Lo picaré en pedacitos. Coge, Sultán, cómetelo.

REINALDO. Dámela entonces. Mejor. Lo derribaré como un tronco.

POLDO. ¿Qué hacha, mi gente?

REINALDO. Esa.

POLDO. Mentira. No tengo nada. *(Corre con las manos en el pecho. Se detiene jadeante, desorbitados los ojos)*. La afilé cantidad. Chiisss. Chiisss. *(Parece sacarle filo contra una piedra de amolar)*.

REINALDO. Dámela. *(Forcejean. Poldo escapa)*.

POLDO. *(Deteniéndose)*. Chiisss. Chiisss. *(Le unta agua)*.

REINALDO. El hacha. Tú no podrás.

POLDO. Más que nadie. Me empuja la candela. Chiisss.

REINALDO. Te temblará el brazo. No acertarás.

POLDO. Firme, firme. Al cuello. Entre los ojos. Por una costilla. Me lo llevo.

REINALDO. Atiende. Entre los tres es más seguro. Tú y ella lo cogerán por los pies y la cabeza. Y le hundiré el hacha.

POLDO. Esta la empujo yo. *(Castañetea los dientes. Lanza un chasquido con los labios)*. Rómpete. *(Hace un ruido)*. Entró. *(Ruido de un cuerpo que se desploma)*. Míralo a mis pies. Rodó como un saco de papas. ¿Qué te dije? Míralo. *(Se inclina)*. Se le paró el corazón.

REINALDO. *(Se acerca de puntillas)*. No le cierres los ojos.

POLDO. No, para que vea la muerte. *(Ríe y hace visajes)*.

REINALDO. Qué bien lo mataste.

POLDO. Se le está desprendiendo la quijada.
REINALDO. ¿Le amarro un pañuelo?
POLDO. No, que abra la boca.
REINALDO. Está viendo la muerte.
POLDO. ¿Cómo será la muerte, tú?
REINALDO. Pronto lo sabrás. *(Se abalanza sobre él)*. El hacha.
POLDO. Cabrón. Me engañaste.

Forcejean.

TERESA. Quítasela ya.

Ladra el perro de Raimundo. Se paralizan.

Poldo cae de rodillas. Gran silencio. Ladra el perro más cerca.

POLDO. *(Golpeando el suelo)*. Con mis dientes cavaré la fosa. *(Dentelladas al aire)*. Al fin. Al fin. Quítense. Voy a comérmelo a hachazos. *(Se levanta tambaleándose. Ladra el perro otra vez, más cercano)*.
TERESA. Suelta, mariguanero.
POLDO. Quieta. No se me acerquen. Los destriparé. Me los llevo. A cantar bajito. Viene la muerte corriendo con una rueda en las piernas. Tremendo velorio. Atrás. Me iré, me iré a mi pueblo. Una gran dicha. Ay, necesito fuerzas. Coñooo, fuerzas.

Reinaldo y Teresa se arrojan sobre él. Luchan. Ruedan enlazados. Gimen y se pegan.

DELIA. *(Riendo a carcajadas)*. Se las dedico. Una para cada uno. Farsantes. Aunque lo maten siete veces, no se irán. No hay parte a donde irse. ¿Queda algún lugar desierto, alguna isla perdida? Siempre alguien asoma la cabeza. Te pide cuentas y después te exige que se las pidas también. Es aquí. Aquí. *(Se golpea el cuerpo. Se muerde)*. Nuestra. Nuestra. Aunque me arranque un pedazo y se lo tire al perro. Aquí. Aquí. Farsantes. Cada día la misma comedia.

Ladra el perro. Sus ladridos se multiplican. Resuenan en todas partes. Poldo se incorpora de repente, entre Teresa y Reinaldo, abriéndose violentamente la camisa: no tiene hacha ninguna. Teresa y Reinaldo se levantan y se apartan. Entra Raimundo.

RAIMUNDO. *(Reposado y tranquilo. Trae en las manos un mazo de cartas).* No se inquieten por los ladridos. Quizá el perro oyó algún ruido en la casa. Vamos, Sultán, no es nada. Todo está tranquilo.

Reinaldo y Teresa permanecen inmóviles. Van extinguiéndose los ladridos. Poldo se cierra la camisa y se aproxima a Raimundo. Tiene la mirada torva y equívoca, el paso vacilante. Súbitamente extiende los brazos. Raimundo le pone en las manos abiertas el mazo de cartas y desata la cinta poco a poco.

TERESA. Así, como está, hubieras podido rematarlo de un hachazo.
REINALDO. Ya sabes quién tiene la culpa.
TERESA. ¿Poldo?
REINALDO. El mismo.
TERESA. Sí, la culpa es suya.
RAIMUNDO. *(Delante de su silla, baraja de pie).* Jugaremos todos desde el principio. Ya se los anuncié. Estrenaremos estas cartas. Fría la superficie, pulida. Flexibles, y a un tiempo, firmes. Observen el modo en que la vista resbala por las cartas. Nada la retiene. Nada tibio. Acogedor. Lisas. Un naipe es impenetrable, porque no tiene nada que penetrar. *(Muestra el anverso y el reverso).* Nada. No hay misterio. Ya es hora.

Poldo retira el servicio del desayuno.

DELIA. ¿Cómo estoy?
TERESA. Precisa. ¿Y yo?
DELIA. Exacta.
REINALDO. ¿Cómo está el traje?
DELIA. Es una línea perfecta.

Se acercan a la mesa. Quedan de pie, cada uno delante de la silla que le corresponde. Entra Poldo trayendo un aguamanil de metal y un paño blanco. Deposita el aguamanil en el centro de la mesa. Prudente, se aparta. Ofrece el paño blanco, los brazos doblados al frente, en postura de ofrenda. Raimundo da comienzo a la ceremonia del lavatorio. Alza el jarro y lo mantiene en alto. Delia se adelanta y tiende las manos. Inclinando el jarro, Raimundo le moja la punta de los dedos. El agua cae en la jofaina. Delia camina hasta Poldo y se seca en el paño. Lo deja en la misma forma en los brazos de Poldo, que hierático parece no verla. Delia regresa a su lugar. Con idéntica precisión, ritual hacen lo mismo Reinaldo y Teresa. Al regresar, no se sientan. Raimundo pone el jarro dentro de la jofaina. Él no se lava. Poldo retira el aguamanil y sale, la cara cubierta con el paño. Los personajes se sientan. Primero Raimundo, después Delia, Reinaldo y Teresa por último.

RAIMUNDO. *(Reparte once cartas a cada jugador).* Comencemos.

Entra Poldo. Pálido, padece repentinos escalofríos. Sonríe suavemente o se contrae en un rictus. Se sienta frente al público, al pie de la mesa, un tanto desafiante. Un cigarro se quema en su boca.

RAIMUNDO. ¿Quién sale?
REINALDO. Yo. Un seis.
DELIA. Creí que tirarías una flor negra.
REINALDO. Nunca abro con una flor negra.
TERESA. Una flor negra no vale nada.
DELIA. Va una. *(Tira).*
TERESA. Un cuatro.
RAIMUNDO. Juguemos.
POLDO. *(Súbitamente parece temer algo invisible y se defiende. Se contrae. Oculta la cara, junta los pies).* Alguien hubiera debido. Cualquiera. La responsabilidad. Las consecuencias. *(Fuma normalmente o con frenesí repentino. Voz de reproche).* «La responsabilidad es tuya. Debiste hacer esto y después lo otro». Al carajo. Ni un bicho se ocupó de mí. Cualquiera, me conozca o no me conozca, sepa o no sepa que le meto al lenitivo, tiene la responsabilidad y la culpa. Aunque nunca me haya visto. No me mires por encima del hombro. Métele al lenitivo. Borra. *(Ruido de escape).* Adiós, mundo. Soy una lagartija y nunca debí bajar de los árboles. Tiburón en el agua, pájaro en el aire, lombriz en la tierra. ¿Y Poldo? ¿Y Poldo dónde? Un lugar para sentarme y mirar el cielo, y respirar. ¿Pero quién te inventó, lenitivo? Tienes la boca más grande que la de la baraja. Tragas mejor. Pero aguanta un poco. Tengo el pulso acelerado. No tan aprisa. Despacito. Suave. Despego. *(Como si un niño brotara de su cuerpo).* Yerbita, ¿cómo estás tú? *(Con la voz de la hierba).* «Aquí, en mi elemento. Soy yerba. ¿Y tú, qué eres?»... Ssss. No seas preguntona. *(Roncos suspiros).* Yo andaba por mi pueblo, por allá. ¿Dónde quedará eso ahora? Tirar piedras al río. Allá no había otra cosa que hacer. *(Ruido de piedras en el agua. Se tiende).*
REINALDO. Puedo barajar por ti.
DELIA. Ya no me duelen tanto.
RAIMUNDO. Y sentirá menos cada momento.
TERESA. Es el ejercicio del juego.

RAIMUNDO. El ejercicio del juego.
POLDO. *(Habla acostado y luego se sienta).* Eran lindas las tardecitas, el cielo tranquilo. Azulito. Y yo parado en una esquina. Un día me subí a una guagua y nunca más volví a mi pueblo. ¿Qué haces dándome vueltas? ¿Buscas una prueba? Irás a contárselo a Raimundo. ¿Y qué? Es mi baraja. Fíjate, no pases más. Te tiro en la cama a gozar. Ese Joaquín no sabe lo que yo. Te dejo nueva. No pases. Luego no digas. *(En un ademán imprevisto de súplica, coge la mano de Delia y la besa, humilde. La mano cuelga indiferente y retorna luego a la mesa).* Perdón. Pasa cada vez que quieras. Comprendo. Tú también. *(Se tiende de nuevo).*
RAIMUNDO. Primera puerta...
DELIA. Puerta de la renuncia.
RAIMUNDO. Segunda puerta.
TERESA. Puerta de la aniquilación.
RAIMUNDO. Tercera puerta...
REINALDO. Puerta de la iluminación.
POLDO. «Animal, no sirves para nada. Eres un chasco». Compadre, no me escupas. Dame un chance. «Y Raimundo, ¿no se ocupó de ti? ¿Y tú, qué hiciste? ¿Cómo le pagaste?» Lo defendí. Querían matarlo. ¿No lo viste? Tenían un hacha. Se la robaron de la cocina. Míralo vivito y coleando. ¿Hueles? Huele a jazmín. Ellos querían quemarlo en una pira. Envidia. Eso es que le tienen. *(Se mete un dedo en la boca y saca algo invisible).* Te regalo una araña. Ponla a tejer y a tejer. ¿Para qué sirve? Teje y teje.

Entran El Juez, La Piadosa, El Político y El Militar. Parecen avejentados. Y como si oyeran una música distante, danzan suavemente alrededor de la mesa, cogidos de las manos. El resto de los personajes prosigue jugando. La luz se va tornando grisosa, estriada.

POLDO. Llévame, mi diosa, mi lenitivo. Oh, mundo de hojas y pájaros cantando. Llévame, tierna. No me hagas daño. Todo viene volando a mis manos. Qué rico. Manzanas, guayaba perfumada. Un ramo de lirios. Mi corazón se pone a cantar sobre una rama. Tengo frío. Montón de huesos apilados. Voy a irme a mi pueblo, me acostaré sobre el agua del río. Canten todos los pájaros, palpiten todos los luceros. Llévate mis huesos ardiendo. Vayan a joder a otra parte. Algún día.

Se apaga la escena.

La Habana, 1959-1964.

TODOS LOS DOMINGOS

A Virgilio Piñera

Personajes

Elvira
Alejandrina
El Novio
La Mujer de la suerte
El Viejo
Camareras
Voces de niños

Escenario

Profusión de muebles, arecas, figuras de porcelana, manteles de encaje, floreros, cuadros. Dos biombos. Dos vitrinas. Sillas frágiles, chucherías, platos en las paredes. Pecera iluminada llena de plantas y peces. De cuando en cuando suena el motor del oxígeno y el agua burbujea. Al fondo una puerta vidriera de doble hoja que da a un patio. Atardece.

Acto primero

1

Varios segundos el escenario permanece vacío. Entra una camarera y sobre un pedestal, entre arecas, coloca la estatua de mármol de una mujer desnuda, recogido el pelo y tapándose pudorosa las partes. Sale. Con estudiada lentitud se abre después la puerta vidriera: en mitad del patio de losetas de barro, circundado por canteros de azucenas y gladiolos, está Elvira en una silla de ruedas, vestida de blanco, un abanico de nácar y seda abierto sobre el pecho. La luz del patio es más intensa y radiante.

ELVIRA. ¿Vas a dejarme todo el día entre este olor a muerto? ¡Ah, es horrible necesitar de alguien! Me siento esclava. Toda mi vida he estado en manos de extraños. Pero hoy es domingo. Al fin un día diferente para mí. Algo ha de traerme este día. *(Sin moverse. En voz más alta).* ¿Vendrás de una vez? Ya te he advertido. Voy a echarte a patadas. ¡Sin compasión! No oiré tus súplicas. Ni el sonido de la lata pidiendo limosna. ¡A patadas! Oh, no, no, perdóname. Si pudiera arrodillarme me arrodillaba para suplicarte perdón. No te vayas. Ven, estoy arrodillada. *(Riendo).* ¿Te diste cuenta? Cómo una mujer como yo iba a echarte patadas. Si yo no tengo patas *(Sin moverse. Autoritaria de nuevo).* Cualquier día será el último día. No llores. No me conmueven tus lágrimas. No escucho tus lamentos. Tengo los dedos en los oídos… ¿Vendrás…? Sé que estás detrás de la puerta oyendo, esperando a que te suplique, oyéndome sufrir. Hazme entrar. Van a dar las cinco. Mi viejo cuerpo lo presiente. Cada domingo soy como un reloj. Tendrás que ponerme las joyas, el sombrero… *(Se abre y cierra una puerta).* ¿Estás ahí? Si supieras cuántas cosas tengo que agradecerte. Y soy agradecida. No muerdo la mano que me ayuda. Ven, ven y te las diré todas, una por una. ¿Estás ahí?

Alejandrina cruza lentamente la saleta y se detiene frente a Elvira, sin entrar en el patio. Viste un negro uniforme. Tiene los brazos rígidos a lo largo del cuerpo y los puños cerrados. Elvira, sin volverse ni un momento, permanece con el abanico en el pecho. Un silencio expectante. Avanza Alejandrina paso a paso, se coloca detrás de la silla de ruedas y la empuja hasta la saleta. Se cierra despacio la puerta vidriera.

ELVIRA. ¿No te parece que debería tomar un calmante, una taza de tilo?
ALEJANDRINA. No me parece. Déjelo para otra ocasión.
ELVIRA. ¿Crees que no me pongo nerviosa, que soy insensible?
ALEJANDRINA. Quizá cuando esto empezó. Quizá el primer domingo. Ahora...
ELVIRA. El primero y todos. Este también. ¿Si no para qué? La mañana del domingo estoy más nerviosa que nunca. ¿Qué pasará? ¿Qué pasará con todo esto? Me sudan las manos. Deberías prepararme una taza de tilo.
ALEJANDRINA. No trate de engañarme, señora.
ELVIRA. Digo la verdad.
ALEJANDRINA. No hay tiempo.
ELVIRA. ¿Ya van a dar las cinco?
ALEJANDRINA. Dentro de un momento.
ELVIRA. ¿Será puntual?
ALEJANDRINA. Se lo advertí.
ELVIRA. Has hecho bien. No me gusta que me hagan esperar.
ALEJANDRINA. Lo sé.
ELVIRA. Cumples con tu deber.
ALEJANDRINA. Gracias, señora.
ELVIRA. ¿Por qué no sonará ya el reloj?
ALEJANDRINA. Sonará. No se preocupe.
ELVIRA. Debo preocuparme. Me hace vivir. ¿Cuánto falta?
ALEJANDRINA. Instantes.
ELVIRA. Eres imprecisa.
ALEJANDRINA. ¿No cumplo con mi deber?
ELVIRA. Te extremas. El relojero vino la semana pasada y estoy segura que lo atrasó quince minutos. Todos quieren evitar el momento. Tú también, tú más que todos. Quieren que no venga nadie, que no suene nunca el aldabón de la puerta. Un día detendrán para siempre el reloj.
ALEJANDRINA. ¿Le traigo su reloj de pulsera?
ELVIRA. ¿El de diamantes?
ALEJANDRINA. El mismo.
ELVIRA. No, ninguno. Ni el de zafiros ni el de rubíes. No soporto un reloj en mi brazo. Ese tic tac tan cerca, pegado a mi sangre, parece que va

a estallar. Tic tac, tic tac, ¡y acaban conmigo! Bien lejos. En la cocina. Donde no pueda verlos, donde no pueda oírlos.

ALEJANDRINA. De todas maneras, lo oiremos sonar.

ELVIRA. Sí, que suene, que suene al fin. Cada campanada me traiga algo nuevo. Imagino tanto este momento, lo veo tantas veces. Escucho pasos. Ladra el perro. Y me parece que no sucederá nunca o que ya ha sucedido. Y sin embargo, cuando llega realmente es como si nada. Se me hace trizas entre las manos. ¿Estás segura de que vendrá?

ALEJANDRINA. Prometió venir, prometió ser puntual, prometió decirlo todo.

ELVIRA. ¡Estúpida! Son muchas promesas para una sola persona.

ALEJANDRINA. Es mucho el dinero.

ELVIRA. ¿Por qué eres tan severa? Siempre vestida de negro.

ALEJANDRINA. Cumplo órdenes.

ELVIRA. Yo también visto siempre de blanco. ¿Qué es el blanco, Alejandrina?

ALEJANDRINA. El color que lleva la señora.

ELVIRA. ¿Y el negro?

ALEJANDRINA. El color que lleva la criada.

ELVIRA. Qué bien recitas. Me encanta oír a la gente recitar. Siempre las mismas palabras. ¿No hay riesgo, verdad?

ALEJANDRINA. Creo que ninguno.

ELVIRA. Asegúramelo.

ALEJANDRINA. Ninguno.

ELVIRA. ¿Ni uno solito?

ALEJANDRINA. Ni uno.

ELVIRA. Qué severa eres. Nunca conocí a nadie realmente piadoso.

ALEJANDRINA. Hace tanto tiempo que no conocemos a nadie.

ELVIRA. No es culpa mía.

ALEJANDRINA. ¿De quién, entonces?

ELVIRA. *(Con indolencia).* Ah, eres implacable. Machacona. No eres una persona, eres un martillo. Quieres atormentarme. Cada domingo recitas y martilleas. He aquí a una criada que tortura a su señora, que no es sumisa, que no inclina la frente. En tu cuarto he oído sonar los instrumentos, las poleas, el látigo… *(Se abanica).* ¿Viste…?

ALEJANDRINA. Sí, señora. Lo he visto.

ELVIRA. Hacía tanto tiempo que no lo sacaba de su estuche. ¿Ves? Todavía se mueve y me refresca. Él no me ha abandonado. ¿Por qué me miras así?

ALEJANDRINA. Miro el abanico.

ELVIRA. Mientes. Ya sé lo que te figuras.

ALEJANDRINA. Sé lo que debo figurarme.

ELVIRA. Pues no es cierto. No preparo nada. Nada intento. Te juro que lo encontré al azar, sin darme cuenta. ¿No me crees? Está intacto, como si nada hubiera ocurrido. Oh, amantes, solo ustedes pasan como una ráfaga. Es el mismo, ¿verdad?
ALEJANDRINA. El mismo, señora.
ELVIRA. *(Tirándolo).* No lo quiero. Me trae mala suerte.
ALEJANDRINA. Ojalá se haya roto.
ELVIRA. ¡Mentirosa!! Esperas quedarte con él después de mi muerte.
ALEJANDRINA. Me daría mala suerte.
ELVIRA. ¿A ti también?
ALEJANDRINA. Igualmente.
ELVIRA. Y ahora sé una cosa. Una cosa de ti.
ALEJANDRINA. ¿Cuál, señora?
ELVIRA. Que lo pusiste cerca para que yo lo viera. Para hacerme recordar. Tú me provocas. Vas dejándolo en los lugares en que yo pueda descubrirlo. Nunca recordaría si no fuera por tu culpa. Un día serás capaz de ponerlo debajo de mi almohada. Y otro de llenar mi cuarto con abanicos iguales, para que no olvide. Recógelo. Bésalo. Sobre aquella mesa. Querida, ¿se ha roto?
ALEJANDRINA. Usted sabe que no le ha pasado nada.
ELVIRA. No podría tolerarlo. No debemos destruir nuestros recuerdos. Es como hacerse traición. ¿No te parece?
ALEJANDRINA. Usted no puede hacerlo.
ELVIRA. *(Con falsa ingenuidad).* ¿Quieres decir que tengo buena memoria?
ALEJANDRINA. Quiero decir que necesita vengarse.
ELVIRA. *(Riendo nerviosamente).* ¿Y a mí qué me importa la venganza? Además, Alejandrina, ¿de quién podría vengarme? Eres muy sombría. La criadita enlutada. Deberías vestirte de verde.
ALEJANDRINA. Debo estar así.
ELVIRA. Si tú lo crees...

Entran dos camareras y retiran un mueble. Lo hacen sin tomar en cuenta a los personajes, como si la escena estuviera vacía.

ELVIRA. No quiero correr ningún peligro.
ALEJANDRINA. No se cuide tanto, señora.
ELVIRA. No empecemos.
ALEJANDRINA. No voy a empezar, voy a terminar.
ELVIRA. ¿Qué insinúas?

ALEJANDRINA. Usted lo sabe.
ELVIRA. Lo olvidé.
ALEJANDRINA. Ya lo recordará.
ELVIRA. Te aseguro que lo olvidé.
ALEJANDRINA. Cuando oiga cerrar la puerta, cuando llame en vano, cuando nadie le haga las cuentas, lo recordará.
ELVIRA. Me cansas. ¿Dijiste que era puntual?
ALEJANDRINA. Solo dije que se lo advertí.
ELVIRA. ¿Se parece a él?
ALEJANDRINA. ¿A quién…?
ELVIRA. No me hagas perder la paciencia. ¡A él!
ALEJANDRINA. Se da un aire.
ELVIRA. ¿Nada más que un aire? Un aire es poco, muy poco. ¿No tiene otro parecido?
ALEJANDRINA. Es alto, esbelto, joven. En algunos momentos cruciales parece que la salta un ojo.
ELVIRA. Mil veces te he repetido que no le saltaba ningún ojo. No sé quién ha regado por ahí que le saltaba un ojo.
ALEJANDRINA. Recuerdo que le saltaba el ojo izquierdo.
ELVIRA. Era un error.
ALEJANDRINA. ¿Está segura?
ELVIRA. ¡Cómo no voy a estarlo, Alejandrina! Siempre lo tuve muy cerca.
ALEJANDRINA. No siempre.
ELVIRA. Te sales de tu papel. Vuelve, Alejandrina. Además, nunca viste muy bien.
ALEJANDRINA. Como quiera la señora, pero le saltaba un ojo.
ELVIRA. Asunto terminado.
ALEJANDRINA. *(Desfachatada y vivaz, habla con todo el cuerpo a alguien que parece tener delante).* Acércate. ¿Qué te pasa? ¡Decisión! El macho tiene que arriesgarse. Si no la vida se le va como un soplo. ¿Qué te pasa? ¿No estás decidido? A ella le gustan los tipo decididos y que hablen bonito, si no esto se hunde. ¿Tú no comes candela? *(Ríe grosera).* Haz tu maroma, anda. Súbete a la cuerda floja y gánate una platica. Coge, esta es la foto. Se la hicieron durante el noviazgo, antes del fin. ¿Que de qué fin? Quieres saber mucho. Paciencia. A lo mejor te enteras. Con ella nunca se sabe. No pienses encontrarla igual. El tiempo se va, criatura. Pasa, y arrasa. ¿No lo oíste por ahí? La gente del barrio no habla de otra cosa. No te me asombres: le salta un ojo, el ojo izquierdo. Cuando se ponía nervioso. Fíjate en la foto. Chico, tiene como agua en el ojo.

(Suelta una carcajada). Aquí está el traje, el traje del que te hablaron. No te puedes quedar con él. Ni lo vayas a estropear ni a vender... Te lo pones y te apareces a las cinco en punto. Bien, ¿eh? Chévere. Qué luzca. Aquí hace mucha falta. Nada de saco abierto, bien abrochado, y pañuelo en el bolsillo, así un poquito afuera... El último día —ya te lo dije— él llevaba este traje. Tenía veinte años y era bonito cantidad. Cantidad a pesar del ojo. ¿Y tú qué edad tienes, muchacho? Ah, pues por esa época tendrías unos cinco años. Quizá, y andabas por ahí, de mataperros, cuando ellos paseaban. ¿No tienes nada, ni un quilo prieto? Pues cuando ellos paseaban en coche, bien vestidos y con la barriga llena, tú andabas vendiendo periódicos. ¿Te entendí? Si yo le doy a la miseria, muchacho. La conozco más bien. Tiene la cara agria cantidad. Se lo diré. Ella se emociona con la desgracia. Dice que la gente es más fácil. Mirándote bien, te pareces bastante. ¿Me equivoco? *(Alejandrina cierra una puerta imaginaria y se compone el vestido. Silencio.)*

ELVIRA. ¿Quién te lo recomendó?

ALEJANDRINA. El anterior. Aquí no entra nadie más.

ELVIRA. No insistas. ¿Es de confianza?

ALEJANDRINA. Nunca se sabe.

ELVIRA. Antes eras más arriesgada. Te lanzabas a la aventura. Yo te veía partir como en el puente de un barco. Allá va Alejandrina. ¿Qué me traerá? Antes, pero ya no.

ALEJANDRINA. Antes eran otros tiempos.

ELVIRA. Salías a la calle. No te conformabas con recomendaciones.

ALEJANDRINA. La gente nos conocía menos, hablaba menos.

ELVIRA. Ya estaban construidas las tapias.

ALEJANDRINA. ¿Quiere que le diga una cosa? Usted también era más exigente.

ELVIRA. *(Recuerda con creciente frenesí).* El peligro acechaba en cada una de sus miradas. Vivíamos pendientes de sus ojos, pendientes de sus manos... Cuidado, está mirando el jarrón de porcelana.

ALEJANDRINA. *(Con idéntico frenesí).* Cuidado, ha descubierto el cofre.

ELVIRA. Siento sus ojos en mi cuello.

ALEJANDRINA. No te muevas de la puerta, Alejandrina.

ELVIRA. Escóndete detrás del biombo.

ALEJANDRINA. Vigila, vigila...

ELVIRA. No sabes quién es, ni sabes lo que podrá hacer.

ALEJANDRINA. Podría saltar sobre tu cuello.

ELVIRA. Arrancarme el collar.

ALEJANDRINA. Podría arrancarte las sortijas.
ELVIRA. Arrancarme los aretes.
ALEJANDRINA. Podría estrangularte y dejarte muerta en el piso. Muerta con tus piernas inválidas.
ELVIRA. Sé que le gusta esta sortija, esta amatista refulgente.
ALEJANDRINA. Cuida a la señora. Cuídala como a tus ojos aunque ella te saque los ojos.
ELVIRA. Vigila con el cuchillo, con la tijera…
ALEJANDRINA. No se oye. No se oye nada. ¿La habrá matado? De un golpe certero, como a una gallina vieja. De una profunda puñalada. ¿La habrá matado? Ahora la despoja de sus joyas.
ELVIRA. No, ese no.
ALEJANDRINA. Una muerta no habla.
ELVIRA. Sí, que me quita el anillo que él me dio. Déjamelo, déjame llevármelo a la tumba. Llama, llama a los criados. Suelten el perro.
ALEJANDRINA. *(Paralizándose, rectifica).* A los *otros* criados.
ELVIRA. No seas susceptible. Te quiero como a una hermana.
ALEJANDRINA. *(Suelta una carcajada repentina).* ¿De sangre?
ELVIRA. De sangre y de venas.
ALEJANDRINA. ¿Carnal?
ELVIRA. Del cuerpo y los huesos.
ALEJANDRINA. *(Sarcástica).* Ay, señora, me emociona. Usted que es fría como el diamante, me quiere. Como a una hermana. Como quiere el perro a la garrapata. Como a la cazuela de la cocina, así me quiere usted. Garrapatica, garrapatica. Cazuela, cazuelita mía. Báñame, vísteme, búscame a los hombres, empuja la silla. , .
ELVIRA. ¡Estúpida! No te mereces nada. Eres como tu gente, todo lo destruyen. Hasta mi pobre corazón. Ah, ¿cuándo sonarán las cinco? Me aburres. *(Con repentina coquetería).* ¿Qué perfume me has puesto?
ALEJANDRINA. Houbigán.
ELVIRA. Encantador. Subyugante.
ALEJANDRINA. ¿A quién piensa subyugar?
ELVIRA. ¡A él!
ALEJANDRINA. ¿A quién?
ELVIRA. No seas pesada. Los perfumes son persuasivos, Alejandrina. Más fuertes que las palabras. El perfume es como un fluido, entra en el alma, y la agita. ¿Ves? Este Houbigán es más fuerte que una mirada, que una negativa. Nos invade como el aire invade los pulmones. Me llena, me trae el pasado. Date cuenta, Alejandrina, cuántos hombres

diestros, con probetas y medidores, cálculos y fórmulas, han trabajado para obtenerlo. Me conmueve pensar en esos seres desconocidos, y que yo poseo en mi cuerpo, en mis orejas, en mis brazos el resultado de sus desvelos. ¿Qué te ocurre?

ALEJANDRINA. Nada.

ELVIRA. ¿Por qué me mirabas así?

ALEJANDRINA. Usted lo sabe.

ELVIRA. Te juro que no.

ALEJANDRINA. No jure en vano.

ELVIRA. ¿Tú crees en Dios, Alejandrina?

ALEJANDRINA. *(Desafiante).* Yo sí.

ELVIRA. Qué ocurrencia. Él te convirtió en una criada.

ALEJANDRINA. Por eso mismo. Sabrá explicármelo cuando esté delante suya. Darme explicaciones.

ELVIRA. Estás llena de odio. En eso pensabas. ¿Me odias?

ALEJANDRINA. Todo el mundo trabaja para usted. Hasta los perfumistas. Me gustaría vivir sola en una casa pequeñita, pero con una gran escalera a la entrada.

ELVIRA. No me amenaces. Te gusta repetirte. Decir lo mismo. Tendrías que subirme cargada.

ALEJANDRINA. Dije que viviría sola.

ELVIRA. No voy a pedirte que me lleves. Te pudrirás en tu casa. Nadie irá a verte.

ALEJANDRINA. Con una gran escalera, una escalera enorme... Quizá le permita mirar desde abajo, y si me siento bien es posible que la salude agitando un pañuelo. *(Ríen).* ¿Quiere que le traiga la cuenta de los gastos?

ELVIRA. No, todavía no. Mañana me ocuparé, cuando todo haya terminado.

ALEJANDRINA. Para volver a empezar.

Dos camareras colocan un fonógrafo antiguo sobre una mesa alta. Se retiran llevando algún objeto.

ELVIRA. Hay más flores que nunca.

ALEJANDRINA. La florería manda siempre la misma cantidad.

ELVIRA. Llévame. Quiero oler los claveles.

Alejandrina empuja la silla de ruedas.

ELVIRA. Nunca es igual este olor… Cientos de claveles y todos huelen diferente. *El hombre del clavel* se llamaba aquel cuadro que vimos en Berlín. Sí, fue en Berlín. Pero tal vez era rojo el clavel, rojo o morado. ¿Existen claveles morados? No me acerques tanto. ¿Quieres ahogarme? Sepárame. Me molesta este olor. Prefiero las flores pintadas, que no huelen. ¿Te figuras que soy una idiota, que no me doy cuenta? Cada domingo pones más flores. No, no lo niegues. El domingo pasado había menos gladiolos. Los conté. Ten la seguridad que los conté. Cuéntalos tú misma. Cuenta los de hoy.

ALEJANDRINA. Uno, dos, cinco… Veinte.

ELVIRA. ¿Por qué cuentas tan rápido?

ALEJANDRINA. Sé cuántos tiene cada búcaro.

ELVIRA. Entonces tengo razón. Quieres convertir esto en una funeraria, encerrarme en un ataúd. Un día me desplomaré entre estas flores. No, no mientas. Son tus coronas. Más cada día. Ahogar a la vieja, anunciarle el fin. Acuérdate que Dios te ve, Alejandrina. No te dejaré nada, ni un centavo partido por la mitad.

ALEJANDRINA. ¿Y a mí qué me importa?

ELVIRA. Te he sorprendido muchas veces mirando mis joyas, mis vestidos, las sedas, esta casa… Mirando no, escrutando, envidiando. Ambicionas todo lo mío. Lo codicias, lo acaricias cuando yo no te veo, cuando tú crees que yo no te veo, pero estoy escondida espiándote. Y esperas que ya no esté para empezar a ponértelo todo. Pero no te dejaré nada. Me lo llevaré todo a la tumba. Ordenaré que me lo echen todo en la caja. Tendrás que ir al cementerio a cavar, a arrancarme los aretes, a despojarme del collar… No me empujes así. ¿Intentas matarme? Antes de morir lo dejaré todo ordenado y dispuesto. No seré débil en el último instante.

ALEJANDRINA. Terminemos.

ELVIRA. Sí, terminemos.

ALEJANDRINA. *(Con un cofre)*. La señora va a ponerse sus joyas. ¡Los dedos!

ELVIRA. *(Aniñada)*. No, no. Me duelen horriblemente.

ALEJANDRINA. ¡Los dedos!

ELVIRA. Me haces sufrir.

ALEJANDRINA. *(Cierra el cofre)*. Basta. La bañé, la perfumé. He arreglado todas las cosas. Salí a buscarlo. Que fuera parecido… Y ahora me viene con eso. *(Repitiendo, solemne)*. La señora va a ponerse sus joyas. *(Abre el cofre)*. ¿La amatista? Es la que lució aquel día funesto.

ELVIRA. Sí, dámela, vieja zorra.

ALEJANDRINA. ¡Los dedos! ¡Así!

ELVIRA. Es hermosa. Su resplandor es uno de los pocos momentos de alegría que me quedan. Estas piedras parece que no cambiarán nunca, que nada les sucederá. Él amaba esta joya. Me pedía que la llevara cuando salíamos juntos al atardecer, cuando todo es más bello porque no nos hiere. El aire es delicado, la vida tierna. Sí, lo recuerdas perfectamente. Ese día en la terraza del café, tenía esta piedra puesta. Ella también guardó silencio. Abre otra vez el cofre. Inclínalo. Ah, el topacio, los rubíes... Siempre ahí, invariables, esperando por mis dedos. Dame la sortija de brillantes. Ponme el *pendantiff*, las pulseras... Cúbreme, cúbreme con mis joyas. Qué resplandezca con estas luces frías. Llévame al espejo.

Alejandrina la empuja hasta la consola de candelabros.

ELVIRA. No estoy como hubiera querido, pero estas alhajas me hacen momentáneamente feliz. Ah, sí tuviéramos espejos que nos reflejaran como hemos querido ser. ¿Te fijas? Puedo mover los dedos. Ayer casi no podía hacerlo. Algún día volveré a tocar el piano, como antes. *(Mirándose las manos a la altura del espejo)*. ¡Las pobres! Parece increíble: eran lo que más llamaba la atención en mí. ¿Te acuerdas? *(Con otra voz)*. «Lindas manos las suyas, Elvira. Así deben tenerlas las diosas». Y yo las manejaba en la conversación como palomas, subrayaba las palabras con un gesto suave... Ahora tengo los dedos estropeados... Parecen muelas de cangrejo... ¡Ay, realmente es un ultraje! ¿Qué pensaría él si hoy viera estas manos?

ALEJANDRINA. Nunca lo sabremos.

ELVIRA. Quizá.

ALEJANDRINA. Es mejor así.

ELVIRA. ¿Eres pitonisa? ¿Cartomántica? ¿Brujera?

ALEJANDRINA. No. No se trata de eso.

ELVIRA. ¿Y de qué entonces?

ALEJANDRINA. ¿Qué pensaría si le viera los pechos? Cada vez que la baño asisto a ese espectáculo. ¡Oh, contemplar esas cosas que se desprenden y ruedan! ¿Hasta dónde? Hasta la misma cintura.

ELVIRA. ¡Mientes! Están erectas, turgentes. Paradas como dos pistolas. Pum, pum. Y caes por mentirosa. ¿No hay espejos en tu cuarto?

ALEJANDRINA. Están vueltos contra la pared.

ELVIRA. Haces bien, querida. Y no inclines el cuello al bañarte. Mira siempre al frente. De veras, anoche en la cama creí que no amanecería. Lo creí o lo deseaba. ¿Para qué amanecer? Despojarme de las sábanas y encontrarme con el mundo. Tienes que empezar otra vez, unir lo que has perdido. Mi madre solía decirme al verme levantada: «¿Ya recordaste?» Y sigo recordando, y recordando... Dame el echarpe. *(Alejandrina se lo pone sobre los hombros).* Fue su último regalo. Lo siento como una red que intentara aprisionarme, hacerme suya. ¿Qué pasará esta tarde? Mi vida empieza ahora y termina cuando el sol oscurece... *(Alejandrina enciende los candelabros).* ¿Ves? Este echarpe me sirve de mortaja. Pronto no tendrás más que cerrar la tapa. *(Ruido con la boca como si cayera la tapa del ataúd).* ¿Ves? Todo ha concluido, Alejandrina. Tu señora está muerta en su caja. Acércate al cristal y dile adiós. ¿Estoy bien? No la verás más. Paletadas de tierra caerán sobre su cara. Qué simple es morir, Alejandrina. No tengas miedo cuando te llegue la hora. Qué simple. Basta con dejar de sentir.

Las camareras colocan una mesa. La escena dará ahora la impresión de la terraza de un café antiguo. Voces de niños que juegan, corren y gritan.

ELVIRA. Están otra vez en el jardín. Diles que se callen, que se vayan, o empezarán a tirar la pelota contra la puerta. No lo soporto. No soporto ese ruido. Es como un presentimiento.

Alejandrina le pone una pamela de cintas y flores moradas. Sale. Queda Elvira en el centro, cerca de la mesa, a la que han vestido con mantel blanco. Suena un reloj de música, y da cinco campanadas profundas, lentas. Las camareras corren las cortinas del ciclorama y se abre todo el escenario: queda convertido en un inmenso jardín-terraza, con mesas y estatuas entre plantas y enredaderas. Se oye la última campanada.

2

Aparece El Novio. Un hombre joven que viste un traje anticuado. Trae un disco dentro de un sobre. Sobrecogido, mira en derredor un tanto perplejo. Saca una pitillera de plata, le da vueltas, comprueba el funcionamiento del cierre. Hace lo mismo con el encendedor. Se compone el traje y se adelanta como un actor que se dispone a entrar en escena. En los primeros momentos, algo inseguro, parece fallarle la memoria. Ganará en aplomo y fluidez. La escena se oscurecerá despacio.

EL NOVIO. Discúlpame la demora. No fue fácil parquear el coche.
ELVIRA. Debes cuidarte...
EL NOVIO. ¿No estás segura...?

ELVIRA. ¿Debería estarlo?

EL NOVIO. Sentémonos. *(La empuja hasta la mesa. Luego ocupa su asiento).* Ordenaré tu vermut. *(Da una palmada y entra una Camarera).* Vermut y un daiquirí. *(La Camarera sale).* Decías que me cuidara…

ELVIRA. No lo recuerdo ya.

EL NOVIO. ¿Tienes mala memoria?

ELVIRA. Hay días en que no sé ni mi nombre.

EL NOVIO. Malo. Así podrías olvidarme.

ELVIRA. Mientras te esperaba, creí que no regresarías…

EL NOVIO. ¿Eres desconfiada?

ELVIRA. Mucho.

EL NOVIO. *(Sonriente, dentro del juego).* Yo quisiera estar tan seguro.

ELVIRA. No lo estés. No lo permitiré nunca.

EL NOVIO. Me tomaría el trabajo de conquistarte otra vez. Te lo prometo.

ELVIRA. ¿Es algo… fatal?

EL NOVIO. Así parece.

ELVIRA. ¿Tú crees en la fatalidad?

EL NOVIO. Creo en que debíamos encontrarnos.

ELVIRA. ¿De todos modos?

EL NOVIO. Truene o relampaguee.

ELVIRA. Es decir, yo estaba al final del camino…

EL NOVIO. Estabas al final, y estás al principio.

ELVIRA. *(Sonriente, le pasa el abanico por la cara).* Mientes tanto que dirás la verdad sin darte cuenta.

EL NOVIO. Qué va. Me mordería la lengua.

ELVIRA. Esa lengua mentirosa. ¿Sabes lo que haré con ella?

EL NOVIO. Cortármela.

ELVIRA. Adivinaste. Pero solo una parte.

EL NOVIO. ¿De lo que harás o de ella?

ELVIRA. Ella la cortaré completa. Y la parte que te falta de lo que haré…

EL NOVIO. Es como sigue…

ELVIRA. Cortada tu lengua, me haré un collar.

EL NOVIO. Así, como este. *(Intenta tocarle el cuello).*

ELVIRA. *(Espantada, retrocede).* Tal vez…

EL NOVIO. ¿Y si le da por enamorarte?

ELVIRA. Mientras no lo haga en público… La gente podría decir que me dejo engañar.

EL NOVIO. De cualquier modo, el collar no guardará silencio. No podrás salir con nadie. Tendrás que estar en tu casa, abandonar a tus amistades…

ELVIRA. Lo encerraré en un cofre de siete llaves.
EL NOVIO. Sabrá esperar.
ELVIRA. Lo olvidaré.
EL NOVIO. No es tan fácil. Es una joya interesante.
ELVIRA. ¿Tú crees...?
EL NOVIO. Estoy casi seguro.
ELVIRA. Procuraré aumentar ese casi.
EL NOVIO. Eres terrible.
ELVIRA. Defiéndete.

Alejandrina, con unas grandes tijeras, se esconde sigilosa tras un biombo.

EL NOVIO. Me gusta ver cómo te brillan los ojos. Así, en pequeños relámpagos... No sé cuánto tiempo estuve pensando en ti, pero un policía vino y me dijo: «Oiga, ¿se cree que la calle es para usted solo?» Y tuve que echar a andar el carro. Entonces me di cuenta de que sonaban los cláxones hacía rato.
ELVIRA. ¿Quieres que te diga dónde fue?
EL NOVIO. ¿Qué hacías tú en ese momento?
ELVIRA. Quizá pensaba en ti.
EL NOVIO. Te lo agradezco. Dime, ¿dónde fue?
ELVIRA. En la esquina, después que me dejaste.
EL NOVIO. ¿Te parece que la máquina caminó tan poco?
ELVIRA. Y volviste a recordarme.
EL NOVIO. ¿Dónde?
ELVIRA. Allí mismo, cuando se fue el policía.
EL NOVIO. ¿Eres adivinadora?
ELVIRA. No es un secreto.

Una Camarera con las copas en una bandeja. Las deja en la mesa y se retira.

ELVIRA. Delicioso. Tiene un lindo color. ¿Cómo está el daiquirí?
EL NOVIO. Aquí lo preparan muy bien.
ELVIRA. Me encanta este lugar.
EL NOVIO. *(Tomando la copa de vermut).* ¿Sabes de qué está hecho? *(Gira entre sus dedos).* Vino blanco, ajenjo y unas sustancias amargas. Olor de la nuez moscada, de clavos de especias, de lirios de Florencia... Todo en cantidades medidas, exactas...
ELVIRA. Como un perfume. ¿Te enseñó tu padre todo eso?

EL NOVIO. Y otras cosas más.
ELVIRA. ¿Cosas misteriosas?
EL NOVIO. Habilidades.
ELVIRA. ¿Algún prodigio?
EL NOVIO. Alguno.
ELVIRA. Iremos un día al almacén de tu padre.
EL NOVIO. Nos espera hace tiempo.
ELVIRA. Debe ser agradable tener un almacén de licores.
EL NOVIO. En él he pasado mi vida. Tempranito me llevaba mi padre, para que fuera conociendo el negocio, tratando a la gente... Sobre todo los sábados y parte del domingo, cuando no tenía que ir al colegio... «La tienda es tu mejor escuela», me decía el viejo. Si no era la mejor, era la que más me gustaba... He visto desembarcar miles de cajas con vinos de Francia o de España. Es grande el almacén, con un mostrador a la entrada, un estante enorme. Todo de buena madera, tan resistente como el olor de los buenos licores...
ELVIRA. ¿Y eres tú tan resistente?
EL NOVIO. Déjame demostrártelo.
ELVIRA. ¿Qué debo hacer? ¿Abrir la botella?
EL NOVIO. Tocarla solamente.
ELVIRA. *(Sonríe y se abanica)*. Anda, sigue tu historia.
EL NOVIO. Cuando era niño coleccionaba las etiquetas. Cajas, botellas, unas pequeñas que rodeaban las tapas, y tenía que desprender con mucho cuidado para que no se rompieran... Las botellas las metía en agua, y soltaban suavemente las etiquetas. Yo parecía pescarlas enteritas... Las había de muchos colores, doradas, con medallas, con vestidos de países que no conocía, escudos, insignias raras... A propósito, encontré el otro día uno de los álbumes... Tengo el olor de los vinos pegado al cuerpo.
ELVIRA. ¿Y no se te quita nunca?
EL NOVIO. Nunca.
ELVIRA. ¿Me dejarás olerlo?
EL NOVIO. Es probable.
ELVIRA. No te hagas ilusiones. Cambio como el viento. De pronto hacia ti, y después ¡quién sabe! Haces mal en creerme. «Elvira, la caprichosa», me llaman los que me conocen. Desconfía de mí, muchacho.
EL NOVIO. Lo sé. Te conozco.
ELVIRA. ¿Te resignas?
EL NOVIO. Me resigno a conquistarte cada día.

ELVIRA. Juegas. Juegas con las palabras.
EL NOVIO. Vamos a ver quién pierde.

Elvira suelta una carcajada nerviosa.

EL NOVIO. *(Saca la pitillera y busca torpemente el cierre. Tras encontrarlo la extiende a Elvira).* ¿Fumas?

Ella coge un cigarrillo. Busca en su bolso una larga boquilla y lo coloca. El Novio se lo enciende. Prende luego el suyo. Fuman callados.

ELVIRA. Me gusta venir aquí. Creo que ya te lo dije. Hace fresco en esta terraza. Linda ocurrencia la del dueño de este café. ¿Vendremos siempre? Siempre, ¿verdad?
EL NOVIO. ¿Debo decir siempre?
ELVIRA. En este instante quisiera que lo dijeras. Un segundo me gustaría oírte esa palabra.
EL NOVIO. *(Conmovido).* Siempre.

Silencio. Vuelven a fumar.

ELVIRA. En mi familia sabemos cumplir las promesas.
EL NOVIO. Eso he oído decir.
ELVIRA. ¿Y en la tuya?
EL NOVIO. Es gente garantizada.
ELVIRA. ¿Estás tú garantizado?
EL NOVIO. Espero que lo compruebe.
ELVIRA. ¿No te he contado cómo murió mi madre? Fue en un largo viaje, en un viaje alrededor del mundo. Murió en Nápoles, de un ataque de angina de pecho. Mi padre le había prometido que recorrerían los cinco continentes, y ella murió durante la travesía. Pero él supo cumplir su promesa. Varios médicos la inyectaron para impedir que se descompusiera, papá compró un yate y la llevó por todas las ciudades del mundo que quedaban por visitar. Después, la enterró debajo de su cama, en una tumba de mármol rosa. ¿Por qué no me regalas el álbum que encontraste?
EL NOVIO. ¿Lo guardarás bajo siete llaves?
ELVIRA. ¿También habla?
EL NOVIO. Todo lo mío se pone a hablarte.

ELVIRA. No me lo traigas entonces.
EL NOVIO. Le ordenaré que se calle. Mañana lo tendrás aquí.
ELVIRA. No le digas nada. Déjalo. A lo mejor me gusta oírlo hablar.
EL NOVIO. ¿Puedo incluir mi foto en el álbum?
ELVIRA. La haré pedacitos.
EL NOVIO. No importa, con tal de que me toques.
ELVIRA. Echaré los pedacitos al fuego.
EL NOVIO. No importa, con tal de que me quemes.
ELVIRA. Pondré tus cenizas en un relicario.
EL NOVIO. ¿Lo llevarás sobre tu pecho?
ELVIRA. Cuando venga a este café solamente.

La Mujer de la Suerte, el pelo desgreñado, sin dientes, con un tablero sobre un trípode revestido de cintas. El tablero lo ocupan la cotorrita y pequeñas cajas con tarjetas de colores.

LA MUJER. Aquí, la cotorrita de la suerte. El pasado, el presente y el porvenir. Lo que fue y lo que vendrá. Señora, caballero, alumbre su camino, conozca su destino. La cotorrita se lo dirá. Viajes, negocios, matrimonios, una desgracia, una enfermedad... Pregunte usted, señora, usted también, caballero.
EL NOVIO. ¿La cotorrita nunca se equivoca?
LA MUJER. Compadre, la que nunca se equivoca es la vida. Lo que está para ti, no te lo quita nadie.
EL NOVIO. ¿Ni la cotorrita?
LA MUJER. Ella revela, no cambia.
EL NOVIO. ¿Quieres que te revele algo?
LA MUJER. Si no hay fe, esto no sirve.
ELVIRA. ¿Te parece que le pregunte...?
EL NOVIO. Eso te lo digo yo cuando tú quieras.
ELVIRA. Lo olvidaría en el acto.
LA MUJER. ¿No te interesa el futuro? Un viaje, una promesa que no se cumple... Nadie sabe: fragilidad se llama la vida. Viene por aquí, viene por el otro lado... Mire, ¿quiere saber la verdad? No pasa más de lo que ya había pasado. Viene lo que ya había venido. Uno se sienta y dice: «Caramba, si me lo hubieran advertido». Aquí estoy con la cotorrita de la suerte para advertirlo. Sépalo. Vaya al seguro. El futuro está ahí al doblar de la esquina, y llega de todos modos.
ELVIRA. ¿Y cuál es mi futuro? ¿Qué va a ocurrirme?
LA MUJER. Ahora mismo se lo dice la cotorrita de la suerte.

ELVIRA. ¿No sería mejor ignorarlo?

LA MUJER. Si lo sabe, lo goza dos veces, ahora y cuando llega.

ELVIRA. ¿Y si la cotorrita me anuncia algo malo?

LA MUJER. Lo goza igual. *(Acerca el tablero y abre el trípode).* Dame el secreto, pájaro de la suerte. Señala el futuro. Alumbra el camino. *(Acaricia la cotorrita que chilla, salta y saca con el pico una tarjetica. La Mujer se la entrega a Elvira).* Ábralo para que lea el bien o el mal.

ELVIRA. *(Rompe el sobre y lee).* Un amor imposible. *(Se echa a reír).* Todo lo que me dijiste es falso. Eres un engañador.

EL NOVIO. Dame tiempo.

LA MUJER. ¿Y usted no va a preguntar nada?

EL NOVIO. Por supuesto. *(De pie frente al tablero).* Mírame bien, cotorrita. A mí revelas el futuro, no a ella.

ELVIRA. Sí, animalito, a él, a ese gran mentiroso.

LA MUJER. Dale el secreto, pájaro de la suerte. Ilumínalo. *(Toca la cotorrita que salta, chilla y saca otra tarjeta con el pico).* Para usted, caballero.

EL NOVIO. Es amarilla.

LA MUJER. La que le tocó en suerte.

ELVIRA. Ay, del color de mis topacios.

EL NOVIO. Qué feo.

LA MUJER. Abra. No sea aprensivo. A cada cual su color.

EL NOVIO. *(Sacándola del sobre, lee).* Un largo viaje. ¿Y haré este viaje solo?

LA MUJER. Acaso.

ELVIRA. Un amor imposible.

EL NOVIO. Un largo viaje.

ELVIRA. Más claro ni el agua. Nuestros destinos están contrapuestos. Para ti un largo viaje, para mí un amor imposible. Si es imposible, viajarás solo. ¿No está claro, muchacho?

EL NOVIO. Una cosa dice este pájaro y otra digo yo.

LA MUJER. Respeto para la suerte. Te veo mal, despeñándote. Acuérdate, no pasa más de lo que ya pasó. *(De golpe).* Me debe cuarenta quilos.

EL NOVIO. ¿Prietos?

LA MUJER. Blancos o prietos, pero que valgan.

EL NOVIO. Pregúntale a la cotorrita si te los voy a dar.

LA MUJER. ¿Quiere que la cotorra te saque un ojo?

ELVIRA. *(Burlona).* No, no. Tuerto sería demasiado.

EL NOVIO. *(Pagándole).* Gracias por el augurio.

LA MUJER. Así sea. A cada cual lo suyo. Viene por aquí, viene por el otro lado. *(Recoge y comienza a salir).* Vaya, la cotorrita de la suerte. Anun-

cia el futuro, la vida y la muerte. Negocios, matrimonios, enfermedades... *(Su voz se va apagando. Últimos chillidos de la cotorrita).*
ELVIRA. Bésame las manos. Júrame que no harás ese viaje.

El Novio se inclina y besa sus manos.

ELVIRA. Júralo.
EL NOVIO. Lo juro.
ELVIRA. Dime que nunca lo harás.
EL NOVIO. Nunca.
ELVIRA. Aunque al llegar a tu casa estén hechas las maletas, cerradas con llave, comprados los boletos, aunque tu padre te suplique que partas...
EL NOVIO. No me iré.
ELVIRA. Entonces... Dame la tarjeta.
EL NOVIO. Toma. Haz con ella lo que quieras.
ELVIRA. *(La rompe con grandes gestos).* Ya no existe ese viaje. Yo soy tu viaje y tu futuro.
EL NOVIO. ¿Ahora...?
ELVIRA. ¿Qué...?
EL NOVIO. Dime que nuestro amor no es imposible.
ELVIRA. Te lo digo.
EL NOVIO. Júralo.
ELVIRA. Te lo juro. Toma. Haz con ella lo que quieras.
EL NOVIO. *(Rompe la tarjeta y echa los pedazos al aire).* Ya no existe ese amor imposible. Yo soy tu amor y tu futuro.
ELVIRA. Siéntate.

El Novio se sienta a su lado.

ELVIRA. Pronto, abrázame. Pronto, antes de que empiece a dudar.
EL NOVIO. Te defienden mis brazos.
ELVIRA. Si te pidiera que te dejaras quemar las manos...
EL NOVIO. Ya están en el fuego. *(Se apartan lentamente).*
ELVIRA. Si te pidiera que estuvieras frente a mi casa seis meses sin entrar...
EL NOVIO. Esperaría sin llamar a tu puerta.
ELVIRA. Si te pidiera que nos viéramos en el parque central, un domingo a las cinco de la tarde dentro de diez años, sin recordártelo después...
EL NOVIO. Sería puntual.

ELVIRA. Si te pidiera que me llevaras por todas las ciudades del mundo cuando ya estuviera muerta…
EL NOVIO. Iríamos juntos.
ELVIRA. Juntos.
EL NOVIO. Es la palabra.
ELVIRA. El prodigio.
EL NOVIO. Pero te amo y sé por tanto que no vas a morir. *(Se levanta. Coge el disco. Se dirige al fonógrafo y le da cuerda).* ¿Te acuerdas? ¿Te acuerdas de aquella tarde…?
ELVIRA. Fue en la calle Acosta.
EL NOVIO. Es cierto.
ELVIRA. Paseábamos en auto.
EL NOVIO. Es cierto.
ELVIRA. Llevabas el mismo traje.
EL NOVIO. Y tú el mismo sombrero.
ELVIRA. El mismo.
EL NOVIO. De pronto quisiste entrar… ¿Recuerdas? *(Pone el disco. Se escucha la canción* Tú me has de querer, *que ella toca y canta. La ejecución es un poco torpe, apagada la voz. En ciertos pasajes tararea o dice la letra).* Hacía tiempo que no lo oíamos. Lo traje para darte la sorpresa. *(Regresa. Se sienta a los pies de ella. La canción continúa).* Me quedé mirándote a través de los cristales, cuando empezaste a grabar. En aquel pequeño estudio, donde las puertas crujían y olía a polvo… Estábamos uno frente al otro… Yo te veía tocar… *(Refiriéndose a la letra de la canción).* ¿Eran para mí esas palabras? Déjame curar tu herida, darte toda esa eternidad… *(Acomoda la cabeza en las rodillas de ella).*
ELVIRA. *(Acariciándole el pelo).* Eran para ti… Y me las decía a mí misma. Te amaba, y no quería confesártelo. Veía tus ojos brillar a través del vidrio, y de mis lágrimas. Lloraba de alegría, de sentir todo eso. De sentir al fin. Tienes una hermosa cabeza, el pelo sedoso.

En silencio escuchan el resto de la canción. Aparece El Viejo. Comienza a hacerles un retrato recortando con unas grandes tijeras en hojas de papel negro. El brazo del fonógrafo golpea sordamente. El Novio se levanta y lo detiene.

EL VIEJO. No se mueva. Hace mal. *(A Elvira).* No debía usted dejarlo ir.
ELVIRA. ¿Acaso no regresará?
EL VIEJO. Cuando se deja ir a alguien, se corre ese riesgo.
ELVIRA. Si vuelven, es delicioso.

EL VIEJO. Nunca como antes de irse, se lo aseguro.
ELVIRA. Aquí está de nuevo.
EL NOVIO. ¿Qué hace?
EL VIEJO. Un retrato. Es mi especialidad. ¿Lo termino?
EL NOVIO. Claro. Es usted providencial.
EL VIEJO. Vuelva a su lugar.
EL NOVIO. *(Retoma su posición anterior).*
EL VIEJO. Incline más la cabeza… Bien. Así estaba. Gracias.
ELVIRA. No sabía que se hicieran retratos con las tijeras.
EL VIEJO. Las tijeras sirven para muchas cosas. Con unas tijeras nos cortan el cordón umbilical, o con unas tijeras nos matan… Yo voy por la ciudad para retratar a la gente, para que puedan conservar el momento. Estos papeles los ayudan a recordar. Ustedes hacen una linda pareja… Aquí les dejo el retrato… Pónganlo en el álbum de boda, cuando se casen.
EL NOVIO. Amigo, ¿cuánto le debemos?
EL VIEJO. Nada. Esto es por puro gusto. Buenas tardes. *(Sale).*
EL NOVIO. Guárdalo. Es un recuerdo más.
ELVIRA. Dame la colilla de tu cigarro.
EL NOVIO. No sé dónde… Creo que está en el cenicero. ¿Y qué harás con ella?
ELVIRA. Voy a guardarla. Es un recuerdo más.

Dos camareras entran, encienden una lámpara, corren las cortinas y retiran la estatua. Se oye nuevamente el motor de la pecera.

EL NOVIO. *(Como si fuera otra persona).* ¿Puedo pedirle un favor?
ELVIRA. *(Despectiva).* ¿Un favor usted a mí? Dígame cuál.
EL NOVIO. *(Con esfuerzo).* Volver el próximo domingo.
ELVIRA. *(Sorprendida).* ¿Volver…? *(Alejandrina asoma la cabeza sin ser vista).*
EL NOVIO. Sí, el domingo que viene.
ELVIRA. *(Indecisa).* No sé, realmente…
NOVIO. Permítamelo.
ELVIRA. No es mi costumbre.
EL NOVIO. Lo necesito.
ELVIRA. Bueno, si usted… Está bien. *(Detrás del biombo ruedan al suelo las tijeras).*
EL NOVIO. Sabré agradecérselo. Hasta el domingo.
ELVIRA. ¿Qué he hecho, Dios mío?
ALEJANDRINA. *(Saliendo detrás del biombo).* Sí, ¿qué ha hecho? Es increíble. Después de tanto tiempo… Pero con usted nunca se sabe. Esto terminará mal.

ELVIRA. Estaba muy cansada. Hoy me ha costado un gran esfuerzo llegar al final. Quizá por eso…
ALEJANDRINA. Quizá por eso ha metido la pata.
ELVIRA. Ya veremos.
ALEJANDRINA. Al menos debió preguntármelo antes.
ELVIRA. Vamos a comer. Llévame. Ya es casi de noche.
ALEJANDRINA. (*Empuja la silla hacia la puerta del fondo. Se arrepiente y regresa junto a la mesa*). ¿Dónde? ¿Dónde están?
ELVIRA. ¿Qué ocurre, Alejandrina?
ALEJANDRINA. Se ha robado el encendedor y la pitillera de plata.

Cae el telón mientras Elvira gira la silla y la sitúa frente al público.

Acto segundo

1

Suenan cinco campanadas, Elvira y El Novio, nuevamente en la terraza, vestidos con las mismas ropas. Apagados y distantes se oyen el pregón de La Mujer de la Suerte y los chillidos de la cotorrita.

ELVIRA. Siéntate.

El Novio se sienta a su lado.

ELVIRA. Pronto, abrázame. Pronto, antes de que empiece a dudar.
EL NOVIO. Te defienden mis brazos.
ELVIRA. Si te pidiera que te dejaras quemar las manos…
EL NOVIO. Ya están en el fuego. (*Se apartan lentamente*).
ELVIRA. Si te pidiera que estuvieras frente a mi casa seis meses sin entrar…
EL NOVIO. Esperaría sin llamar a tu puerta.
ELVIRA. Si te pidiera que nos viéramos en el parque central, un domingo a las cinco de la tarde dentro de diez años, sin recordártelo después…
EL NOVIO. Sería puntual.
ELVIRA. Si te pidiera que me llevaras por todas las ciudades del mundo cuando estuviera muerta…

El Novio no contesta. Elvira, tras una pausa, en que se han mirado en silencio, le indica que hable. El Novio no contesta.

ELVIRA. *(Repite, marcando las palabras).* Si te pidiera que me llevaras por todas las ciudades del mundo cuando ya estuviera muerta...
EL NOVIO. *(Con esfuerzo).* Iríamos juntos.
ELVIRA. Juntos.
EL NOVIO. Es la palabra.
ELVIRA. El prodigio.
EL NOVIO. *(Otra pausa inquietante, en que no sabe qué hacer).* Pero te amo y sé por tanto que no vas a morir. *(Se levanta. Coge el disco. Se dirige al fonógrafo y le da cuerda).* ¿Te acuerdas...? ¿Te acuerdas de aquella tarde...?
ELVIRA. Fue en la calle Acosta.
EL NOVIO. Es cierto.
ELVIRA. Paseábamos en auto.
EL NOVIO. Yo no tengo auto.
ELVIRA. ¿Cómo...?
EL NOVIO. Que no tengo auto.
ELVIRA. Llevabas el mismo traje.
EL NOVIO. Este traje no es mío.
ELVIRA. ¡Repita!
EL NOVIO. Y tú el mismo sombrero.
ELVIRA. El mismo.
EL NOVIO. De pronto quisiste entrar... ¿Recuerdas...? *(Pone el disco).* Hacía tiempo que no lo oíamos. Lo traje para darte la sorpresa. *(Regresa. Se sienta a los pies de ella. La canción continúa).* Me quedé mirándote a través de los cristales, cuando empezaste a grabar. En aquel pequeño estudio, donde las puertas crujían y olía a polvo... Estábamos uno frente al otro... Yo te veía tocar... *(Refiriéndose a la letra de la canción).* ¿Eran para mí esas palabras? Déjame curar tu herida, darte toda esa eternidad... *(Se incorpora impaciente).*
ELVIRA. ¡Repita! No ha llegado todavía el momento de levantarse. Eran para ti... Y me las decía a mí misma. Te amaba ya, y no quería confesártelo...

El Novio fuma de espaldas.

ELVIRA. Veía tus ojos brillar a través del vidrio y de mis lágrimas. Lloraba de alegría, de sentir todo eso. De sentir al fin. *(Parece alentarlo a continuar).* Tienes una hermosa cabeza, sedoso el pelo...

Aparece El Viejo y comienza a recortar el retrato. Percibe el cambio y se queda perplejo, las tijeras inmóviles en el aire. Ella le indica con energía que se marche. El Viejo se inclina y sale, llevando en alto las tijeras. El Novio va al fonógrafo y levanta el brazo, antes de que finalice la canción.

ELVIRA. Siéntese. Lo echa todo a perder.
EL NOVIO. No quiero seguir con esto.
ELVIRA. ¿Qué no quiere seguir? Ahora, ¿cuando todo estaba a punto de terminar?
EL NOVIO. Quizá por eso mismo, porque estaba a punto de terminar. Creo que es mejor así.
ELVIRA. ¿Y sus creencias son suficientes para mí? A mí no me importa lo que usted crea o deje de creer. No se figure que voy a conformarme con tal explicación. ¿La *cree* suficiente? Usted no sabe cumplir sus promesas.
EL NOVIO. Nada prometí que no pueda dejar de cumplir. *(Apaga el cigarrillo).*
ELVIRA. Permítame aclararle. Lo noto un poco ofuscado, joven. Fíjese: usted y yo, o si lo prefiere, nosotros, hemos hecho... digamos... un pacto, y debió haberlo cumplido hasta el final. Es horrible cuando algo se interrumpe. ¿Por qué apaga el cigarro? No le dije que me molesta ni le ordené que lo apagara.
EL NOVIO. Tampoco me ordenó que lo encendiera.
ELVIRA. Debió esperar a que se lo ordenase. Está aquí para esperar. Quisiera haberlo visto siempre esperando, dispuesto a complacerme. Está aquí para mirarme, para responderme, para vestir ese traje delante de mí. ¿No lo sabe? Sé que lo sabe. Que se lo dijeron. ¡Ah, nunca aprenderán! Quieren tener voluntad, entrar y marcharse. Hubiera sido hermoso que este domingo llegara al final. Lo recordaría como algo perfecto. ¿Por qué lo ha destruido?
EL NOVIO. *(Extrañamente).* ¿Quiere que se lo diga?
ELVIRA. No quiero oír nada que pueda decirme,
EL NOVIO. ¿Por qué teme?
ELVIRA. *(Carcajada nerviosa).* ¿Temer? Nada puede decirme que me haga temer. Ojalá temiera. Se lo confieso.
EL NOVIO. No estoy muy seguro. Vi en sus ojos un reflejo de miedo.
ELVIRA. Estoy protegida. Nada malo podrá hacerme.
EL NOVIO. *(Sorprendido).* No se trata de eso. No le haré nada. Ningún daño. Al menos que...
ELVIRA. Ya me hizo daño. El único que puede hacerme.
EL NOVIO. ¿No repetir? ¿No llegar al final?
ELVIRA. Destruir la ilusión de este día. Es lo peor que pudo hacer.

EL NOVIO. Sé que deseaba que todo continuara como la otra tarde. Pero ya ve, algunas cosas no están previstas.

ELVIRA. Desprecio lo que no está previsto. Si me hubiera advertido que había olvidado alguna parte, algo, quizá empezaríamos nuevamente. Hace un momento me di cuenta de que no recordaba, y lo ayudé repitiendo.

EL NOVIO. Todo lo recordaba, palabra por palabra.

ELVIRA. *(Sin oírlo)*. Nunca debí permitir que volviera.

EL NOVIO. Habría vuelto de todos modos.

ELVIRA. *(Sin oírlo)*. Fue un error. Una debilidad.

EL NOVIO. No se arrepienta.

ELVIRA. *(Sin oírlo)*. Alejandrina tenía razón.

EL NOVIO. Ella siempre tiene la razón.

ELVIRA. *(Sin oírlo)*. Los conoce. Sabe que son capaces de cualquier cosa.

EL NOVIO. Ella me dio este traje y la pitillera. Lo demás vendría luego, cuando terminara.

ELVIRA. ¿Lo demás? ¿Le cogió miedo a las palabras? Dígalo. Se lo ordeno.

EL NOVIO. El dinero.

ELVIRA. No, no me gusta así. Dígalo como lo diría en la calle.

EL NOVIO. La plata.

ELVIRA. ¿Ve? Es muy sencillo. ¿Quiere repetirlo?

EL NOVIO. La plata.

ELVIRA. ¿No siente nada?

EL NOVIO. ¿Debo sentir algo?

ELVIRA. Ambición, rencor, deseo de robar... ¿No sueña con la plata? La busca, la palpa en el aire, la presiente. Mira cada bolsillo y cada cartera. El dinero tiene un olor especial, ¿no le parece? Imposible continuar viviendo tranquilamente después de sentirlo. Tiene su perfume, un perfume implacable. Entra y se aloja en el corazón. O mejor, aquí en la frente. Qué persuasivo olor. Se finge. Se simula no estar interesado. Hay tantas prédicas en contra del dinero. *(Ríe)*. Y las manos tiemblan... Agarrar, agarrar. ¡Deje ver sus manos, joven! *(El Novio se las pone delante)*. Son dos arañas. ¡Apártelas de mi vista! Usted entra en la terraza de un café. Alguien lo espera, alguien con el cual hizo un pacto, y ve el brillo relampagueante de las joyas, el oro resplandeciente, y siente ese olor peculiar, y ya sabe que no podrá cumplir lo pactado, y tiende las manos como garras de un animal de presa... ¡Sí, detrás de la vieja!

EL NOVIO. Tengo extendidas las manos. Cuánto va a darme. Cuál es la joya que me toca.

ELVIRA. Entonces, yo no me había equivocado. Viene también, como los otros, por mi dinero. Ah, qué dicha.

EL NOVIO. Vaya. Son grandes. Llénelas. Llénelas con su plata y su oro. No fue un error. No fue por debilidad que me permitió volver este domingo, fue porque yo decía bien las cosas, con entusiasmo, con calor... No parecían aprendidas de memoria, ¿eh? *(Saca del bolsillo del saco unas hojas y las tira en la mesa).* Ni una sola vez me equivoqué. Estuve días estudiándolas, diciéndomelas delante de un espejo. Caminaba para aprendérmelas. Me gusta moverme, aprender las cosas en movimiento. Cuando entré aquí, al principio quizá vacilé, pero sin equivocarme. Nunca dije una palabra por otra. ¿Cuánto vale un domingo tan bueno? No me diga que es fácil encontrar por ahí a quien lo diga tan bien, a quien se le pueda permitir volver, y correr el riesgo... Mala cara me puso Alejandrina al abrirme la puerta. Casi ni me saludó. ¿No fue un domingo magnífico? A mí no me gusta quedar mal, ¿sabe?

ELVIRA. *(Comienza despacio a quitarse las joyas y las va dejando sobre la mesa).*

EL NOVIO. ¿No lo hice bien? ¿De qué se queja? Ya veo que usted vive de recuerdos. «Es un recuerdo más», se dice al final. ¿Quiere que le diga una cosa? Este domingo no se le va a olvidar. Se lo aseguro. Será un recuerdo más fuerte que el primero. Me gusta su casa. Es cómoda. Es bonita. Tiene de todo. Podría vivir uno sin preocupaciones. A pierna suelta. ¿Soy o no soy como los demás? Yo también ansío su dinero y su posición. A ver si algo se me pega. Ya sé lo que piensa. Lo piensa y lo dijo. Usted creyó hasta hace poquito que yo era él, el otro, que yo podría ser igual ¿verdad? Vaya, un sustituto, una copia al carbón. ¿Este no era su traje? Alejandrina me aseguró que me quedaba bien. ¿Me le parezco o no? Pero este traje se empieza a romper, se pone viejo. Apesta. ¿Por qué se fue y la dejó?

ELVIRA. Una sortija de oro y amatista. Transparente. De color violeta azulado. Vino de Ceilán. Podría adornar la mano de un obispo. Perteneció a mi abuela. Fue tallada por un artífice eminente. Mil quinientos pesos.

EL NOVIO. *(Circula alrededor de la mesa, amenazador).* A usted le sobraba dinero para comprarlo. ¿No estaba en venta el muchacho? Pocos resisten la tentación de venderse. ¿Es cierto? Yo estoy entre ellos, entre los que aceptan decir de memoria, fingir, sonreír, jurar que no olvidarán nunca. Pasar hasta la cuenta de los piropos. ¿No quise volver? Se lo pedí. Casi lo supliqué. ¿Por qué hubiera querido regresar si no era por los billetes?

ELVIRA. Una sortija de diamantes de las minas del sur del África. Un juego de aretes de diamantes. ¿Sabe lo que significa esta piedra? Amor eterno. Diamantes puros. La piedra preciosa más estimada. Sus aguas son muy bellas. Sume estas dos pulseras de topacios. Oro y piedras preciosas. Recuerdos familiares. Gemas compradas en Venecia. Cinco mil ochocientos pesos.

EL NOVIO. Y usted hablaba y hablaba, repetía su papel, y mi sangre corría con tanta fuerza que apenas podía oír sus palabras. Sentía zumbarme los oídos... Indiferente, segura, mientras yo hacía esfuerzos para no equivocarme, para mantenerme sereno, para cumplir y quedar bien. Quería volver. Ganarme el regreso. Un nuevo domingo. ¿Pero cómo no se da cuenta que otros...?

ELVIRA. Un *pendantiff* de plata con una esmeralda, estilo Imperio. Símbolo del amor correspondido. Posee una lista verde de bello matiz. Cualquiera podría comprársela a buen precio. Perteneció a un noble arruinado, de quien mi padre la obtuvo. Parecen serpientes entrelazadas. Puede volver a ponerse de moda. Tres mil seiscientos pesos.

EL NOVIO. Sin duda cree que mi vida comienza en esa puerta, de las tapias de su casa para acá. Pero usted no me conoce. No sabe de qué soy capaz. Fíjese, señora: lo primero, no tengo ningún álbum de etiquetas que traerle. Por mucho que busque no lo encontraría. Nadie en mi casa ha tenido tiempo para coleccionar nada, ni siquiera para pegar unas fotos... Y lo segundo, señora: ¿por qué tenía que ser yo el hijo de un almacenista de licores? Mi padre no es dueño de ningún almacén ni licorero. ¿Sabe el almacén que hay en mi casa? Un almacén de trastos viejos y sillones rotos. Y no están puestos en ninguna parte especial, llenan la casa entera. Puedo llevarla cuando usted quiera. *(Con violencia irónica).* Vaya, se vería muy bonita con sus joyas y la pamela rodeada de trastos. *(Se aproxima. Parece que va a matarla).* ¿Quiere oler mi piel? No huele a vinos, se lo aseguro. Solo a limpio. Si el otro la dejó plantada, ¿qué culpa tengo yo? *(Vuelve a pasearse).*

ELVIRA. Mil quinientos pesos más cinco mil ochocientos pesos, son siete mil... siete mil trescientos pesos, más tres mil seiscientos pesos son en total diez mil novecientos pesos. Diez mil novecientos pesos.

EL NOVIO. *(Con violencia contenida).* Míreme. *(Se detiene).* Si me parezco a él, no lo soy. ¿Me oye? *(Se despoja del saco).* Soy otra persona. Tengo otra historia, otro nombre, otra familia. Tendrá que acostumbrarse a la idea de que él no volverá nunca. Que yo pueda decir lo que quiero decir. Que no mienta, que no se me trabe la lengua. Deje de contar su cochino dinero. Basta de tenderme trampas. No me va a corromper. Nada conseguirá. Se lo diré de todos modos. Tengo que decírselo.

Debo decírselo. No puedo más con esto en la boca. Me pega contra los dientes. *(Se detiene. Breve silencio).* Yo no tengo auto. No podría llevarla de paseo, ni siquiera pagar la grabación. No podría comprarle esmeraldas ni topacios… *(Violento y torpe).* Pero óigame: yo la amo.

Largo silencio. La tarde comienza a declinar.

ELVIRA. *(Señala con gesto vago y cansado).* Se está haciendo de noche. Lléveme hasta la pecera. Deben estar hambrientos.
EL NOVIO. *(Tras una vacilación, empuja la silla).*
ELVIRA. *(Abre un sobre y esparce la comida sobre el agua).* En efecto. Se morían de hambre. Hace años, desde que dejé de tocar el piano, compré esta pecera. Quizá no encuentre la relación. Pero yo sí: es un alivio. Me gusta contemplarla. Durante horas. He aprendido a conocerlos, uno por uno. ¿Ve esos tres que van formando una escalera? Nunca están solos. ¿Tendrán miedo de la soledad? ¿Los ve? Nunca solos. Son peces gregarios. Estos son los gupis, tan pequeñitos. Parecen larvas que acaban de nacer. O que no son nada. Musarañas del agua. Allí va el colisable. Detrás el tabutí de la India. Es maravilloso ese brillo metálico…
EL NOVIO. Un amigo mío también tiene una pecera. Más pequeña, claro. Está en su cuarto, cerca de su cama. Pasa largo rato mirándolos,
ELVIRA. ¿Su amigo está enfermo?
EL NOVIO. No, no me parece. ¿Por qué?
ELVIRA. Se me ocurrió.
EL NOVIO. Tenemos una buena amistad. Ya hace algún tiempo. Salimos juntos, nos tomamos una cerveza…
ELVIRA. Tan cerca, me figuro sentir la humedad. Es una impresión. Como si estuviéramos dentro. La cercanía del agua… Aquel se cansó de nadar. ¿Ve? Desciende. Pero no crea. No ha muerto. Los demás siguen moviéndose. ¿No le parece que quieren salir? Chocan contra el cristal. Qué capricho. Si no pueden sobrevivir fuera del agua. ¿No le parece que nos miran?
EL NOVIO. Quizá. Quizá nos llaman para que los saquemos del agua.
ELVIRA. Carecen de párpados y no pueden cerrar los ojos. Para ellos nunca termina el día. Velan en la oscuridad, callados. Sería mejor estar de su lado. Con frecuencia lo pienso. Mirar el mundo detrás de este vidrio… Pero no hay peces en silla de ruedas. Y bien, ¿qué espera usted que yo le diga?
EL NOVIO. Elvira, permítame venir a verla, estar junto a usted.

ELVIRA. ¿Y mirarme como se mira un pez paralítico?

EL NOVIO. Mirarla como se mira cuando se está enamorado.

ELVIRA. Y después de esta declaración, joven, ¿cuál es su plan a seguir?

EL NOVIO. No tengo ningún plan.

ELVIRA. Qué lástima.

EL NOVIO. ¿Por qué...?

ELVIRA. Por qué y por qué. Preguntas y más preguntas. Joven, ya no tengo respuestas. Viene, interrumpe el curso de mi vida, destruye mis hábitos con sus preguntas y sus declaraciones. Yo no le pedí que me amara. Eso no estaba en las instrucciones que Alejandrina le dio. No estaba en la cuenta.

EL NOVIO. ¿Acaso yo elegí amarla? Yo estaba ahí sentado, pensando en lo que debía hacer, atento a sus palabras, repitiendo las mías. Ella dice esto, yo digo lo otro. Ahora va mi réplica, y debo encenderle el cigarro... De pronto deje de oírla, de oírme a mí mismo. Hubo un silencio a mí alrededor, y la vi por vez primera, como si no la hubiera visto nunca. No atinaba a encontrar el cierre de la pitillera. Lo había ensayado, le juro que la sabía manejar, casi jugaba con ella. Pero me quedé en blanco, en el aire. No sé cómo decírselo... Fíjese, a menudo quisiera decir algo, algo de adentro, y no sé, y me trabo y empiezo a reírme sin motivo o suelto un chiste, y no digo lo que quiero decir... No es que yo no la oyera, que no me oyera a mí mismo. Es otra cosa. Ahora lo veo más claro. Empecé a oírla de otro modo. Y yo hablaba de memoria, y me creía lo que hablaba. Usted no repetía, me decía la verdad. Y cada una de las palabras que yo decía, eran ahora de verdad. ¿No sé si me entiende?

ELVIRA. No, no lo entiendo. Yo repetía, y nada más.

EL NOVIO. Y vaya, después que salí de aquí el domingo pasado, iba tan contento. Eché a correr, y no me importaba que la gente me viera... Y salté y hablé solo. Cómo hablé solo. Cantidad. Me sentía deslumbrado. Me hubiera gustado contárselo a alguien, a cualquiera que me pasara por al lado... Estaba como ebrio. Sentía dolor, alegría, algo que me ahogaba. Miedo, sí. Allá en el fondo, era miedo. Soñé tantas cosas en esos seis días. Y me despertaba en la cama y me ponía a hablarle y a hablarle como si la tuviera delante. La veía, la escuchaba, le preguntaba mil cosas sin parar...

ELVIRA. Se escucha, se preguntan mil cosa. Uno siente alegría, dolor...

EL NOVIO. Y se cuentan los días, y parece que el tiempo no pasa. Quisiera uno empujarlo con sus propias manos. Que llegue, que llegue al fin y pueda verla.

ELVIRA. Otra vez las mismas cosas. Dos veces en mi vida. Cállese. No puedo soportarlo. Yo estaba aquí en mi casa, mirando los peces y oyendo el sonido del motor del oxígeno... A veces salía al patio y olía las flores... Estaba aquí, sin contar los días, en silencio... Todo dentro de mí era idéntico. Quieto. Recuerdo que lo miré, ¿cuándo? Sí, en el momento en que no pudo abrir la pitillera... Lo miré y temí que todo se echara a perder. Que hubiera que empezar nuevamente, volver atrás... Es horrible cuando algo falla. Cuando se detiene el motor del oxígeno, los peces enloquecen. Se lanzan contra el vidrio. Pero todo siguió su curso, y fue mi única alegría. Si supiera el daño que me hace.

EL NOVIO. No diga eso. Es lo que más puede hacerme sufrir. ¿Qué sintió cuando me miró? ¿Qué sintió en ese momento?

ELVIRA. Basta. No espere nada. Es en vano. Usted me pone frente a algo que no quiero ver. Me obliga. Es horrible. Algo que yo había olvidado... Abra la puerta del fondo. Quiero oler los jazmines. Que entre el aire del patio.

EL NOVIO. *(Abre la puerta y se recuesta al marco. En el patio los últimos resplandores del atardecer).* ¿Le gustaría que la trajera hasta aquí?

ELVIRA. No. Ya empiezan a oler. A llenar esta estancia con su perfume. Yo misma los sembré. Los he visto crecer. He visto algunos secarse. Solo las plantas viven y mueren sin saber nada. Nadie les pide cuentas.

EL NOVIO. Hay buen tiempo. La noche estará fresca. Por todas partes la gente se prepara para el domingo. Se bañan. Se arreglan. Las muchachas han terminado de disponer sus vestidos y los hombres tienen sus ropas limpias y planchadas. En mi barrio, ya están limpiándose los zapatos en la acera, o van a la esquina a tomarse una cerveza La gente espera el domingo. No es un día como otro. Uno dice el domingo, y ya hasta lo saborea... El domingo va a ocurrir algo, alguna felicidad. *(Se aproxima lentamente).* Yo también sé esperar, Elvira. Déjeme demostrárselo. Permítamelo.

ELVIRA. No seguiré escuchándolo. ¿No se da cuenta de que lo engañaría? Ah, pero no comprende. Me mira con esos ojos... ¿Sabe lo que yo veo en el fondo de sus ojos? Que usted me recrimina. Sí, no lo niegue.

EL NOVIO. Eso no está en el fondo de mis ojos. Lee mal en ellos.

ELVIRA. Quizá. Pero eso veo. Y me molesta. ¿Quién es para recriminarme? En mis ojos, por el contrario, no hay nada. Un brillo de metal. Como estas alhajas. Sí usted quiere puede mirarlas. No le hacen confesiones turbias, viscosas. Son solamente bellas. En mi alma nada se mueve, nada empieza. Después de este momento, estoy más sola que nunca. Esperaba el domingo, y ha terminado. Ese es el precio que me hace pagar. Le hubiera agradecido que aceptara exclusivamente mi dinero. Váyase: yo necesitaba un cómplice. Qué vacío. Cae la noche. ¿Si pudiera saber lo que he perdido?

2

Aparece Alejandrina y enciende la lámpara. De su cintura, al extremo de una cinta, cuelgan las tijeras.

ALEJANDRINA. *(Se dirige al Novio. Habla con desfachatez).* ¿Qué pasa aquí? ¿Qué es lo que pasa, chico? ¿Ya no lo oíste? ¡Ahueca! *(Palmea).* Se hace tarde. Vamos, saliendo. Esto se acabó. No le des más cuerda, que se va a romper. Todo lo puse en la cuenta. De-ta-lla-do. No se me quedó nada por apuntar. ¿Así que le hiciste dos declaraciones? Tienes tremenda labia. Y decías que no te salían las palabras. Si te llegan a salir, nos dan las ocho de la noche. Ya estaba casi entumecida detrás del biombo.

ELVIRA. Págale. Págale antes de que se vaya.

ALEJANDRINA. *(Adquiere otras maneras al hablar con ella).* Sí, señora. Estoy segura de que él no se irá sin cobrar. Usted no conoce a esta gente.

EL NOVIO. Y tú sí nos conoces muy bien.

ALEJANDRINA. ¡De memoria! Los tipos como tú no se me despintan.

EL NOVIO. Ya veo. ¿Sabes cómo tratarnos, no?

ALEJANDRINA. Llevo años en esto.

EL NOVIO. Y te tiemblan las piernas cuando temes que se te pueda acabar.

ALEJANDRINA. A mí no pueden sorprenderme.

EL NOVIO. Tú también lo tienes todo previsto.

ALEJANDRINA. Pero, ¿a qué tanta apariencia y tanta protesta? ¿No dijiste que sí al principio? ¿No te pusiste ese traje? Aceptaste corriendo. Y ahora vienes con que no te gusta, que no piensas como antes, que ya no es lo mismo. ¿Qué no es lo mismo, chico? ¿Se puede saber?

EL NOVIO. Tú no lo vas a entender.

ALEJANDRINA. ¡Y hasta me desprecias! Yo fui quien te habló, quien te propuso la platica. ¿Ya ve, señora? Mal agradecida que es esta gente. Muerden la mano que los ayuda.

EL NOVIO. Te ayudas a ti misma. A ti solita.

ALEJANDRINA. Yo ayudo a la señora.

ELVIRA. Págale, págale de una vez.

ALEJANDRINA. Aquí tratamos a todos igual, les pagamos la misma cantidad. Deja el cuento y las palabras bonitas. Este domingo se hundió, y por tu culpa. Cobra, y te vas. Y oye lo que te digo: que no se te olvide la pitillera. Es de plata maciza.

ELVIRA. Ya hemos hablado bastante, Alejandrina. Empiezo a tener hambre.

ALEJANDRINA. *(Saca el sobre)*. Vaya. *(Se lo extiende)*.

EL NOVIO. No.

ALEJANDRINA. ¿Cómo?

EL NOVIO. Muy claro: ¡no!

ALEJANDRINA. ¿Pero no me irás a decir que el cuento es de verdad?

ELVIRA. Le ordeno que cobre.

EL NOVIO. Dije que no.

ALEJANDRINA. ¿Y por qué, si me puedo enterar?

EL NOVIO. Ya no me interesa ese dinero.

ELVIRA. A mí me interesa que cobre. No permitiré que se marche sin cobrar.

ALEJANDRINA. Mira la cuenta de los gastos. Coge el dinero y fírmala. ¿Te la leo? A mí no se me olvida nada. Puse hasta el más mínimo piropo.

EL NOVIO. Hiciste bien.

ALEJANDRINA. Sí, te quedaron bonitos. Te lo reconozco.

EL NOVIO. Y no los voy a cobrar.

ALEJANDRINA. Ah, señora. Este quiere un aumento. Ya me lo figuraba.

EL NOVIO. Y si cobro, ¿qué pasará?

ELVIRA. Eso es asunto suyo.

ALEJANDRINA. ¿Recapacitaste? Lo gastas en lo que te dé la gana.

ELVIRA. Ya nos enteramos que le hace falta.

EL NOVIO. Muchísima falta.

ALEJANDRINA. Y te la ganaste. La plata vale siempre lo mismo.

ELVIRA. Tengo la obligación de pagarle.

ALEJANDRINA. Coge, muchacho, coge. Mira que la plata es redonda y se va corriendo. No seas bobo. Hiciste tu trabajo. Le diste a la lengua cantidad. ¿Te gusta trabajar gratis?

EL NOVIO. Y se quedarán muy tranquilas, ¿verdad? «Era como los demás». «Se echó el billetaje y se fue». Pues no quiero entrar en el juego. ¿Me oyen? No quiero que se queden tan tranquilas.

ALEJANDRINA. Tienes la cabeza dura.

ELVIRA. Acabará por ceder. Lo necesita.

ALEJANDRINA. Vamos, niño malo.

ELVIRA. Cabecidura.

ALEJANDRINA. No seas malcriado.

ELVIRA. Obedece, niño.

ALEJANDRINA. Coge la platica.

ELVIRA. Abre la manito.
ALEJANDRINA. No desprecies lo que la gente te da.
ELVIRA. No lo desprecies. Es con buena voluntad. *(Ríe)*.
EL NOVIO. Está bien.
ELVIRA. ¿Aceptas?
ALEJANDRINA. *(El sobre alzado en la punta de los dedos)*. Es tuyo. Míralo brillar.
ELVIRA. Nos encanta que acepte.
ALEJANDRINA. Tómalo. Unos pasitos, y es tuyo. Podrás comprarte un traje nuevo.
ELVIRA. Un álbum de etiquetas.
ALEJANDRINA. Ir de etiqueta. Ir de etiqueta. Frac, chaqué. Niño, unos pasitos.
ELVIRA. Dáselo pronto, Alejandrina.
ALEJANDRINA. Ahora que espere. Ya no se arrepentirá. Vio el brillo. Le dio el olor.
EL NOVIO. Pónmelo en este bolsillo.
ELVIRA. ¿No quiere ni tocarlo?
ALEJANDRINA. Yo no soy tu criada.
ELVIRA. Obedece.
ALEJANDRINA. Usted manda, señora. *(Se encamina hacia el Novio y cuando se dispone a dejar el sobre en el lugar indicado, de un tirón él se lo arroja a la cara)*.
EL NOVIO. Perdona. No debo quitarte lo que es tuyo. Te lo ganaste mejor que yo.
ALEJANDRINA. Quieres humillarme. Ofenderme. Pero no lo conseguirás. Yo estoy en mi lugar, y tú no tienes ninguno en esta casa. Cumplo con mi deber, y gano mi sueldo honradamente. Antes, cuando te enseñé la foto y te di el trajecito, me tratabas de lo mejor. Seguro que pensaste: «Esta me trae plata. Vamos a tratarla bien». *(Gritando)*. ¿Pero qué es lo tuyo? Con esta clase de gente no se debe tener consideraciones. Se lo advertí, se lo dije muchas veces. Nunca se puede permitir que vuelvan. Y la conducta de este me dio mala espina. Me hacía sospechar... ¿Por qué no viajamos de nuevo y dejamos todo esto? Hace muchos años que no sale de esta casa. Volvamos, señora, a ver aquel cuadro del hombre del clavel. A mí me gusta llevarla, ayudarla a subir, cerrar la silla, cargarla en brazos por la escalerilla de los barcos. Volvamos a viajar, señora.
ELVIRA. Ya no podría permanecer en ninguna ciudad. Tendríamos que ir de un sitio a otro sin descanso.

ALEJANDRINA. Mucho mejor que tratar con esta gente.

EL NOVIO. Elvira, detrás de estas paredes, de estos muros está el mundo, está la vida. Empieza el domingo. Salgamos. Iremos al parque del que hablábamos. Queda todavía un poco de sol. Después tendremos la noche, y las estrellas. Yo me basto para hacerla feliz.

ELVIRA. ¿Es cierto que la gente pasea en los parques al atardecer?

EL NOVIO. Salen a dar una vuelta.

ELVIRA. ¿Es cierto que las casas se abren y hay fiestas?

EL NOVIO. Oiremos la música, reiremos. Veremos la gente bailar.

ELVIRA. ¿Es cierto que a pesar de todo se puede amar a alguien?

EL NOVIO. Pese a todo.

ELVIRA. Oh, si pudiera decirle... Si pudiera prometer... No pasa nada. Un gran silencio, un enorme silencio interminable.

ALEJANDRINA. No toques esa silla. Ya la oíste. Ella no quiere salir. Date cuenta. Aquí hacemos todo lo que desea. No corre ningún riesgo. En la cocina están preparando su comida, la que a ella le gusta. Nada tiene que ir a buscar a la calle, ni a esas fiestas.

EL NOVIO. Respóndame, ¿no quiere salir?

ELVIRA. *(Abre el abanico y lo aprieta contra el pecho).*

ALEJANDRINA. Déjala en paz. Vete. Vete de una vez. Eres un trago amargo. Un tipejo. ¿Ibas a cargarla como la he cargado yo durante treinta años? Ella sola no puede levantarse de la cama. Cada mañana tiene que llamarme, esperar a que la levante y le acerque la silla. Y yo espero su llamada, vivo pendiente de sus labios, de sus deseos. «Llévame a oler los claveles». «Vamos a echarle la comida a los peces». «Busca al de este domingo. Que se parezca a él». Y allá voy yo, y le traigo al que más se parezca. Durante treinta años. Y tú vienes ahora a importunar, a apoderarte de todo. ¿Te gusta esta casa, verdad? Te oí decirlo. ¡Pues no, no y no! Ya estoy acostumbrada. ¿A qué? Todavía no lo supones. Si la vieras en la cama, con las piernas muertas, como una muñeca de trapo. Así. *(Le alza el vestido. Las piernas contrahechas de Elvira cuelgan delante de la silla, inertes, repugnantes y tristes. Las dos mujeres gritan y ríen como endemoniadas).*

ELVIRA. ¿Te horrorizas?

ALEJANDRINA. ¿Te dan asco?

EL NOVIO. No me importa.

ALEJANDRINA. Mentira.

EL NOVIO. No te oigo, víbora.

ELVIRA. Cerraste los ojos.

ALEJANDRINA. Hiciste una mueca.

ELVIRA. De asco.
ALEJANDRINA. Ya era tarde: las viste.
ELVIRA. Tus labios se apretaron.
ALEJANDRINA. Y cerraste los ojos.
EL NOVIO. No me importa. No me importa,
ELVIRA. Eres muy debilucho.
ALEJANDRINA. No podrías estar a su lado.
EL NOVIO. No me importa. No me importa.
ALEJANDRINA. ¿No te la querías llevar?
ELVIRA. Darme un paseíto por el parque. *(Ríen frenéticas)*.
ALEJANDRINA. Que le limpien los zapatos en la acera.
ELVIRA. Tendrás que llevarme con estas piernas.
ALEJANDRINA. Y cargarla y llevarla al inodoro.
ELVIRA. Vuelve, vuelve el próximo domingo.
ALEJANDRINA. Te esperamos. *(Corre saltando por la escena)*. En el inodoro, en el inodoro.
EL NOVIO. Si la escucha, si la atiende estará perdida. *(Se arrodilla delante)*. Deme sus manos. Se lo suplico. No me importan sus piernas deformes, ni que viva en esta silla de ruedas. Venga conmigo. Huyamos.
ELVIRA. ¿Cómo que no le importa? ¡Tiene que importarle! Yo soy así, y no puede ignorarlo, ni pasarlo por alto.
EL NOVIO. Sí me importa, pero no me da asco ni me detiene. Quiero decirle eso. Y que la espero, y que quiero llevármela.
ELVIRA. No me mire con esos ojos desesperados. Es lo peor de todo.
EL NOVIO. Si no se va, yo me quedaré.
ALEJANDRINA. *(En un grito)*. ¿Aquí?
EL NOVIO. Aunque usted no quiera. Dormiré en suelo, junto a la puerta de la calle. Mudo, sin llamar.
ALEJANDRINA. En el inodoro. En el inodoro. ¡Límpiala! ¡Límpiala!
ELVIRA. Váyase. Váyase. Nunca le perdonaré que lo haya destruido todo. No me atormente más. *(Forcejean)*.
ALEJANDRINA. *(Rápidamente hunde las tijeras en la espalda del Novio gritando)*. Al fin.
EL NOVIO. *(A Elvira)*. Hubiera preferido que lo hicieras tú misma. *(Se aferra a la silla y rueda después lentamente hasta el suelo)*.
ELVIRA. *(Asqueada hace retroceder la silla, hipando)*. Ciérrale esos ojos.

Alejandrina lo hace. El cuerpo del Novio queda tendido en medio de la escena. Largo silencio.

ALEJANDRINA. Venga, mi señora. Todo volverá a ser como antes. *(Situada detrás de la silla la empuja hacia el patio).*
ELVIRA. Entonces, ¿era esto lo que yo quería?
ALEJANDRINA. Pronto servirán la comida.
ELVIRA. *(Al pasar cerca de un jarrón)*. Espera. *(Coge las flores)*. Llévame.

Alejandrina la conduce. Ella arroja las flores sobre el cadáver. La silla recorre la escena. Elvira va recogiendo las flores y las arroja sobre El Novio. Resuenan lejanas voces de niños. Una pelota golpea sordamente contra la puerta de la calle.

La Habana, 1964.

LOS SIETE CONTRA TEBAS

Cierto amigo, no ayuno de letras, me dijo cuando leyó la Ifigenia: «Muy bien, pero es lástima que el tema sea ajeno». «En primer lugar —le contesté—, lo mismo pudo decir a Esquilo, a Sófocles, a Eurípides, a Goethe, a Racine, etcétera. Además, el tema, con mi interpretación, ya es mío. Y, en fin, llámele, a Ifigenia, Juana González, y ya estará satisfecho su engañoso anhelo de originalidad».

Alfonso Reyes
(en comentario a su obra *Ifigenia cruel*)

PERSONAJES

ETÉOCLES, GOBERNANTE DE TEBAS
EL ADIVINO
EL CORO DE MUJERES TEBANAS
ESPÍAS I Y II
LÁSTENES
POLIONTE
MELANIPO
MEGAREO
HIPERBIO
HÁCTOR
POLINICE, HERMANO DE ETÉOCLES
HOMBRES Y SOLDADOS DE TEBAS

Rumor, agitación, comentarios incomprensibles. Hombres y mujeres se desplazan, forman pequeños grupos rítmicos que expresan expectación o terror. De pronto un silencio imponente. El Coro forma un círculo: se abre y aparece Etéocles en el centro. Tiene el pecho desnudo y está descalzo. Al pronunciar su discurso, los hombres le investirán sus armas, en un ceremonial de gestos precisos y dinámicos que puede prescindir de la presencia física de las armas.

ETÉOCLES. Ciudadanos, es menester que ahora
    hable quien vela por la patria
    sin rendir sus ojos al blando sueño,
    sin escuchar las voces enemigas
    ni entregarse al recuerdo de su propia sangre.
    Escúchenme. Mi propio hermano Polinice,
    huyendo de nuestra tierra, olvidando
    los días compartidos, la hermandad
    de la infancia, el hogar paterno,
    nuestra lengua y nuestra causa,
    ha armado un ejército de extranjeros
    y se acerca a sitiar nuestra ciudad.
    He enviado espías y exploradores.
    Confío en que pronto estarán de regreso
    y sabremos nuevas ciertas del campo enemigo:
    el número de sus armas, su estrategia,
    el valor de sus hombres. Nada ignoraremos,
    e instruidos por esas referencias
    estaremos prestos contra toda sorpresa.
    Ha llegado el momento. Es nuestra hora.
    En ella nuestra causa afirmamos,
    su justicia y valor. Para nosotros
    florece esta batalla y traza
    nuestro rostro en la historia.
    He aquí el escudo de mi padre,
    el casco de mi abuelo, la espada
    que mi hermano Polinice abandonó
    para que no le recordara su traición.
    Esgrimo estas armas, las empuño.

Con ellas retomo el aliento
de toda mi familia, su antiguo
vigor, y juro defender esta ciudad
y su causa. Que empiece el día
en que seremos obra de nuestras manos.
EL CORO. ¡Suelten las aves proféticas!
EL ADIVINO. *(Sale de entre la gente de un salto y expresa con su cuerpo el hecho de soltar los gallos).*
EL CORO. *(Se mueve y canta como los gallos, con intensidad expectante, en forma abrupta y basta).*
EL ADIVINO. Etéocles, los agoreros signos
del canto de las aves solares,
que unen el cielo con la tierra
y sus voces trazan el futuro,
anuncian que el ejército invasor
ha determinado atacar la ciudad
esta noche. Sus hombres se preparan.
EL CORO. ¡Los Espías! ¡Los Espías! ¡Los Espías!

El nombre se repite como a lo largo de una fila de centinelas, hasta perderse.

ESPÍAS I Y II. *(Mientras uno habla el otro permanece en silencio realizando físicamente las imágenes de la narración).*
Te traemos noticias del campo enemigo,
noble Etéocles. Ocultos, anhelantes
vimos siete caudillos, ardorosos guerreros,
sacrificar un toro sobre un escudo negro,
mojar sus manos en su sangre y jurar
destruir la ciudad o morir en esta tierra.
Después, con las manos ensangrentadas
todavía, se despidieron de sus mujeres
y sus hijos. Lloraron. Vimos sus lágrimas
salir hilo a hilo, pero sus rostros
estaban impávidos. Ni una palabra
de piedad brotó de sus labios apretados.
Respiraban guerra sus pechos de hierro,
y con los ojos se alentaban mutuamente
a la matanza. Antes de irnos, noble Etéocles,
divisamos a tu hermano. Allí estaba, junto

a los jefes extranjeros. Lo vimos agitar
los dados, lo vimos iniciar el juego.
Cada uno de los caudillos se repartió
en el juego una de las siete puertas
de la ciudad. En ese momento, sin saber
qué puerta les deparó el azar,
decidimos venir a informarte. Aún escuchamos
el chasquido fatídico de los dados.
Pronto, escoge nuestros guerreros
más diestros y apóstalos en las avenidas
de las siete puertas de la ciudad.
No pierdas tiempo. Todo peligra.
El ejército enemigo eleva una densa
polvareda, crujen sus armas, un espumarajo
se desprende de la boca de sus caballos.
Pronto, organiza la defensa, elige
el instante favorable. Ya nos parece
oír los cascos cerca de las murallas.
No pierdas tiempo. Nosotros seguiremos
el resto del día vigilantes y fieles,
más allá de las puertas. *(Salen).*

ETÉOCLES. A las almenas, a las puertas, a las torres.
Empuñen sus armas, antiguas o nuevas.
Al pecho las corazas. Firmes. Ánimo.
No teman a una turba de ambiciosos.
Nos protegerán nuestros brazos. Firmes.
A las almenas, a las puertas, a las torres.
(Se van los hombres. Etéocles se aparta un momento).
Que estos hogares no se derrumben
bajo el golpe enemigo. Que el polvo
de sus piedras no se disperse en el viento.
Si es necesario
que enfrente a mi hermano Polinice,
si es necesario, sea.
Estoy dispuesto.
Me entrego a la causa de Tebas.
¿Debo golpear
a mi hermano con esta espada?
¿Debo sacrificarme?

¿Aplacará mi sangre
su ansia de desastres?
¿Es necesario ahora el sacrificio?
Que sepa al fin
el pecho que debo aniquilar,
el instante,
los recuerdos.
Que sepa al fin
la puerta que abre nuestro triunfo.
Ahora estoy solo. Seré Etéocles. Vamos. *(Sale).*

Fuera cantan como gallos, lejos. Quedan las mujeres del Coro. Se agitan aterradas.

EL CORO.
I. Veo a los guerreros enemigos lanzarse
   hacia nosotros en fiera acometida.
   Lo adivino en este polvo que se eleva,
   nos envuelve, que nos mancha la cara,
   mudo, pero mensajero cierto e infalible.
II. Me arde la piel. Me suda la frente.
III. El polvo me ciega. Me lloran los ojos.
IV. Ay, amigas, ¿quién nos salvará?
    ¿Quién acudirá a nuestra súplica?
II. El polvo aumenta. Escucho, escucho
    el estruendo de la tierra sacudida
    por los cascos de sus caballos,
    que emerge de entre el polvo
    y se acerca, y vuela, y brama
    como un torrente victorioso, ¡ay!
V. Yo veo sus armas relampagueantes salir
   de entre el polvo, avanzar buscando
   nuestros pechos. Aquí, aquí.
   Me traspasan sus lanzas afiladas.
III. ¿Qué puedo hacer sino postrarme
     suplicante ante nuestros altares?
I. Esas espadas buscan el corazón
   de nuestros hombres, de nuestros esposos.
   Rajan sus carnes. Los labios de sus heridas

    expulsan el ánimo vital temblorosos,
    y cierran sus ojos, y olvidan sus nombres.
IV. Oigo el choque de los escudos,
II. de millares de lanzas,
I. de millares de carros,
V. de piedras que se abaten contra las murallas,
III. de bronces que golpean nuestras puertas.

El Coro, integrado por mujeres que hablan mientras otras expresan con el cuerpo las imágenes que la palabra les provoca, alcanza un estado de alucinación.

II. ¡Horror! Veo desde las almenas
    una llanura de muertos amados.
    Sus partes deshechas en la tierra,
    mudos y ciegos,
    aplastados por caballos y escudos.
IV. Ay, amigas, ¿quién nos salvará?
    ¿Quién acudirá a nuestra súplica?
V. Allí, allí: alguien su brazo levanta,
    se agita, mueve los dedos, me llama.
    Me llama. Es un grito espantoso.
    Ya voy. Espera. Pero está rígido,
    entreabiertos los dedos. Es el viento.
    Ahora bate las cintas de su escudo.
    Es el viento. No respira. Está helado.
I. El carro de Etéocles llama
    a la séptima puerta: está vacío.
    Su caballo tiene sueltas las riendas,
    los arreos manchados de sangre.
    Da un relincho y se pierde solitario
    por esa llanura de cadáveres.

Algunas mujeres se golpean los muslos con las manos abiertas, recrean con fuerza trágica los movimientos de un caballo, su relincho, mientras otras repiten el mismo texto desde una parte diferente del espacio escénico.

IV. Ay, amigas, ¿quién nos salvará?
    ¿Quién acudirá a nuestra súplica?
ETÉOCLES. ¡Mujeres! ¿Es esta la manera

de servir a la ciudad, de dar
aliento a sus sitiados defensores?
(Habla a distintas mujeres. Las agarra de los brazos, las increpa).
¿No saben hacer otra cosa
que lamentarse y gemir?
Desde las almenas se oyen tus gritos.
Basta de lamentos y visiones funestas.
Tú, ¿qué temes? ¿Por qué te arrodillas?
Y tú, ¿qué haces con esos ramos?
Y tú, ¿por qué lloras y gimoteas?
Tu esposo está en las murallas.
Lo he visto. Hablé con él.
¿Quieres desalentarlo con tus lamentaciones?
¿Quieres que inerte se entregue al adversario?

III. Me postré tan solo para depositar
en los dioses mi esperanza...

ETÉOCLES. Ruega tan solo por nuestros hombres.
Confía en el vigor de sus brazos.

V. Quieran los dioses no abandonarnos nunca.

ETÉOCLES. Que no nos abandonen nuestros guerreros.

II. ¿Qué son esas luces? ¡Oh, desventura!
Los soldados enemigos implacables
recorren la ciudad con teas encendidas.

ETÉOCLES. No nos pierdas, mujer. Deja los negros
vaticinios. Quien manda pide obediencia.
No lo olvides. Y la obediencia a una sola
cabeza engendra el suceso que salva.

V. Es mayor el poder de los dioses.
Puede levantar al desvalido
de entre sus males, desvanecer de pronto
la niebla del dolor en sus ojos.

ETÉOCLES. Ruega, si así lo quieres. Que los dioses
te escuchen. Pero no dejes de ayudar
con tus manos a nuestros guerreros.
Domina tu terror. Permanece serena.

III. *(Golpeándose con el ramo de olivo).*
Ay, vientos inciertos, ay. La muerte
me amenaza. Quiere oler mi carne.
Dioses, acojan mis votos.
¿Dónde me arrastrará ese ejército?

ETÉOCLES. No nos arrastrará. Permaneceremos.
No es el momento de dudar, de ocuparse
de uno mismo. Ellos avanzan
unidos, y nosotros
nos destruimos aquí dentro.
v. ¡Rodearán la ciudad de Tebas!
Moriremos de hambre y de sed.
ETÉOCLES. Aquí estoy para ordenar lo que haremos.
I. ¡Ya relinchan los caballos,
se agitan sus penachos! Pasan
como miles de brazos de la muerte.
ETÉOCLES. ¡Harás como si no los oyeras,
harás como si no los vieras, mujer!
v. Crujen las puertas y se desprenden.
ETÉOCLES. ¡Calla! Guarda tus augurios. Te lo ordeno.
II. ¡Dioses de Tebas, no entreguen la ciudad!
ETÉOCLES. Teme en silencio. Lucha por ella.
III. ¡Líbrame de la esclavitud!
ETÉOCLES. ¡Tú misma te esclavizas, y a todos!
IV. ¡Dioses,ампárenme de mis enemigos!
ETÉOCLES. ¿Suplicas todavía? ¡Te ordené que callaras!
IV. Me falta el aliento. El terror traba mi lengua.

Las mujeres, desgarradas las ropas, jadeantes, de rodillas, tiradas en el suelo, terminan rodeándolo. Sus manos se aferran a las suyas. Etéocles abre los brazos a lo largo del cuerpo.

ETÉOCLES. Oigan. Se lo ruego.
EL CORO. *(Uniéndose).* Dilo cuanto antes.
ETÉOCLES. Les pido silencio.
EL CORO. Callaremos.
ETÉOCLES. Les pido que no teman.
EL CORO. No temeremos.
ETÉOCLES. Les pido que se unan a nosotros.
EL CORO. Nuestra suerte será la suerte de todos. *(Se sueltan las manos).*
ETÉOCLES. He aquí al fin una palabra que me agrada.
Por ella les perdono todas las demás palabras.
Depuesto el temor del enemigo, escuchen
ahora mis votos.

Si alcanzamos la victoria
y la ciudad se salva, juro
que honraremos a los guerreros,
a los muertos,
a los que supieron luchar por todos
renunciando por un momento a la dicha privada.
Colgaremos en nuestras casas, en las murallas,
en las siete puertas de la ciudad,
las vestiduras de los invasores
que ostenten las señales gloriosas
de nuestras armas. Llena estará
la ciudad con los trofeos de la victoria.
Para mí nada pido. Si muero, recuérdenme
como soy ahora, sitiado por mi hermano
y nuestros enemigos. Que este momento
en sus memorias mi imagen configure,
brillando como el instante puro de mi vida.
Si vuelvo, si mi escudo y mi brazo
me otorgan el regreso a estos lugares
que ya empiezo a añorar, gobernaré
sereno, con cuidado y justicia mayor.
Mujeres, canten ahora un jubiloso himno
de esperanzas marciales. Después, ayuden
a los guerreros a llevar sus armas.
Parto a disponer seis adalides audaces
para que las siete puertas de la ciudad
defiendan. Yo seré el séptimo.
(Sale).

EL CORO. *(Se divide. Dos mujeres cantan un himno de combate, con voces regocijadas y alaridos. Las otras reanudan el lamento. Poco a poco, arrastradas por el entusiasmo, se integrarán al himno).*

III. Intento obedecerte,
    y la ansiedad no abandona mi pecho.
    Otorga una extraña luz al futuro.

V. ¿Qué cuerpo atravesado caerá en tierra?
    Me sigue el perro furioso de la pesadilla.

I, III Y IV. *(Cantando).*
    Dios de la guerra,
    brazo potente,

concede a los tebanos
tu rebosante ardor.
Sostén de la ciudad
y sobre el cuerpo
extiende
tu escudo protector.
III Y V. ¿Qué crimen cometimos? ¿Qué libertad perderemos?
I, II Y IV. ¡Batan los escudos!
¡Toquen las trompetas!
Resuena la guerra.
¡Marchen adelante!
III, IV Y V. ¡No entreguemos la ciudad a la feroz soberbia!
I, II Y IV. Mi pecho palpita,
mi sangre se quema.
¡Oh, cuánto yo diera
por pelear también!
III Y V. Viene la noche y romperá la clave del destino.
I, II Y IV. Nuestros dardos
vuelan,
las lanzas fulguran
bajo el sol de la guerra. *(Se repite)*.
III Y V. ¿Qué crimen cometimos? ¿Qué libertad perderemos?
I, II, III Y IV. Nuevas flores
tendremos
al volver.
Y los que no regresen
dispondrán
en silencio
la nueva primavera.
V. Es la luz de las antorchas. ¡Entran los adalides!

Aparecen los seis adalides. Se realiza el ceremonial de la investidura de las armas, que como en el de Etéocles, puede prescindir de la presencia física de las armas. Al entrar los adalides, las mujeres cantan otra vez la primera estrofa marcial. Ellas realizarán el ceremonial de la investidura a lo largo de toda esta escena.

POLIONTE. Salud, mujeres. Nos alegra
encontrarlas aquí. Nos alegra
oírlas cantar en la ciudad.

Todos los hombres abandonaron
sus oficios de paz. Nadie
dormirá en su casa esta noche.
Ante el peligro de dejarnos
de ver, de perder el sabor
del pan, la mañana, el deseo
de los cuerpos, son ahora
la lanza y el escudo nuestros
más perfectos instrumentos.
Hiperbio, tendremos una buena
batalla, una batalla que detenga
la muerte a las puertas de Tebas.
Al volver los Espías, partiremos.
v. Está Hiperbio entre nosotros.
Hijo de Enopo, hemos visto tu
escuela. Es hermosa y sencilla.
¿Qué tiempo te llevó edificarla?
HIPERBIO. Mucho más tiempo que el de esta
noche, en que puedo perderla.
Lenta es la obra, pero la
destrucción tiene rápidos pies.
polionte. Rápida es la defensa, rápido el
golpe del dardo sobre el enemigo.
Hiperbio, tendremos una buena
batalla. Mañana abriremos tu
escuela otra vez.
HIPERBIO. Así será.
En ella no aprenderán
nuestros hijos
los fúnebres himnos
de los vencidos.
MEGAREO. Mujeres, de mis labores del campo
tengo otro ejemplo.
Mientras ajustan mis armas, escuchen:
el naranjo acepta su humilde oscuridad
muchos días, trabaja bajo tierra,
espera el fruto,
e irrumpe triunfante una mañana
en un triunfo amarillo.

Sin inquietud, esperó el tiempo.
Y puede en un instante perderse
sin embargo, apagar
su fulgor y morir.
Los hombres de Polinice,
con las manos inquietas, cortan
el ritmo medido de la espera,
amantes impacientes del desastre.
Nuestro tiempo es otro tiempo.
Sabremos fijarlo en nuevas leyes.
Esta noche se abre con ese noble afán.

HIPERBIO. Les digo que es hermoso este momento
porque es triste y hermoso.
Por segunda vez edificaremos
la escuela, plantaremos el naranjo,
al defenderlos esta noche.

LÁSTENES. Mujer, aquí, ajusta la coraza. Hacen
bien en cantar. Oye: cerca de la muerte
estoy más vivo que antes. ¿No te asombras?
Bulle la sangre en mi frente, casi hasta
el vértigo. Miro las cosas de siempre,
el ánfora en la casa, el verdor del olivo,
y todo es igual, y sin embargo distinto.

IV. Joven Lástenes, escuchamos a Hiperbio y Megareo.
Hay un espacio entre la vida y la muerte
en que las cosas resplandecen, y sabemos
entonces su valor. En él aprendemos a vivir
en un instante, en una tarde,
pero no habrá error después.
¿Te pesa la coraza? ¿Está bien?
Déjame entonces, joven, un recuerdo.

POLIONTE. No podrá darte como yo un rizo de la barba.
Toma, mujer. No te aflijas. Regresaré.

IV. Tebanos, ruego a los dioses por ustedes.

POLIONTE. Pronto comeremos un cordero en tu casa.

II. Con vino rojo y laurel.

III. Y cantaremos hasta la noche.

MELANIPO. Lástenes llevará su cítara y Megareo la flauta.
Dulces serán las voces al regreso.

MEGAREO. Perfúmate el cabello, y ponte
    para ese día una rosa y un ramo de mirto.
V. Verán de nuevo el huerto de manzanos,
    el agua entre las ramas y la sombra.
LÁSTENES. Para ese momento guarda este broche.
    Espero vértelo al servir el cordero.
IV. Tejeré una tela blanca y me haré un vestido.
    Sobre mi hombro relucirá tu broche.
MELANIPO. Confía, mujer. No pesa tanto el escudo.
    Está firme la cinta de cuero.
    A veces uno escapa al golpe del dardo
    y vuelve a respirar el olor de su casa.
I. ¿Quién es este que pasa
    por la tercera puerta
    y entra otra vez en la ciudad?
    ¿Quién es? ¿Dónde ha nacido?
HIPERBIO. Es Melanipo que vuelve victorioso
    a su tierra de Tebas.
MELANIPO. Y abraza a su amigo Hiperbio,
    de sangre generosa, que combatió
    sin temor a la muerte.

Se abrazan.

EL CORO. Tebanos, los hombres que construyeron
    la ciudad, acarrearon las piedras
    de sus muros, una a una, pacientes,
    con las manos llagadas y los hombros
    quemados; araron la tierra y sembraron
    día y noche, cantando o silenciosos;
    tiñeron las telas y labraron los metales;
    curtieron la piel de esos escudos;
    el bronce fundieron y hornearon el pan:
    ¡dejan ahora en vuestras manos su obra!

Se divide.

PRIMERO. Llegan los Espías, y parecen
    traer alguna nueva del adversario.
    Vienen deprisa, corriendo se acercan.

SEGUNDO. Y aquí está Etéocles en persona.
   Apenas le deja su prisa
   fijar los pies en el suelo.

Entran los Espías y Etéocles. Fuera, voces humanas reproducen los sonidos del ejército invasor. Empiezan con un rumor sordo y terminan en aullidos, creando un clima de funestos presagios. Al entrar los Espías, las mujeres se desplazan, expectantes. Etéocles y los seis adalides se mueven unidos.

LOS ESPÍAS. Todo hemos visto. Conocemos las disposiciones,
qué puerta tocó en suerte a cada uno.

El Coro hace los gestos del juego de dados. Agitan las manos, se las frotan, parecen tirar los dados al suelo chasqueando la lengua.

LOS ESPÍAS. *(Uno habla y el otro realiza con su cuerpo imágenes).*
   A Tideo la primera puerta, donde
   vocifera amenazas, gritando
   a sus hombres que no teman al combate
   y la muerte.
   Está vestido de negro.
   Negras sus ropas, sus armas,
   el penacho de su cabalgadura.
   Sus adornos metálicos suenan
   con ruido aterrador.
   En su escudo lleva este arrogante emblema:
   un cielo nocturno
   atravesado por un relámpago.
EL CORO. Esa noche nos amenaza,
   quiere apagar nuestros ojos
   y el resplandor del día.
   LOS ESPÍAS. Allí está, oscuro, envanecido,
   llamando impaciente al combate.
   ¿Quién le opondrás?
   ¿Quién será capaz de hacerle frente?
ETÉOCLES. Adelántate, Melanipo. Ocúpate de ese insensato.
   ¿Temes al poderío de sus armas?
   MELANIPO. Los penachos no muerden ni los adornos sonoros.
   Los emblemas arrogantes no causan heridas.

ETÉOCLES. En cuanto a esa noche que nos han descrito,
en cuanto a esas negras ropas que lleva,
podrían ser acaso la profecía de su destino.
Si cae sobre sus ojos la noche de la muerte,
habrán sido esas cosas el augurio mejor.
¡Bien, Melanipo! La noche lo cubra, ya que lo pide.
EL CORO. Valeroso hijo de Tebas, que tu lanza no tiemble.
MELANIPO. No temblará.
EL CORO. El dios de la guerra jugará a los dados la victoria.
ETÉOCLES. Pero sabrás oponer tu brazo a la derrota.
No importa que ella te busque, si tú no la recuerdas.
EL CORO. Valeroso hijo de Tebas, que tu lanza no tiemble.
MELANIPO. No temblará.
LOS ESPÍAS. *(Ahora es el otro quien habla).*
Por la puerta segunda,
Hipomedonte de Micenas,
de estatura desaforada,
sediento de poder, viene
contra nosotros dando
alaridos. En sus hábiles
manos de dueño de tierras,
vi girar el disco enorme
de su escudo, echando
reflejos de fuego, y me
sentí estremecer. No haré
bien en negarlo. Solo
los aullidos de guerra
de Hipomedonte llamando
arrebatado a la batalla,
lograron que apartara los ojos
de esa hipnótica imagen.
Oigo su voz, quisiera
describir sus gritos, el
sonido rajado de su garganta.
Grito como él, chillo,
amenazo, amenazo despojar
a Tebas de sus tierras
y esclavizar a sus hombres
a mis ansias de posesión.

La tierra delante de mí,
mía al fin, hasta donde
abarca mi vista poderosa.
Sueño con ella, la palpo,
a besarla me inclino, ardo,
deseo acostarme de espaldas
sobre su dulce dureza, girar,
revolcarme, golpear mi frente,
comerla a puñados, sabiendo
que es mía, mía tan solo,
y cruzarla en mi carro veloz
mientras todos se quitan
los sombreros y me saludan
y me llaman: «Señor, señor»,
con voces trémulas y sumisas.

EL CORO. Noble Etéocles, guárdanos
de este horror que entrar
intenta por la segunda puerta.

ETÉOCLES. ¡Escojo a Hiperbio para oponerlo a ese ambicioso!

EL CORO. Conoces a los hombres. Nadie
como Hiperbio, firme y reposado,
para vencer la codicia.
Con razón lo designas.

ETÉOCLES. Y nada que tachar en su porte, en su valor,
en el arreo y solidez de sus armas.

HIPERBIO. ¡Vamos, Melanipo! Nuestras puertas están cerca.

ETÉOCLES. Ya desea probar su destreza en el combate.
¡Excelente Hiperbio!, tienes el don
de construir escuelas y saber defenderlas.

Salen.

ESPÍA I. *(Arrebatando una antorcha).*
«Ciudad, maldita por el odio de los hermanos,
te haré cenizas. Solo el fuego te purificará.
Arderás entera en un gran incendio, y entonces
podremos entrar sin mancharnos con esa culpa.
Mira en mi escudo un hombre armado con una tea
llameante. Está desnudo y es implacable.

Lee lo que dice en letras de oro:
"Yo incendiaré Tebas"».
ETÉOCLES. *(Creyendo que es su hermano, se estremece sobresaltado).*
¿Quién es? ¡No temas! Di su nombre.
ESPÍA I. Capaneo.
ETÉOCLES. ¡Ah! Creí que era él.
(Se lleva el puño a la frente, se pone de espaldas).
¡Descríbelo!
ESPÍA II. Es un guerrero alto, pálido, sin barba.
Sus ojos irradian un brillo inhumano.
Nada le ata a la tierra: ni familia, ni amigos.
Está enfermo de suspicacia. Desconfía.
Desconfía de todo. Ama tan solo la pureza.
EL CORO. ¡Lamentable enemigo! Pelea por otras razones.
No busca la venganza, el botín, las vírgenes.
Quemará una ciudad solamente por una falta.
No nos gusta ese negador de la vida.
ETÉOCLES. *(Se vuelve).*
Pero Capaneo se equivoca. La pureza no reina
por el hierro. Si devasta la ciudad, él será
impuro, y más culpable que mi hermano Polinice.
Añadirá un crimen a otro crimen. Recorrerá
una ciudad humeante, después apagada, después fría,
sin hallar la pureza. Su mano estará negra
y su carro cubierto de ceniza. ¡Oh, vano pensamiento!
Sabrá que su tea llameante corrompió su propósito.
¿Y acaso el odio de mi hermano Polinice mancha
las puertas, ciega, pudre el agua, un velo pone
al sol radiante? ¿Destruye el amor de tu hijo?
¿Aniquila la fuerza de tu cuerpo? ¿Tu cara marca?
LOS ESPÍAS. ¿Pero quién lo detendrá sin flaquear?
ETÉOCLES. ¡Polionte!
(Polionte se adelanta. Etéocles retoma su tono de réplica burlona).
¿Recuerdas su emblema? ¡Viste
a ese hombre desnudo con las ropas
de su dueño! Su propia carne vencida
aplastará su antorcha. Parte sin miedo.
(Apaga la antorcha con el pie).
POLIONTE. *(Al salir).*
Mujer, ve preparando el cordero.

EL CORO. ¡Perezca quien divide a los hombres
    en puros e impuros! Y orgulloso de
    su pureza derrama sangre, invade
    la ciudad e inicia la persecución.
  LOS ESPÍAS. (Comparten el texto y la expresión física).
    «Nadie me arrojará de esta torre»,
    escribió Ecleo en su divisa, donde
    sube un soldado con firmeza
    por una escala apoyada al muro de Tebas.
    Ecleo grita la advertencia
    de su emblema soberbio sin cesar:
    «Nadie me arrojará de esta torre».
    Las venas de su cuello se dilatan
    y su cara furiosa se contrae.
    Ondea al viento su cabellera
    libre, sin casco, espesa, agresiva.
    Fustiga a las yeguas de su carro,
    las llama, las increpa haciéndolas
    girar exacerbadas bajo el yugo.
    Las riendas silban con áspero ruido,
    resuellan las bestias impacientes.
  ETÉOCLES. ¡Ya envié a Megareo! Adornará su casa
    con el soldado, y la escala, y la torre.
    Sus manos no ostentan pomposos alardes,
    pero no retrocederá ante el clamor de unas yeguas.
    Su lanza irá al pecho de Ecleo (hace la acción)
    y las yeguas se dispersarán.
  EL CORO. Esas yeguas girando en el mismo lugar,
    exacerbadas, inútiles, presagian el tormento
    que Ecleo ha soñado para nosotros.
    Toda Tebas uncida a una rueda que nunca
    se detiene, despojada y estéril, oyendo
    resonar sin tregua las lenguas del odio.
  ESPÍA I. Allí está Anfiarao, apostado frente a la quinta puerta,
    hermoso y solitario, de pie en su carro.
  ESPÍA II. Nada dice. No profiere amenazas ni se jacta.
  ESPÍA I. Su mirada es sabia y melancólica.
  ETÉOCLES. ¿Qué hace este hombre junto a los otros?
  ESPÍA I. No pelea por nada ni por nadie.

Nada espera. Solo la embriaguez de la lucha.
Adivino de su propio fin, ha dicho
que abonará este suelo con sus despojos.
ESPÍA II. Pero no puede evitarlo: vive entregándose a la muerte.
ESPÍA I. La busca, la propicia, anhela el rumor de su paso.
ESPÍA II. En su escudo, bien forjado, no reluce
emblema, ni señal, ni leyenda.
Avanza con su escudo vacío.
ESPÍA I. Escoge para este hombre un adversario
valeroso y diestro. Es temible el que conoce su destino.
ETÉOCLES. No admiro a ese hombre. Me es extraño.
Se ocupa demasiado de sí mismo. No es justo
suicidarse mediante la muerte de los demás.
Él se busca en su propio fin,
y tiene que atravesar cuerpos ajenos,
dejarlos inertes, para encontrarse.
Es un espejo demasiado costoso.
Le pondremos delante el escudo reluciente
de Lástenes: en él podrá mirarse mientras agoniza.

Sale Lástenes.

EL CORO. Hasta pronto, joven Lástenes.
Tu ojo es certero, tu mano rápida.
Aquí aguardamos tu regreso
y los trofeos de la victoria.
ESPÍA II. *(Arrebata una lanza, la levanta con los brazos abiertos. Circula. Aúlla).*
Amo este astil de madera, esta punta de hierro.
Es mi brazo, mi patria, mi ojo, mi padre.
Vibra, relampaguea, azota el aire
metal venerado, frío y penetrante.

El Coro se divide.

PRIMERO. Resuenan los ayes de los moribundos.
Hay hombres en los atrios de las casas,
pudriéndose, pudriéndose. Una cabeza
cuelga de una ventana, dilatados los ojos.

SEGUNDO. Arrastradas por los cabellos,
   seremos violadas contra la pared, bajo
   los olivares, en el fondo de una cocina,
   delante de nuestros hijos aterrados.
ESPÍA II. No tendrás piedad, sordo
   a lamentos, a súplicas,
al chasquido de la sangre derramada.
   PRIMERO. Oh, vagido de los recién nacidos
   expirando en el pecho materno.
ESPÍA II. Penetra, corta, raja, llama fría.
   No conoces otra emoción ni otra dicha.
SEGUNDO. ¿A quién me llevas? ¿De quién seré esclava?
   Negros velos cubrirán mi rapada cabeza.
   Adiós por última vez, lugares amados.
ESPÍA II. Para ti no hay otra cosa que el temblor
   en el aire, el silbido del vuelo
   que busca el cuello, el pecho, la espalda
   y abre las puertas a la muerte.
   Giro contigo, revivo, aliento lejos
   de la delicadeza y la ternura.
   ¡Dolor humano, no te reconozco!
PRIMERO. Cantaremos las hazañas enemigas
   por la fuerza.
SEGUNDO. Trabajaremos la tierra de otro
   por la fuerza.
PRIMERO. Aprenderemos a olvidar y callar
   por la fuerza.
ESPÍA II. Bocas desgajadas a mi paso,
   pestañas húmedas, estertor último, ¡los adoro!
   No sé quiénes eran ni cómo se llamaban.
   Pero la barca de la muerte no pregunta,
   te lleva sin lengua y sin nombre.
   Mi punta afilada corta las amarras.
PRIMERO. Alza el pie, sonríe, inclínate, saluda.
   Danza en la fiesta del enemigo triunfante.
SEGUNDO. Alza el pie, sonríe, inclínate, saluda.
   Entona alegres canciones de obediencia.
ESPÍA II. *(Golpea con la lanza en un escudo).*
   ¡Yo, Partenópeo, juro arrasar la ciudad!

ETÉOCLES. ¡Que ese asesino no entre, Háctor!
    Escucha la descripción de su escudo
    y aniquila a esa alimaña. El aire
    será más transparente con su silencio.
ESPÍA I. Ancho y dorado escudo defiende
    todo su cuerpo. En el centro,
    con clavos esplendentes, lleva
    un ave de rapiña carnicera,
    con las garras abiertas.
ETÉOCLES. Hagan tus dardos que Partenópeo oiga
    los aullidos dolorosos del monstruo
    que lo cubre. ¡Que el ave se vuelva
    contra su dueño y lo devore!
HÁCTOR. Corazón, mi corazón, si te confunde el laberinto
    de las armas, los alaridos, el golpe de los dardos,
    levántate y resiste. Ofrece al adversario un pecho
    firme. No te alegre el éxito demasiado si vences.
    Regresa simple. Uno no vale más que por ese instante
    en que decide, un poco aturdido, morir por los otros.
EL CORO. Ya has visto, Háctor, los males de una ciudad conquistada.
    Sal y pelea. Si tu mano nos devuelve la paz,
    trabajaremos. Renacerá la primavera después de esta noche.
    La tierra es inquebrantable y perenne.
    Sus frutos tendremos mañana. Sal y pelea.
    Retorna con la tranquila luz del héroe.

Háctor entrega a las mujeres una cinta como recuerdo. Se va. Quedan los Espías y el Coro. El ruido de la guerra acaba de pronto.

ETÉOCLES. ¿Qué ocurre? ¿Por qué callan?
    LOS ESPÍAS. Debemos partir. ¿No escuchas?
ETÉOCLES. Se han detenido. No oigo los carros.
LOS ESPÍAS. Iremos en busca de noticias.
ETÉOCLES. ¡Un momento! Alguien falta.
ESPÍA II. ¿Es necesario que lo digamos?
ESPÍA I. ¿Debemos también nombrarlo y describirlo?
ETÉOCLES. Así es.
LOS ESPÍAS. Tú lo sabes, Etéocles.
ETÉOCLES. ¿Me tienen lástima?

LOS ESPÍAS. No. Pero tememos al destino.
ETÉOCLES. ¿Quieres ahorrarme un sufrimiento?
ESPÍA II. No. Eres igual a los demás.
ETÉOCLES. Así es. Así debe ser. ¡Dilo entonces!
ESPÍA I. ¡En la séptima puerta está tu propio hermano!
ETÉOCLES. ¡Al fin la fatalidad me pega en los ojos!
  En vano quise ignorarla. Creí
  que la acción de la guerra dilataría su llegada.
  Pero está aquí. Viene en la rueda de los carros,
  los dardos la empujan, llega en los brazos de mi hermano.
  ¿Qué culpa hallaste en mí, qué maldad interior
  para que no me dejes, para que no me olvides
  y al fin te cumplas, despiadada?
  ¡Raza mía enloquecida, sin sosiego, aquí estoy!
  Pero no es ocasión de gemir. No tengo derecho.
  Termina. Di lo que sabes. Este silencio
  les es propicio, tristemente propicio.
  Luego irán en busca de noticias.
LOS ESPÍAS. No hay imprecación que tu hermano pronuncie,
  no hay maldición, amenaza o desdicha
  que no te toque y te nombre.
  Arrebatada es su voz. Invoca
  a los dioses de sus padres y anima
  a sus hombres, para precipitar
  la muerte entre nosotros.
  Su escudo, de hermosa hechura,
  recién forjado, tiene esculpido
  este símbolo doble:
  una mujer conduce a un guerrero
  revestido de armadura dorada, y señala:
  «Soy la Ley y el Derecho. Devolveré su patria
  a Polinice, y la herencia de su padre».
  La descripción es exacta. Corresponde
  a ti ahora designar el adversario de tu hermano.
  Tú riges la ciudad. *(Salen).*
EL CORO. ¡Qué silencio! ¡Qué horrible silencio!
  Estábamos preparadas para la guerra
  y de pronto el silencio como un espacio
  blanco y desierto. Presentimientos

brotan y saltan en él y se combaten.
¿Qué ocurrirá? ¡Alguien se acerca!

Aparece Polinice en el fondo, solo, sin armas.

EL CORO. ¡Es Polinice!
   (Pasándose el nombre de una en otra).
   ¡Polinice! ¡Polinice! ¡Polinice!
POLINICE. Te ofrezco una tregua, Etéocles.
   Vengo a hablar contigo.
ETÉOCLES. *(Luego de un silencio).*
   Entra. ¿Qué quieres?
POLINICE. ¡Me extraña esa pregunta! He detenido
   mi ejército a las puertas de la ciudad
   ¿y me preguntas lo que quiero?
ETÉOCLES. Para desdicha de Tebas hemos oído
   el estruendo de tu ejército. Oímos,
   estas mujeres y yo, la descripción de tus armas
   bien forjadas y la leyenda arrogante
   de tu escudo. Te has entregado
   a otras gentes, Polinice,
   y con ellos vienes a tu tierra natal.
   Eres un extraño y por eso te pregunto
   lo que quieres. No reconozco tu voz,
   he olvidado el color de tus ojos.
POLINICE. El temblor de tu voz te desmiente.
   Pero no importa. Sé que debes fingir
   delante de estas mujeres. En eso eres
   un buen gobernante. Usas la máscara
   que los demás esperan y en el momento preciso.
   Pero no importa. Me basta con que oyeras
   el poder de mis armas.
ETÉOCLES. No sé si antes me tembló la voz,
   pero ahora me tiembla de asco y de sagrado furor.
   Eres el mismo de siempre. Por eso
   te acompañan esos hombres y alzas
   esos escudos. Te conocemos, Polinice.
   Te conocemos tanto que hemos empezado a olvidarte.
   Di lo que quieres. Di lo que pretendes
   con esta tregua mentirosa.

POLINICE. Tus alardes no me asombran, Etéocles.
　　Aparentas estar seguro. Eres el héroe
　　que al pueblo salva gesticulando con firmeza.
　　No es la primera vez. Hubo una noche
　　en que estabas tan seguro como ahora.
　　Y sin embargo, he ahí un ejército
　　que me sigue, que me llama su jefe
　　y mis órdenes cumple. Nunca creíste
　　que tu hermano regresaría a su ciudad
　　al frente, rodeado de una hueste fiel y poderosa.
　　Despierta, Etéocles. Empieza tu fin.
　　Nadie, solo un loco, se sentiría
　　seguro ante un ejército como el mío.
　　Nada conseguirás con un pueblo descalzo
　　que empuña viejas lanzas y escudos podridos.
　　Entrégame la ciudad y te salvaré
　　de la humillación de la derrota.
ETÉOCLES. Ahora sé lo que quieres. Estas mujeres
　　y yo lo sabemos.
POLINICE. No las mezcles en esto. Ellas
　　no gobiernan la ciudad.
ETÉOCLES. Ellas también son la ciudad.
　　Cuento con ellas y las quiero de testigos.
　　Nada tengo que ocultar, Polinice.
　　Esta noche acaban al fin todas las distinciones.
　　Tu tregua nos enseña a conocernos
　　y a afirmar nuestra causa.
　　Es tu ejército quien nos une,
　　es tu crueldad la que nos salva.
　　Somos un pueblo descalzo, somos
　　un pueblo de locos, pero no rendiremos
　　la ciudad.
　　Tebas ya no es la misma:
　　nuestra locura
　　algo funda en el mundo.
POLINICE. Tebas ya no es la misma.
　　¡No derrotarás mi ejército con palabras!
　　Te ofrezco una salida. Abandona
　　el gobierno y parte en silencio.
　　Yo explicaré al pueblo tus razones.

ETÉOCLES. ¡Basta, Polinice! Nada puedes ofrecer
a Tebas que a Tebas interese. Hemos
escuchado la descripción de tu ejército.
Sabemos por qué vienen y la ambición
que los une. ¡No les entregaremos la ciudad!
POLINICE. Entonces, habrá sangre. ¡Tuya
será la culpa!
ETÉOCLES. ¿Armé yo tu ejército?
POLINICE. Si ese ejército está ahí, es por tu culpa.
Si se derrama sangre, será por tu culpa.
No eres inocente. Nunca lo fuiste.
ETÉOCLES. Pronta es tu lengua, con facilidad argumentas.
¡Eres un buen retórico!
POLINICE. Tuvimos el mismo maestro. ¿No lo recuerdas?
ETÉOCLES. Recuerdo que vivíamos en la misma casa.
Recuerdo que comíamos juntos,
y juntos salíamos a cazar. Recuerdo
que un día tu venablo más diestro
me salvó de la muerte.
Nos abrazamos jadeantes,
mientras el jabalí agonizaba
en la yerba, chorreando sangre por el vientre.
Murió en un asqueroso pataleo.
Regresamos a casa. Se lo conté a todos.
La luz era distinta aquel día,
la vida me importaba más.
Yo amé tu brazo mucho tiempo.
Lo observaba despacio, con cuidado y fervor.
¿Qué otra cosa recuerdo?
Recuerdo que has armado un ejército enemigo
para destruir esa casa, para arrasar
esta ciudad, alzando
el mismo brazo de aquel día.
POLINICE. ¡Hábil Etéocles! Sabes
buscar razones dulzonas.
En aquel momento salvé a mi hermano,
ahora vengo contra mi enemigo.
Te juro que mi brazo es el mismo,
pero tú no eres la misma persona.

Quien olvida, se hace otro.
Se hace otro quien traiciona.
Sin embargo, no es fácil:
los días siguen a los días,
y nada es impune. No podrás
ocultar tu culpa en la tierra.
He regresado para recordártela.
Yo también recuerdo. Recuerdo
el pacto que hicimos hace tres años,
y recuerdo que tú no lo cumpliste.
Pacté contigo gobernar un año
cada uno, compartir el mando
del ejército y la casa paterna.
Juraste cumplirlo. Y has violado
el juramento y tu promesa.
Solo gobiernas, solo decides,
solo habitas la casa de mi padre.
¿No lo recuerdas?

ETÉOCLES. ¿Y es a esos a quienes encomendaste
recordármelo? ¿Es con el sonido
de sus armas, con los aullidos de sus bocas
que debo recordarlo?

POLINICE. ¡Ellos me ayudarán a restaurar mi derecho!

ETÉOCLES. ¿Te ayudará Capaneo con su tea incendiaria?
¿Te ayudará Partenópeo derramando la sangre
de tus hermanos con su lanza sedienta?
¿Te ayudará Hipomedonte robándoles sus tierras?
Te ayudan asesinos, Polinice. Reclamas
tu derecho con las manos ensangrentadas
de una turba de ambiciosos.

POLINICE. ¡Crees que todo el que se te opone es un asesino!
¡Crees que todo el que se te opone es un ambicioso!
¡Tú saqueaste mi casa y profanaste un juramento!
¡Tú detentas un poder que no te pertenece!
¿Qué dijiste en Tebas para ocultar tu traición?

ETÉOCLES. Rectifiqué los errores de tu gobierno,
repartí el pan, me acerqué a los pobres.
Sí, es cierto, he saqueado nuestra casa.
Nada podrás encontrar en ella. Repartí

nuestros bienes, repartí nuestra herencia,
hasta los últimos objetos, las ánforas,
las telas, las pieles, el trigo, las cucharas.
Está vacía nuestra casa, y no alcanzó
sin embargo para todos.
Sí, es cierto, he profanado un juramento.
Pero no me importa. Acepto esa impureza,
pero no la injusticia.
POLINICE. No te perdonaré. No saqueaste mi casa
para ti, sino para los otros.
Mis cosas están en manos ajenas y desconocidas.
Desprecio tu orden y tu justicia.
Es un orden construido sobre el desorden.
Una justicia asentada sobre una injusticia.
ETÉOCLES. Así ha tenido que ser, Polinice.
Detesto todo afán de absoluto. Yo obro
en el mundo, entre los hombres.
Si es necesario, sabré mancharme las manos.
Para ser justos es necesario ser injustos un momento.
POLINICE. Para ti la justicia se llama Etéocles.
Etéocles la patria y el bien.
Me opongo a esa justicia, lucho
contra esa patria que me despoja y me olvida.
La noche en que te negaste, lleno de soberbia,
a compartir el poder conmigo, destruyendo
nuestro acuerdo, lo está contaminando todo.
ETÉOCLES. Esa noche ha quedado atrás.
No volverá. Si fui injusto contigo,
he sido justo con los demás.
No acepto tu derecho ni tu pureza.
Están contaminados
por los hombres que te secundan,
están contaminados por ti mismo.
POLINICE. ¿Conoces tú el destierro, Etéocles?
ETÉOCLES. ¡Conozco a los que se merecen el destierro!
POLINICE. ¡Me odias!
ETÉOCLES. ¡Tú odias a tu patria!
POLINICE. Contra mi voluntad
hago la guerra.
¡Los dioses son testigos!

ETÉOCLES. ¡Los tebanos son testigos de la furia de tu ejército!
POLINICE. ¡Eres un sacrílego!
ETÉOCLES. Pero no un enemigo de los hombres.
POLINICE. ¡Eres el enemigo de tu hermano!
ETÉOCLES. ¡Mi hermano es enemigo de Tebas!
POLINICE. ¿Qué has dicho en Tebas de mi destierro?
   ¿Cómo explicaste esa orden injusta?
ETÉOCLES. Les recordé los males de tu gobierno.
   Les recordé las promesas sin cumplir,
   la desilusión de los últimos meses.
   Eres incapaz de gobernar con justicia.
   Te obsesiona el poder, pero no sabes
   labrar la dicha y la grandeza de Tebas.
POLINICE. Solo tú sabes, Etéocles. Solo tú sabes.
   Tú decides lo que está bien o mal.
   Repartes la justicia, mides el valor de los hombres.
   ¡Solo tú eres libre en Tebas!
ETÉOCLES. Pero el pueblo está en las murallas.
   Pero el pueblo está dispuesto a tirar contra tu ejército.
   Nadie te espera. Estás solo, Polinice.
   No hay tebanos contigo.
POLINICE. ¡Eres un hombre obstinado y soberbio!
   Ves tu persona en todas partes. Eres la ciudad.
   Tu cabeza es Tebas y Tebas es tu cabeza.
   ¡Venga, pues, el fuego, venga el acero!
   Ninguno de los dos renunciará a lo suyo
   ni lo compartirá con el otro.
ETÉOCLES. ¡Sal de aquí!
   ¿Ves mi mano?
POLINICE. Veo que llevas mi espada.
ETÉOCLES. Ahora es la espada de Tebas.
   ¡Sal de aquí!
POLINICE. No volveré al destierro, Etéocles.
   O entro en la ciudad victorioso
   o muero luchando a sus puertas.
ETÉOCLES. ¡Morirás!
POLINICE. ¡Sírvanme los dioses de testigos
   y la tierra que me crió!
   Si algún mal te sobreviene, ciudad,

no me acuses, sino a este.
Suya es la culpa.
Recordad los males del destierro:
vagar por lugares extraños, escribir
y esperar cartas, mientras rostros,
nombres, columnas se deshacen en la memoria.
Aquí está todo lo que soy y lo que amo.
Contra mi voluntad hago la guerra.
Contra mi voluntad me desterraron.
Etéocles, me repugna cuanto tú representas:
el poder infalible y la mano de hierro.

ETÉOCLES. ¡No se pondrá la justicia de tu parte!
Por ti están cerrados los talleres:
albañiles, sastres, alfareros
se entregan al furor de la guerra
contra su voluntad.
¿Es esto, Polinice, restaurar el derecho?

Sale Polinice.

ETÉOCLES. Pronto sabremos de qué sirve tu emblema.
En algo tengo confianza: la obra de todos
no será destruida por un hombre solo.
Yo iré a encontrarme con él, yo mismo.
Hermano contra hermano, enemigo
contra enemigo. Ya no podemos
comprendernos. ¡Decida la muerte
en la séptima puerta!

EL CORO. Oh, tú, que tan querido me eres, la muerte
abre la séptima puerta buscándote. Pregunta
por ti, dice tu nombre, marcha a tu encuentro.

ETÉOCLES. ¡Si esto pudiera detenerse! Pero ya no es posible.
Todo ha ido demasiado lejos. Ha ido donde
quise que fuera. No rehuiré que la muerte
me encuentre: mi mano busca la suya.

EL CORO. Te estrechas a ti mismo, Etéocles. Tu mano
en el aire encuentra tu otra mano.
¡Serás víctima de la soberbia!
La soberbia reina en un cuarto oscuro,

con un espejo donde se contempla para siempre.
Aparta ese espejo. Recuerda
que hay otros hombres en el mundo.
ETÉOCLES. El viento sopla con furor esta noche.
Innumerables, despiadados astros, silenciosos
espectadores del sagrado furor de la justicia,
no los saludo. Repudio vuestra complicidad
o vuestra ausencia. Me vuelvo hacia ustedes, mujeres:
esos ojos humanos, apasionados, mortales,
podrán aprobar o repudiar este espectáculo:
un hermano avanzando contra su hermano:
pero no podrá nunca serles indiferente.
Ya las cosas no me acompañan, sino los hombres.
Para ellos es mi acto, para ellos el fin.
EL CORO. El fragor de la batalla enajena tu espíritu.
¡No viertas la sangre de tu hermano!
Conserva tus manos puras, tu razón y tu prudencia.
ETÉOCLES. ¿Por qué halagar al destino? ¿Para que se demore?
Ahora sé que no es cruel, ni despiadado, ni violento.
trae en sus brazos la parte de mí mismo que me falta:
la que exige Tebas, mi padre, yo mismo.
La exigen ustedes acaso sin saberlo.
Todo lo que fui desde la infancia
preparaba este instante. El círculo
va a cerrarse. La esfera se completa.
EL CORO. Oh, Etéocles, nos toca
asistir a una despedida que no podemos comprender.
Has sostenido la ciudad, organizado la defensa
alentando a nuestros guerreros y a nosotros,
sin ocuparte de ti ni de tus vínculos de sangre,
señalando lo justo, lo que debe hacerse, y su tiempo.
Los tebanos están en las murallas y te esperan.
Pero no esperan que te enfrentes a tu hermano.
¿Por qué buscar a Polinice, por qué mezclar tu sangre
con su sangre, manchando la ciudad y tu misión?
etéocles. Sé ahora, mujeres, que no es mi hermano
lo que importa. No avanzo contra él
—no veré la sombra de su barba naciente,
el rictus orgulloso de sus labios que

recuerda el de mi padre—, sino contra mí mismo:
contra esa parte de Etéocles que se llama Polinice.
Estoy calmado y frío. No siento amor ni odio.
Tengo los ojos secos y sin lágrimas.
Dulce sería dormir
y pasear sin temor,
en calma gobernar la ciudad,
alegrarnos con la música y las estatuas,
con las cosechas y las fiestas campestres.
Pero los tebanos están en las murallas
y no tengo derecho a cuidarme
para un tiempo mejor.
¡Este es el tiempo mejor!
La defensa de la ciudad nos une
en un bien más grande y común.
No cuidaré mi vida.
Mi vida se realiza esta noche.
Polinice nos despierta con una luz atroz:
implantar la justicia es un hecho áspero
y triste, acarrea crueldad y violencia.
Pero es necesario. Esta es la última
claridad que alcanzo en esta noche última.
Recuérdenlo: es necesario.
En esas manos frágiles dejo
esta certeza.
La paz vendrá después, aplacado el furor.
Recuérdenlo: es necesario.
De algún modo detendremos la injusticia
en el mundo: de un golpe, de una patada,
de un alarido.
¡Adiós, mujeres!

Sale.

EL CORO. *(Con voces alternadas).*
¿Qué es esto que sentimos?
Tiene un nombre. ¡Dilo!
¿Qué es esto que inunda
las arterias, el latido

de mi corazón, comprime
mi garganta y mis pies,
y resuena en la espalda
como si abriera un hueco?
Tiene un nombre. ¡Dilo!
En vano invoco la razón,
oculto su presencia en vano.
Tiene un nombre. ¡Dilo!
¡Terror! ¡Terror! ¡Terror!
Abres todas las puertas,
entras y sales por los poros,
nos mantienes despiertos
y nos duermes de pronto.
¡Terror! ¡Terror! ¡Terror!
Gira en todo lo posible,
se contradice, llama,
nos oye y nos olvida.
Muestra sus dientes, toca
con su mano de sombra,
levanta el hacha, tira
la lanza, los tormentos
inicia en nuestra frente.
¡Terror! ¡Terror! ¡Terror!
Los ojos cierro para no
verte, y eres tú quien
los cierras y lates bajo
mis párpados apretados.
Pasan torturas imaginadas,
una ciudad ruinosa, hermanos
que en una torre se degüellan.
¡Terror! ¡Terror! ¡Terror!
Márchate. Márchate. Déjame
suelta la voz. Yo no soy
quien grita, gime, muerde,
sino tú, animal de mi frente,
que el sueño barres
con mis cabellos erizados.
¡Fuera! ¡Fuera! ¡Fuera!
Saltas sobre mi pecho,

pateas, me dejas sin resuello,
esclava y libre a la vez.

El Coro se divide.

PRIMERO. La muerte esta noche deja
  oír su voz. Chilla,
  vaticina una sentencia irrevocable.
  ¡Pobre voluntad luchando en la sombra!
SEGUNDO. Están en un juego que ya se ha jugado,
  dados que ruedan hace tiempo
  en una mesa de otra casa y otro dueño.
  ¡Pobre voluntad luchando en la sombra!
EL CORO. Dispuesta la arena, las lanzas erguidas,
  tensas las riendas, la mirada fija en el otro,
  sopla la muerte en sus pechos,
  ruina, ojos cegados
  por una sola emoción, por una idea sola,
  por un espejo donde asoman sus caras sin calma.
  Hermanos que con sus propias uñas se desgarran
  y cargan contra sí mismos alucinados.

El Coro se divide.

PRIMERO. ¿Quién va a vencer? ¿Quién perderá?
SEGUNDO. ¿Qué cuerpo atravesado caerá en tierra?
EL CORO. *(Con voces alternadas).*
  ¡Echa tu suerte, hierro, esta noche!
  Fulgura, árbitro ciego de nuestro futuro.
  O entra Etéocles o Polinice entra.
  Escoge, hierro, pendemos de tu filo.
  Ignoras nuestro deseo y nuestra causa:
  brillas solo al fuego de las antorchas.
  ¡Echa tu suerte, hierro, esta noche!
  Señala quién ocupará la silenciosa tierra
  al apagar tu fulgor con su carne.
  Nada te importa: solo vibras al aire.
  Eres energía, acero, puño, azar.
  ¿A quién condenas, a quién absuelves?

¿De quién la muerte quiere su sangre
respirar, dispersa y condenada?
Sangre cuajada y negra, sangre
del fratricidio, ¿quién lavará tu huella
y vestirá su cuerpo?
¿Quién ofrecerá en su nombre
un sacrificio de expiación?
Detrás de esta desdicha, hermanas,
¿cuál vendrá?
¿Qué dejará el infortunio sobre Tebas?
(Otra vez comienza el estruendo del asedio).
Amigas, empieza la batalla.
Las lanzas se alzan, corren los carros,
la muerte su pabellón despliega.
¿Pero dónde está la culpa? ¿Cuál es?
No quisimos otra cosa que vivir,
habitar la tierra y repartir el pan,
y engendramos el odio y la venganza,
los ojos resentidos, los labios del rencor,
los emblemas y los escudos y los dardos sonando.
(Empuñan las armas y empieza la danza. No habrá otra música que el sonido creciente de la guerra, y de cuando en cuando el entrechocar de las armas que realizan con la boca).
¿Qué esposo perdimos, qué hermano, qué amigo?
¿Cuál de nuestros hijos regresará?
De pie en cada morada, con labios
sin paciencia, con rabioso dolor,
esperamos. Veo los rostros
que partieron, el destello de los dientes.
Oigo los pasos rápidos, la puerta que se cierra
y desvanece las espaldas.
De pronto esa puerta se abre
y nos devuelven cenizas y armaduras.
Todo lo cambiamos por la muerte.
Ah, locura, cuándo terminará tu aguijón.

Termina la danza bruscamente.

1. Amigas, yo sé lo que se pierde en la guerra.

IV. Amigas, yo sé lo que se pierde en la guerra.
III. Cuando volvieron
los barcos de la guerra de Troya,
IV. de la guerra de África,
I. de la guerra de Asia,
II. salí muy temprano de casa
    para recibir a mi hijo.
V. Llegué al mar.
III. Allí estaba la flota, recogidas
    las velas, inmóviles
    los remos en el agua.
I. Oí risas, lamentos, órdenes,
    y pasaron grandes cofres de oro.
III. Ninguno era para nosotros.
II. Ninguno se detuvo en nuestra puerta.
IV. Estuve horas en el puerto,
    afiebrada por el aire marino.
V. Ya era de noche cuando todos
    los barcos quedaron vacíos,
    y mi hijo no había bajado.
I. Y mi hijo no había bajado.
II. El hijo que me costó tanto
    tiempo criar.
IV. Como un arbolito del campo,
    como una oveja,
III. como todo cuanto vale en la vida,
V. floreció lentamente,
I. y murió sin embargo
    de un golpe solo.
IV. Lo busqué en todas partes,
    llamándolo, llamándolo.
III. Regresé a pie desde el mar.
V. Corría llamándolo, llamándolo.
II. Ay, me sentí culpable, amigas.
I. Yo lo dejé partir.
IV. Yo lo dejé partir.
III. Y ahora,
    si de pronto volviera de la muerte,
V. no tendría
    el valor de mirarlo a la cara.

I. Amigas, yo sé lo que se pierde en la guerra.
EL CORO. Lanza con lanza.
    Escudo con escudo.
    El viento de la guerra se levanta.
    ¿Qué pasará afuera?
    ¿Quién vence?
    ¿Quién pierde?
    Pronto llegarán los Espías.
    Polionte contra Capaneo.
    Lástenes contra Anfiarao.
    Penachos ensangrentados.
    Caballos muertos.
    Dardos que vuelan y ciegan.
    Háctor, Partenópeo.
    Nombres, cuerpos que se derrumban.
    ¿Qué pasará afuera?
    ¿Quién vencerá?
    Te busco, Hipomedonte, te encuentro.
    Melanipo, Melanipo, derrota a Tideo.
    Nadie me arrojará de esta torre.
    No retrocedas, Ecleo: tuya es la muerte.
    Cabezas aplastadas.
    Nuestra alegría viene con la victoria.
    ¡Adelante!
    ¡Entran los Espías!

El ruido de la guerra se ha ido apagando.

ESPÍA I. Tebanas, buen ánimo:
    ¡La ciudad está salvada!
ESPÍA II. A tierra vinieron
    las amenazas
    de esos hombres arrogantes.
    Tebas entra ya en calma.
ESPÍA I. ¡En pie las torres,
    íntegras las almenas,
    las puertas firmes!
ESPÍA II. Supimos colocar hombres
    capaces de defenderlas.

ESPÍA I. Pronto entrarán, mujeres.
   La victoria los devuelve.
   Pronunciemos sus nombres.
EL CORO. Lástenes y Melanipo.
ESPÍA I. Háctor y Polionte.
ESPÍA II. Hiperbio y Megareo.
EL CORO. ¡Nombres de nuestra sangre!
   LOS ESPÍAS. ¡Nombres de Tebas!
EL CORO. ¡Nombres de nuestros hijos!
   Hablamos de seis puertas.
   Hablamos de seis hombres.
   ¿Qué pasa con el séptimo?
ESPÍA II. En las seis puertas
   fuimos vencedores.
EL CORO. ¿Qué dices?
   ¿Qué quieres decir?
ESPÍA I. La muerte
   en la séptima puerta
   se reservó la victoria.
EL CORO. ¿Qué desgracia
   se abate sobre la ciudad?
ESPÍA II. La ciudad está salvada.
EL CORO. Pero los hermanos...
   ¡Qué! ¿Quién?
   ¡Me espantas!
ESPÍA I. Recobra
   tu ánimo y escucha.
EL CORO. ¡Ay, desdichada!
   Adivino ese mal.
   ¿Quién de los dos
   ha muerto?
   Dilo todo
   aunque
   sea cruel de oír.
ESPÍA I. Recobra
   tu ánimo y escucha.
ESPÍA II. Revestidos con sus armaduras,
   estaban resplandecientes y serenos.

ESPÍA I. —Dioses de mi padre —exclamó Polinice—,
  concédanme la muerte de mi hermano.
  Quiero su sangre en mi diestra victoriosa.
  Que pague su ambición y mi destierro.
ESPÍA II. —Que mi lanza vencedora —exclamó Etéocles—
  se hunda en el pecho de Polinice
  y lo mate por agredir a su patria
  y no entender la justicia.
ESPÍA I. Y se embistieron en veloz carrera,
  despidiendo relámpagos al trabar la pelea,
  llenos sus labios de espuma.
ESPÍA II. Saltaban chispas de las lanzas.
ESPÍA I. Rápidos se movían los escudos
  parando el golpe de las puntas de hierro.
ESPÍA II. Ágiles, la carne hurtaban a la muerte.
ESPÍA I. De repente Etéocles dio un traspié
  y ofreció un blanco propicio a su hermano:
  Polinice le hundió la lanza en la pierna.
ESPÍA II. Y Etéocles, apretando los dientes de dolor,
  intentó alcanzar a su hermano en el hombro,
  pero se rompió su lanza y quedó desarmado.
ESPÍA I. Retrocede, y tirándole una piedra parte
  la lanza de Polinice por el centro.
ESPÍA II. Y se arranca la lanza
  de la pierna sin un grito.
ESPÍA I. Ahora es igual la lucha.
ESPÍA II. Salen entonces las espadas.
ESPÍA I. Sus cuerpos se acercan.
ESPÍA II. Chocan los escudos.
ESPÍA I. Y de pronto Polinice cae en tierra,
  chorreando sangre: la espada de Etéocles
  está en su vientre clavada hasta las costillas.
ESPÍA II. —Con mi propia espada me matas.
  Ella y tu mano me cierran el mundo.
ESPÍA I. Etéocles se aproxima. Jadea. Arrastra
  la pierna. Se inclina sobre su hermano
  para quitarle las armas.
ESPÍA II. Pero con la mano trémula, tocada
  por la muerte, empuña Polinice

su espada y la clava
en el hígado de su hermano.
ESPÍA I. Los dos caen, ruedan juntos.
ESPÍA II. Etéocles, revolviendo en su pecho
un horrible suspiro, alza la mano
y se despide de sus hombres.
ESPÍA I. No puede hablar.
Borbotea sangre y escupe.
ESPÍA II. —¿Qué eres ahora, Etéocles?
¿Dónde estás? Hermano, cierra mis ojos.
ESPÍA I. Después de un silencio
los dedos de Etéocles
cerraron los ojos de Polinice.
ESPÍA II. Entonces,
antes de morir, Polinice bajó
los párpados de Etéocles.
ESPÍA I. Así, el uno al otro
los ojos se cerraron.
EL CORO. ¿Ahora deberemos alegrarnos,
ahora deberemos celebrar
con voces regocijadas
la salvación de la ciudad?
¿O lloraremos a esos tristes
que no pudieron comprenderse?
¿Qué los separa? ¿Qué ejército
extraño y sombrío parte en dos
la patria y la casa paterna?
¿Quién aleja los recuerdos,
transforma el rostro
y los separa para siempre?
Quisimos una obra que nos
uniera con lazos iguales,
¡y se cortó con
la sangre y el hierro!
LOS ESPÍAS. ¡Cosas para ser celebradas
con alegría y con llanto!
Salvada la ciudad: el cuerpo
de su defensor se dispersa
en la tierra. Terminada
la obra, entra la muerte.

Salen.

EL CORO. ¿No hubiera sido mejor detenerse y pensar?
　　¿No hubiera sido mejor volver victorioso
　　y gobernar sereno, con cuidado y justicia mayor?
　　¿Debo acaso lamentar la suerte de Polinice?
　　¿Recordar los males del destierro?
　　¿Purificará la muerte su acto contra Tebas?
　　Oh, tercos, tercos, tercos.
　　Rompo en funerario canto por ustedes.
　　Nadie podrá reprocharnos la ternura
　　ante el que muere por error.
　　Después, Polinice, cumpliremos nuestro deber.
　　Ya no eres nuestro enemigo: eres un hombre muerto.

Entran los cuerpos de Etéocles y Polinice.

EL CORO. *(Con voces alternadas).*
　　Ya están aquí. Ya no se trata de palabras.
　　La realidad golpea con una espada fulgurante.
　　Doble infortunio, soledad doble.
　　Ay, qué extraña noche: mezcla
　　la desdicha con la alegría,
　　la soberbia con la justicia,
　　nos deja con agradecimiento y lástima.
　　(Expresa con el cuerpo y la voz, sin estilizaciones blandas, el movimiento de la barca fúnebre, el golpe de los remos en el agua).
　　Amigas, se levanta el viento de la despedida.
　　Se mueven las barcas, los remos se mueven.
　　¿Qué ven ahora sus ojos,
　　qué laureles, aguas, pájaros sin nombre?
　　Vuélvete, Etéocles. Mira esta mano despedirte.
　　Amigas, se levanta el viento de los adioses.
　　La barca se desprende de nuestra orilla.
　　Que se difunda el son propicio,
　　que se dilaten las negras velas
　　y entren los peregrinos en el reino de la muerte.

El Coro se divide.

PRIMERO. No te persuadieron mis voces
 ni quebrantaron mis tribulaciones.
SEGUNDO. Nadie te ha vestido, Polinice,
 ni lavado tu cuerpo.
PRIMERO. ¡Cómo iba a estar de tu parte
 la patria entregada por obra tuya
 a la ambición extranjera! Nadie
 cantará tan horrible proeza.
SEGUNDO. Tienes tus armas puestas, Etéocles,
 y está bien que así sea.
 Tebas se dispone a enterrarte
 con honor y tristeza,
 y está bien que así sea.
PRIMERO. El aire está calmado,
 quieto, sin ruido, sin daño.
 La sangre derramada
 hace el aire más puro.
SEGUNDO. Las torres de la ciudad
 se acercan
 en el aire tan nítido
 y resplandecen inocentes.
PRIMERO. El odio se desvanece
 en este cuerpo inerte,
 muere en esta boca muda.
 Nos deja libres, sin herencia.
SEGUNDO. Ambos recibieron su parte.
 La parte que el destino
 les tenía reservada,
 y una riqueza sin fondo
 bajo sus cuerpos:
 la tierra.
PRIMERO. Pronto vendrá la primavera,
 la lluvia, moviendo de ternura
 la tierra,
 estrenará hojas nuevas
 sobre la sangre.
 El sacrificio consumado
 abre las puertas.

Entran los adalides y los Espías. El cortejo fúnebre se organiza. Los adalides y los Espías se colocan junto al cuerpo de Etéocles. Solo, a un lado, queda el cuerpo de Polinice.

EL CORO. Con ustedes amanece, tebanos.
    Estamos tristes y alegres al vernos
    otra vez. Pero no nos avergonzaremos
    mañana de abrazarnos y comer el cordero.
POLIONTE. *(Se acerca al cuerpo de Etéocles).*
    No te perturbaremos con lamentos y lágrimas.
    Adiós, Etéocles. No podemos censurarte:
    tu obra está en nosotros. Sabremos continuar
    esa justicia que no se arrepiente ni claudica.
    Por ti reinará un orden nuevo, mientras tú sueñas.
    Por eso podremos mañana comer el cordero.

Levantan el cuerpo de Etéocles. Resuenan cánticos funerarios. El cortejo sale lentamente.

POLIONTE. *(A algunas mujeres).*
    Ustedes, sepúltenlo.
    Tendremos para él la piedad
    que no supo tener para Tebas.

Mientras cubren el cuerpo de Polinice, amanece.

Mayo, 1968.

LAS TRES PARTES DEL CRIOLLO

Homenaje a Carlos Loveira

PERSONAJES (POR ORDEN DE APARICIÓN)

Juan Cabrera
El Coro
La Madre
Don Leoncio
Juan Niño
Juan Joven
Doña Antonia
Hermana Portera
La Barredora
El Soldado
Ronda de niños
Dueño de la bodega
Marcos López
Marcos Joven
El matón que representa
Un guapo entusiasmado
Otro matón
El malojero
El vendedor de pan
El hombre del carrito
Vago con un mango
El Guardia Colonial
El muchacho
Una puta
Un transformista
El cochero catalán
La mulata querida

Corina
El cura
Albertico
El dependiente de la botica
Cheché
Nena
Ignacio
La mujer que pregunta
El que responde
Alguien que pasa
El del barril
Mujer de pueblo
Un sargento español
Alfonso
Susana
Bertica
Goyo
Bejuco
Candelaria

Infancia

1

Escenario vacío. Por el fondo avanza Juan Cabrera. Tiene cuarenta años. Impecable dril cien y relucientes zapatos de dos tonos. Jipi. Sortija en el meñique. Florea un bastón de caña con empuñadura dorada.

JUAN CABRERA. Después de mi triunfo en las urnas, dos reporteros vinieron a entrevistarme. Después del triunfo, claro. Que yo, con mi origen humilde, luchara abrazo partido y llegara a Representante a la Cámara, los asombró y tenía que asombrarlos. Seguramente se dijeron: «con este damos un palo periodístico». Conozco esa carnada. ¿Pero cómo negarme a la milagrosa publicidad? En efecto: concedí la interviú... Acabo de terminarla y quisiera darme un trago. Dos oficiantes de esa diosa díscola, la publicidad... Si no la atiendes cortés, sonriente, ¡te devora! En efecto: concedí la interviú... Uno de ellos —o los dos a coro— quiso, quisieron que les contara dónde y cuándo nací, qué había sido antes en mi vida y cómo me sentía ahora, tras el triunfo... Puse cara de añoranza y les conté una partecita del pasado. Por arribita, sin detallar, pero eso sí, dejando ver claro mi origen, el que me llevó a la victoria. Y sobre todo que Juan, este criollo, se ha hecho a sí mismo. Que todo empieza en mí y es obra mía. Soy un ejemplo de que vivimos en una democracia, caballeros, y hay oportunidades para todos. Se fueron muy satisfechos aquellos dos. Mi vida en unos cuantos párrafos. ¿Pensar en mi vida? Poco, poco lo hice. Viví criollamente. En un vértigo. Hoy, sin embargo, triunfante, y después de esas preguntas, me detengo un minuto, sesenta segundos de reflexión. Si me demorara un poco más sería un cobarde. Caballeros: ¡qué vida me va pasando por la cabeza! Disparatada, lógica, con saltos y apagones: la veo pasar. Vaya película que se podía hacer conmigo. Parto mi vida en tres y criollamente me la cuento a mí mismo. ¡Allá va eso!

Ruidos de La Habana fin de siglo diecinueve: sirenas de barcos, campanas de iglesias, pregones, silbatos de policías, carros de bomberos que pasan distantes. Tambores, ladridos, voces humanas que llaman, disputan o ríen. Todo se entremezcla, declina, aumenta: adquiere una presencia absorbente o el tono menor de acompañantes de la acción. No cesará hasta la segunda parte. Aparecen los corifeos, visten ya las ropas que usarán en toda la representación y con la edad que tenían cuando Juan Cabrera contaba nueve años. Solo Juan permanecerá con sus cuarenta años durante la obra. Buscar la atmósfera de la reconstrucción mental: la luz, cierta incoherencia en las ropas, objetos y ruidos, típico del modo en que se recuerda. Los personajes se desvanecen, huyen, se reúnen. Tal atmósfera deberá mantenerse hasta el momento en que la narración escénica coincide con el presente, los cuarenta años de Juan Cabrera, donde se producirá un cambio brusco en la representación.

EL CORO. (*Susurrante al comienzo, trágico como un augurio. Suenan maracas, claves y quijadas con sonidos aislados. Cada uno tendrá un objeto emblema del dinero, la suerte, el ejército, la prensa, el clero, pintados con colores elementales*).
Aspira, Juan. Aspira. Ve subiendo. Ve subiendo. Más alto, Juan. Más alto. Párate en la cúpula del Capitolio.

El Coro encierra a Juan Cabrera. Giran y de pronto uno se aparta, luego el otro, más tarde el siguiente.

JUAN CABRERA. Ascender. Ascender.
　　Abrirme paso.
　　Brilla
　　una cúpula dorada.
EL CORO. ¿Qué te ofrece la vida
　　en toda su extensión,
　　la vida plena, Juan?
I. El placer sin medida,
　　amplio, interminable, dichoso.
　　El cuerpo terrenal.
II. El poder sin freno,
　　arbitrario, caprichoso.

III. La preocupación fugaz.
   Una arruga leve en la frente.
IV. La inquietud sin descanso.
   Una inquietud sin motivo
   y que no se sacia nunca.
JUAN CABRERA. ¿Por qué no disfrutar del mundo?
EL CORO II. El apetito.
III. La brillante irresponsabilidad.
IV. La risa, el choteo.
I. Una inquietud, Juan,
   insatisfecha, devoradora.
JUAN CABRERA. ¿Por qué no disfrutar del mundo?
EL CORO. *(Uniéndose).*
   Los sentidos, Juan,
   el fuego del erotismo.
   El sexo, don Juan, el sexo.
JUAN CABRERA. ¿Cómo llamar a esas cosas?
   ¿Cómo gozar del mundo terrenal?
   ¿Cómo tenerlas criollamente en la mano?
EL CORO. Un Acta de Representante.
   Colecturías.
   Una querida mulata
   con casa puesta.
   Cien trajes de dril cien.
   Botellas en Obras Públicas.
   Cuenta abierta en las tiendas.
   Máquina particular y casa propia.
   Un solitario de diamante.
   Un profesor que te enseñe
   las maneras del gran mundo.
   Botones de oro en la camisa,
   hebilla de plata en el cinturón.
   Tiempo, mucho tiempo, Juan,
   tiempo abierto, libre,
   sin trabas, sin horarios.
   El tiempo como una extensión,
   una pradera, el reloj sin manecillas.
   Tuyo entero. El tiempo
   es tu dominio, el reino criollo de Juan.

> Excursiones, playas, pesquerías,
> almuerzos interminables,
> noches de amor.
> El tiempo abierto: donde
> todo puede surgir hermosamente.
> ¿Quieres el conocimiento, Juan Cabrera?

JUAN CABRERA. Dame la sensación.

Baila con los personajes del Coro y se intercambian los emblemas.

EL CORO. ¿Llegaste, Juan? ¿Llegaste?
> Siempre hay que aspirar.
> Aspira. Aspira.
> Una aspiración infinita.
> ¿Cómo podría vivir el hombre
> sin perspectivas infinitas?
> Mientras más se aspira
> más se respira.
> Contempla las estrellas distantes.
> La tierra también tiene
> sus estrellas, estrellas terrenales.
> Míralas brillar. Te llaman,
> te hacen señales.
> Aspira. Una aspiración infinita.
> Te queda ahora el Senado
> y hacerte dueño de un Central.
> Arriba, Juan, parpadean
> tus nuevas estrellas.

El Senador Marcos López en un Ford de la época. Dos guardias personales franquean el paso lento del auto. Detrás admiradores, vítores acompasados en procesión religiosa. Los sargentos de barrio de Marcos López reparten dinero. De espaldas alguien dirige la ceremonia como si fuera una orquesta.

JUAN CABRERA. Señoras y caballeros:
> ¿cómo lo hice?

EL CORO. ¡Criollamente!

JUAN CABRERA. Ni cielo ni nubes:
> pisando duro la tierra:
> en un país criollo.

EL CORO. Duro, Juan Cabrera:
> ya eres, ya serás: Juan,
> ¡pero el Criollo Juan!

JUAN CABRERA. Cuando quieran el método,
> el modo, la manera,
> verse y conocerse:
> ¡mírense en este espejo!

EL CORO. *(Se divide).*
III. ¿Cómo es…?
I. Sensual.
II. ¿Cómo es…?
IV. Noble.
> A toda prueba.

I. ¿Cómo es…?
II. Generoso con sus amigos.
IV. ¿Cómo es…?
III. Frívolo.
I. Imprevisor.
II. Escéptico.
IV. Dignidad siempre en guardia.
> Mina cerebral gastada en salvas.

III. Incoherencia de ideas,
> acción sin propósito.

I. Alguna vez en la vida:
> jugador, burócrata, político.
> *(Uniéndose).*
> En la política,
> de la nada a la opulencia.
> Vertiginosamente.

JUAN CABRERA. Cuando quieran el método,
> el modo, la manera,
> verse y conocerse:
> ¡mírense en este espejo!

Al fondo la cúpula del Capitolio parece una pérgola iluminada. Debajo una pequeña orquesta típica semejante a la de Raimundo Valenzuela. Tocan un yambú hasta quedarse inmóviles y silenciosos. La cúpula se irá apagando.

2

Resplandece una batea trabajada por el proceso de la memoria de Juan: le falta un pedazo, es desmesurada, tiene una parte pintada de negro. El pe-

dazo que falta parece arrancado de cuajo por los dientes de un perro. Un anafe humeante. Surge Juan Niño, sucio y golfo, en las manos un barquito de madera. Lo echa al agua de la batea.

LA MADRE. Hijo, déjame tranquila lavar. Hay que entregar esta ropa en la Beneficencia. Ya me falta poco para terminar. Como sigas, voy a hundirte el barquito. ¿Dónde aprendiste?

JUAN CABRERA. Mirando los barcos en la bahía. Los hago con trocitos de madera y velas de papel.

LA MADRE. ¿Te gusta ver el mar?

JUAN CABRERA. Me gustan los barcos.

LA MADRE. Ni me fijo en ellos. Mi mar es esta agua de churre. No veo otros barcos que aquellos que tú tiras.

JUAN CABRERA. Habitaba con mi madre una casucha de madera y zinc en la calle del Príncipe, cerca del litoral habanero. Aún no habían construido el Malecón, y abundaban los charcos y la basura. Veía casuchas como la nuestra a lo largo de todo el litoral. Yo me entretenía solo y a veces con Marcos. Entorno mío no hubo primos ni abuelos. De mi otra familia solo supe lo que mi madre me contaba.

JUAN NIÑO. Mima, ¿quién fue mi padre?

LA MADRE. Un barbero español. Se llamaba Manuel Cabrera. Murió cuando tú tenías tres años. Era un gallego honrado. Allá en su aldea debes tener dos viejos tíos labradores. En Camagüey, donde yo nací, tienes una tía lavandera. Largas hileras de sábanas sucias vemos blanquear en nuestras manos, volver percudidas, salir blancas y planchadas. Eso hemos visto toda la vida. A veces me contemplo las manos: parecen garfios blandos, podridos. No me gusta tocarte con ellas ni me gusta que me las mires. Doce horas diarias bajo el agua. Anda, vete a la bodega. Trae una libra de arroz y dos centavos de aceite para alumbrarnos esta noche.

JUAN CABRERA. Yo andaba por los nueve años y me ponía a mirar a mi madre. Digo mirar, mirar fijo, tratando de descubrirle algo. Algo de ella o de mí. Más o menos estaba por los veintiocho mi madre, y la veía avejentada, incompleta la dentadura, pero con unos ojazos negros, lindas y duras piernas. Así la veían los hombres, no gastada del todo, sola, pobre, y la acosaban con sus fajones: el mulatón que le traía la ropa sin lavar y se quedaba mirándole las piernas y se pasaba la lengua por la boca, y después el dueño de la bodega, fiador de víveres que pretendía cobrarse de un modo más sabroso. ¿Y quién otro, Juan Cabrera? Un rico filántropo habanero, don Leoncio Estrada, sobreviviente de la guerra del 68, veterano y masón, patrono de la Beneficencia, a quien mi madre debía su empleo de lavandera. De dos a tres de la tarde caía el viejo moscardón. Pagaba el café, me daba un realito…

DON LEONCIO. Ay, Josefa, me apena verla haciendo este trabajo. Si usted quisiera, una palabra suya, una palabrita, y sería un ensalmo milagroso. ¿Por qué, cabecidura, vivir en tanta penuria, comiendo mal, con esos vestidos de holán negro cosidos y recosidos, y tanta inseguridad en esta familia? Una palabrita sola…

LA MADRE. Ay, don Leoncio, permítame ser honrada.

DON LEONCIO. ¿Y que se mueran de hambre usted y su hijo? ¡Qué va, Josefa, permítame hacerle la caridad y no me dé tanto remordimiento!

LA MADRE. Mucho le agradezco, pero, mi hijo, hasta ahora, es mi único compañero.

JUAN CABRERA. El viejo moscardón daba vueltas hasta el anochecer. Precavido, se marchaba entonces. Una vez por semana venía su mujer, doña Antonia de Cárdenas, sonando los arreos de su coche. Llegaba hasta la puerta, extendía su mano aristocrática, plena de brillantes, y ponía en la mano flaca de mi madre un billetico del Banco de España. Era gorda, cincuentona y también, como don Leoncio Estrada, filántropa. Sin dobles intenciones. O quizás con la intención de que en el cielo Dios le recompensara sus buenas obras por toda la eternidad.

LA MADRE. Vámonos, hijo. Me puse un poco de polvo, y estos zapatos que empiezan a perder la suela. Las sábanas ya están limpias y secas. Vámonos, que se hace tarde. Ven para peinarte un poco. Tienes la cabeza hecha de alambre de púas. Ciérrate la camisa. ¿Fuiste a la escuelita hoy?

JUAN NIÑO. Sí, mima. Cartilla y catecismo.

LA MADRE. ¿Te fijaste lo sucias que tiene las uñas el maestro?

JUAN NIÑO. Y las orejas también.

LA MADRE. Así no oye los horrores que sus alumnos le dicen. Camina. Las monjas nos esperan.

DON LEONCIO. ¿Y se va sin atenderme? Las monjas son santas mujeres y la esperarán una eternidad. Pocas veces me permite verla compuesta, tan vital, tan dinámica… Caramba, caramba, mirándola y adorándola me siento también más joven, y hasta un poquito ardiente. ¿No tenemos café? Juan, trae café. Al bodeguero que te lo dé molido.

Juan Niño se aparta pero no se va. La escena se ha repetido muchas veces en su presencia. Don Leoncio comienza su asedio pegajoso y a la vez cohibido. Con delicadeza quita a Josefa las sábanas dobladas.

DON LEONCIO. Caramba, caramba, no había reparado. ¿El túnico es nuevo? A ver, a ver, unos pasitos, un giro para que su esclavo la contemple. Preciosa, Josefa, preciosa. Haga un poco de café. ¿No tienes dulces, niño? Cómprate los dulces que quieras. Hoy estás lleno de plata. Una peseta, dos.
LA MADRE. ¿De qué se asombra, don Leoncio? Zapatos, túnico, está cansado de verlos.
DON LEONCIO. Hoy me parecen nuevos. Es el aire juvenil que usted les da. Josefa, no sea egoísta con sus encantos. Sea cristiana: dé de beber al sediento y de comer al hambriento. ¿Te gustan los barcos, niño? Vi un bergantín de madera en la bodega. Una peseta más: cómpratelo y diviértete. Es usted inquebrantable, Josefa. Más dura que el mármol a mis quejas.
LA MADRE. Yo no lo engaño. Agradezco su ayuda y sus regalos. Pero nada le prometo.

Don Leoncio ocupa un taburete al que faltan una pata y parte del respaldo.

DON LEONCIO. No lo creo, Josefa. No creo que sea agradecida ni que tome en consideración mis ofrecimientos. ¿Ha olvidado que su empleo se lo di yo? No, no diga nada si no es una promesa.

Josefa guarda silencio. Juan Niño echa el bergantín en el agua jabonosa de la batea. Flota airoso. Don Leoncio, acomodado en el taburete, las piernas abiertas y las manos en los muslos, contempla goloso a la codiciada viuda. Suenan los arreos de un coche, el ruido peculiar y conocido del coche de dos caballos de la esposa de Don Leoncio. Expectación. Juan Niño corre gritando.

JUAN NIÑO. ¡Doña Antonia! ¡Doña Antoñica! ¡Ahí viene! ¡Ahí viene!
JUAN CABRERA. Grité aliviado, contento. Estaba ayudando a mi madre.

Coche de dos caballos retintos y lustrosos. Se ve una parte de los animales y del cochero negro. De pronto se ilumina —con la luz del recuerdo de Juan— la portezuela y desciende Doña Antonia de Cárdenas empuñando un bastón. Del cuello robusto le cuelgan las gafas.

DOÑA ANTONIA. ¿Qué dice el niño? Llama a tu pobre madre. Le traigo una cosita.

Sonrisa instantánea de la Doña: Juan Niño se aparta con intención: Doña Antonia sorprende la escena inesperada. Don Leoncio, ya de pie, se halla cerca de la acicalada viuda. Ambos, vueltos hacia la recién llegada, tienen la actitud de dos delincuentes sorprendidos en pleno delito. La Doña, poniéndose a tono con el horror que imagina, avanza digna y altiva, prescinde de la viuda y del hijo para encararse con el marido, centelleantes los ojos detrás de las gafas, trémula la voz soberbia.

DOÑA ANTONIA. ¿Conque estabas aquí, eh?
  Creí que todavía no habías descubierto
  este tesoro. Pero me equivoqué.
  Tienes un olfato envidiable.
  Hueles, rastreas
  a gran distancia, perro excelente de caza.
  De eso vives, de la cacería.
  Don Leoncio Estrada,
  eres el cubano típico:
  las faldas te dan mareo,
  y si son baratas, llegas al vértigo.
  ¿Qué tramas en este lugar?
DON LEONCIO. Socorro a esta pobre señora.
DOÑA ANTONIA. *(Hinchando el cuello y la nariz con señoril ironía).*
  ¿Señora…? Oh, deliras,
  don Leoncio Estrada.
  Esta clase de mujeres
  te hace delirar. ¿Señora…?
  ¿Qué soy yo entonces para ti?
LEONCIO. Cálmate un poco, Antoñica.
  Déjame hablar. Espérate:
  vas lejos en tu apreciación.
  Créeme que la ayudo:
  yo también hago obras de caridad.
LA MADRE. Señora, permítame un momento.
  Usted me conoce, una vez
  por semana viene a verme
  trayéndome algún auxilio,
  cómo puede pensar de mí
  que soy una cualquiera.
  Soy pobre, desgraciada,
  pero me conservo decente.
DOÑA ANTONIA. ¿Decente en esta miseria?
  Sería demasiado. Solo una santa.

Pero usted no me importa.
Ni usted ni su hijo.
Hablo contigo y de ti.
He sido terca o tonta en ayudar
a esta clase de mujeres:
¡todas son iguales!
Y tú, don Leoncio,
eres peor que ellas. Andas tras
la presa con tu finísimo olfato.
DON LEONCIO. ¡Qué poco te fijas!
¿Tú crees que esta pobre
viuda es una presa para mí?
Mírala bien, doña Antonia.
Ni dientes tiene.
JUAN NIÑO. Óigame, don,
hace un momento usted,
como un moscardón, andaba
dándole vueltas.
LA MADRE. Cállate, hijo.
Aprende desde chiquito
a tragarte las ofensas.
DOÑA ANTONIA. Así te gustan y así las buscas.
No supondrás que voy a creerte
que en estos lugares buscabas a una duquesa.
Ciertas mujeres, ciertos ambientes,
despiertan tu deseo.
Te encanta el mundo bajo.
No, no repliques. Hay
demasiadas pruebas y ejemplos.
Además, don Leoncio, es más fácil,
ya no tienes edad para conquistas mayores.
Frótate con la miseria y con sus víctimas.
Supongo recordarás el número que esta tiene.
Voy a mi casa del Cerro y en mi carruaje.
Adiós, don Leoncio. ¿Es hijo tuyo, no?
Se te parece mucho. ¡Que Dios se lo pague, señora!

Aparece el coche con sus sonidos. Doña Antonia sube rápida y bruscamente arranca. Don Leoncio apenas tiene tiempo de trepar al estribo.

DON LEONCIO. Espera. Estás profundamente equivocada.

Parte el coche. Se oye un largo sollozo imprevisto de doña Antonia de Cárdenas, obra de la rabia, la vergüenza y el amor callado que siente por su marido. Madre e hijo se abrazan lenta, silenciosamente.

LA MADRE. Iremos mañana a entregar la ropa.
Ya se ha hecho de noche.

3

Voces infantiles. Tablas de multiplicar y preguntas del Catecismo. Un cántico religioso resuena en las bóvedas de un vasto recinto. La Madre y el hijo caminan hacia la Casa de Beneficencia. Llevan bultos con las sábanas limpias. Varias monjas de tocas blancas y hábitos negros entran con unos barrotes de hierro y forman una reja. Cuando está terminada, dan la espalda y permanecen rígidas. Detrás de la reja se coloca la Hermana Portera. Cesan las voces infantiles. Resuenan en los anchos corredores los pasos de Juan y de La Madre. Un gran silencio repentino y luego el sonido de los cerrojos al cerrarse. La Madre y Juan Niño se detienen delante. A veces, mientras habla Juan Cabrera, Juan Niño realiza las acciones. Doña Antonia viste los hábitos de la Hermana Portera. Pronuncia como española. Saluda en voz baja y labios temblones. Su voz adquiere después seguridad en el cumplimiento de la resolución de la Superiora.

HERMANA PORTERA. Buenos días les dé Dios, y que tengan salud. ¿Cómo va el niño en la doctrina? Tiene cara de estar adelantado. Me han dado estos realejos para usted en pago del lavado. Ponga las ropas ahí, y después las recogeremos. Tengo órdenes de la Superiora de no dejarla pasar. *Ora pro nobis.*
LA MADRE. ¿Me deja usted así, hermana? ¿No puedo venir a recoger más ropa?
HERMANA PORTERA. No.
LA MADRE. ¿He perdido el empleo?
HERMANA PORTERA. Sí.
JUAN CABRERA. Ya mi madre lo presentía. Antes de dormirnos, cuando apagábamos el candil, me dijo: «De esta me quedé sin trabajo.» El coche de doña Antonia fue a la quinta del Cerro pero se detuvo un momento, un momentico tan solo, en la Casa de Beneficencia. Desde su asiento, sin bajarse, mandó un recado a la Superiora. Fue suficiente. Doña Antonia era la principal madrina de la Casa. En un minutico nos

dejó sin nadie y sin nada. Don Leoncio no abrió la boca: la pobreza de mi madre favorecía sus planes.

LA MADRE. Quiero pasar, hermana. Permítamelo. Debo hablar con la Superiora.

HERMANA PORTERA. Ella misma ordenó que no la dejara pasar. Tome sus reales y olvide que existe esta casa.

JUAN CABRERA. La Superiora se portaba bien con los pobres. En el hospicio la gente la quería. Pero tenía una cualidad: era ciega y sumisa ante las humanas jerarquías. Por algo llegó a Superiora.

LA MADRE. ¡No y no! *(Exaltada rechaza el dinero y hace ademán de entrar, pese a la prohibición).* Déjeme. Necesito ver a la Superiora. Piense en mi miseria, hermanita. Ábrame. Levante el cerrojo.

HERMANA PORTERA. *(Con duro acento español).* ¡Por el Señor, hermana! Retírese. No se ponga en pecado mortal.

LA MADRE. ¡No y no! Ábrame usted. Ayúdame, Juan.

HERMANA PORTERA. Se ha vuelto demente. No mezcle al chicuelo en esto. Váyanse los dos.

La Madre y Juan Niño forcejean aferrados a los barrotes. La Hermana defiende la entrada con el cuerpo pegado a la reja.

LA MADRE. Juntos la echaremos abajo.

HERMANA PORTERA. Van a quebrarse las manos. Diré todo a la Superiora. Nunca más querrá saber que usted existe. ¡Qué insolencia la suya!

LA MADRE. Si ella no viene, nos quedaremos aquí el día entero. Supongo los chismes que le han traído. Se ha dejado embaucar y me echa. No quiere oír ni saber la verdad. «¡A la calle con ella!» Aquí nos quedaremos el día entero.

HERMANA PORTERA. Nunca la vi así, hermana. Lucifer se apoderó de su alma. Allá usted. Expulse al Maligno. Aquí le agarrará la noche y la trompeta del Juicio Final.

Salen la Hermana Portera y todas las monjas. Golfos de la calle, un Soldado con la Barredora del brazo, mirotean rientes y burlones. Se sientan la Madre y el hijo ante la reja dispuestos a esperar y, a la vez, asustados de su propia conducta. Las sábanas blanquísimas están en el suelo. Largo silencio.

JUAN CABRERA. Mi madre me indicó que recogiera los reales. «Que paguen el trabajo ajeno. No me da vergüenza cobrar.» Volví a sentarme y ella se los guardó. *(Ninguna de estas acciones se realizan. Reina cierta inmovilidad. Solo se oye la voz de Juan Cabrera).* ¿Qué hacíamos sentados al pie de la reja?

Fino el oído, atento como un cazador en la selva. Nada importaba: hablaban a nuestro alrededor o se reían choteadores, y el oído fino, atento, no recogía esa bulla sino el silencio del hospicio: ni un paso dentro. Fino el oído, atento: la Superiora no venía. Venía el silencio desde el fondo. Por el claustro, el zaguán, los corredores, el patio, venía el silencio. Fino el oído: lo oíamos caminando. En el alma de mi madre mordía la ofensa con sus dientes. Si la Superiora era bondadosa, no podía dejar de ser lo obediente que era. Su condición de religiosa se espantaba y retrocedía. ¿Explicaciones? ¿Atender a un tema del mundo *escabroso*? ¡Qué va! Su alma blanca cerraba las alas huyendo. Nunca llegó la Superiora. Nunca, nunca, nunca...

La representación retoma el movimiento anterior. Se esparcen comentarios y los mirones se agitan. La Barredora, mulata con batón de tira bordada, chal de burato y chancletas de venado, barre la calle del brazo del Soldado con la cola blanca y rizada de su bata lujosa. Se aparta del Soldado, se pone enjarras y desata su hablar estridente de mujer de solar.

LA BARREDORA. Óigame, seña Josefa, por donde va no queda el torno para tirar a los huérfanos. *(Se oyen carcajadas y chiflidos)*. Dese la vuelta y coja por otra calle. ¿Perdió la orientación, madama? Que no se diga. El vástago me parece muy grande. No le cabrá en el torno.
EL SOLDADO. Seguro se lleva un chichón.

Harapientos y multicolores, algunos rapados, otros a la greña o de pelo lacio crecido, el coro de niños comienza una ronda. Ronda burlona y grotesca. Con el índice un niño los señala.

UN NIÑO. Miren pa Juan: su madre lo va a meter en la Beneficencia.
LA MADRE. Cállese, mocoso. ¡A limpiarse!
OTRO NIÑO. Pobrecitoooo. No tiene papaaá.
JUAN CABRERA. El tuyo levantó la pata y a tu madre se la dejó en la mano.
  ronda de niños. Dale que dale,
  un niño nuevo
  llama al portón.
  Din don, din don.
  ¿Quién es?
  Din don, din don.
  Juan Cabrerita,
  Juan Cabezón.

          Su padre se murió
          de un ataque que le dio,
          y la herencia que dejó
          fue una jaba defondá.
          Din don, din don.
          ¿Quién es?
          Juan Cabrón.
          Oh María, madre mía,
          oh consuelo del mortal,
          amparadlo y guiadlo
          a la patria celestial.
JUAN NIÑO. Si no se van me los como a pescozones.
          ronda de niños. Ábrele, monjita,
          que llamando está
          la pobre viudita
          de su mamá.
          Din dan, din dan.
          ¿Quién es? ¡Juan Valdés!
JUAN CABRERA. Vámonos, mima. No aguanto más. Nadie vendrá. Vámonos o empiezo con las pedradas.

Se levantan y repentinamente patean las sábanas. La Madre abre una y se la tira a los niños.

LA MADRE. ¡Jueguen, mataperros! ¡Llévenselas todas! Se las regalo. Esta noche tendrán con qué taparse.

Cogen los niños las sábanas y se ponen a jugar y otros se las esconden bajo el brazo. El Soldado se lleva algunas. La Barredora se adelanta desafiante.

LA BARREDORA. Pero, madama, ¿usted no come de esto? Se remató del seso. Las monjas no le darán ni un quilo prieto partido por la mitad.
LA MADRE. ¿Y qué, mulata? Dios dará.
LA BARREDORA. Ay, a ese tipo ni se le oye. La veo mal. No le queda más que meterse a mi vida de puta. El dueño de la bodega la espera. Paga con dinero y con víveres. Pero cuídese. A lo mejor encuentra competidora.

Los personajes se desvanecen en una luz intensa. Quedan en una penumbra blanquecina. Solo Juan Cabrera permanece.

4

JUAN CABRERA. Al fin de allí nos fuimos.
   Mi madre se arrepintió
   apenas anduvo unos pasos.
   Ya era mucho, y obedeció
   al freno que la dominara
   tantas veces. Al freno
   que tenemos los pobres dentro.
   Servilismo del paria ante su señor,
   que salva a los encopetados
   del escándalo y la violencia.
   De que les suenen un trompón
   o un buen escupitajo en la cara.
   Se arrepintió, y se dio cuenta
   de que su conducta rebelde
   la hundió más en la penuria.
LA MADRE. *(Se evidencia un tanto).*
   Juan, hijo,
   en tal desgracia no se debe
   ni alzar la voz,
   ni siquiera los ojos.
   Mirar siempre
   a los zapatos del señor.
   Juan, hijo,
   hay que volver y llamar
   a la puerta de la Beneficencia.
JUAN CABRERA. No, mima, no.
   De allí nos botaron.
LA MADRE. Hay que volver y tocar.
   Juan, hijo,
   hay que acudir otra vez
   a doña Antonia de Cárdenas.
   Tocar en la puerta
   de la quinta del Cerro.
   Suplicar, suplicar…
JUAN CABRERA. Todo eso hicimos
   varias veces.
   Solo un pobre

>sabe lo que es
>una puerta cerrada.
>Uno la ve,
>ve que se abre,
>y sabe sin embargo
>que está cerrada.
>Tu llave no la abre,
>ni tu mano extendida,
>ni tu labio suplicante.
>Solo un pobre
>sabe lo que es
>una puerta cerrada.

DOÑA ANTONIA. *(Se evidencia un tanto).*
>Dígale que no estoy.

HERMANA PORTERA. *(Poniéndose la toca se evidencia un tanto en la penumbra blanquecina).*
>La Superiora le manda decir
>que ha salido.

JUAN CABRERA. Nunca se hallaban,
>siempre habían salido.
>Oíamos sus voces
>dar los recados.
>Pasaban por el fondo
>dejándose ver
>en el instante preciso.

LA MADRE. Juan, hijo,
>hay que buscar trabajo.

JUAN CABRERA. De cocinera
>no lo halló.
>De lavandera
>nadie la quiso.
>De sirvienta,
>de niñera,
>no lo encontró.
>Yo era un estorbo.
>Con un hijo
>a cuestas, ya
>no es tan fácil.
>«Ah, pero tiene

    un hijo. No,
    aquí no hay lugar
    para niño chico.»
    Algún trabajito
    de ocasión caía.
    Alguien traía a lavar
    alguna ropita.
    Los reales cobrados
    a las monjas
    se iban corriendo.
LA MADRE. Juan, hijo,
    tu madre no sabe leer ni escribir.
    No puede hallar otro trabajo
    que algo que hacer con sus brazos.
    Si tu padre no hubiera muerto…
    Si mi familia viviera cerca
    y no fueran pobres lavanderas…
JUAN CABRERA. Entonces
    me uní a una pandilla
    de muchachos hambrientos.
    Corríamos
    del Hospital Reina Mercedes
    al Leprosorio de San Lázaro
    a robar restos
    de la comida de los enfermos.
    Otras veces
    nos metíamos en pleno campo
    a desgajar frutales
    con palos y pedradas.
    dueño de la bodega. (Se divisa en la penumbra. Camiseta y boina.
    Acento español. La voz es su mayor presencia).
    Señora Josefa:
    Me apena, usted sabe cómo yo la trato,
    pero no puedo fiarle más.
    Ya me perjudica el negocio de la bodega.
    Con dolor de mi alma se lo digo.
    Ni un centavo más, señora.
    Aquí tiene la cuenta de los víveres.
    ¿Se la llevo esta noche a su casa?

Un catre de lona blanca refulgente en la luz. La Madre permanece en la penumbra evidenciándose un tanto al hablar. Tintineo de monedas en el bolsillo de una falda.

LA MADRE. Hoy no vayas al hospital ni al leprosorio, ya tenemos comida. Te compré dulce de guayaba y los panecitos que te gustan.

El Dueño de la Bodega se sienta en el catre de espaldas. Se descalza y desviste sin levantarse. Se acuesta dejando una pierna fuera.

LA MADRE. Juan, ya estás crecido
  para dormir conmigo.
  Compré otro catre.
  No dejes de ir mañana
  a la escuelita.

La figura de Juan Cabrera entra en la penumbra luminosa y se desvanece. La Madre avanza cohibida hacia el catre. Antes de acostarse junto al bodeguero todo se borra en una luz cegadora.

5

Rumores de la calle y el movimiento de la gente. Juan Cabrera delante en cuclillas, fuma un tabaco caro. Está en camiseta. Resalta el oro de los botones. Golpes acompasados de tambor acompañan la acción.

JUAN CABRERA. Caramba, qué dos periodistas más preguntones. Todo querían averiguarlo, saberlo y divulgarlo. ¿Yo? Hablando alegre y saltarín. Dentro el viejo freno me decía: eso no, aquello no lo menciones, pasa por alto esto, y alegremente iba soltando el melodrama. Cada vez que quería una prueba o me entraban ganas, me paraba delante del bodeguero —chiquitín: el mostrador me daba por aquí— y le hacía soltar dos pesetas. Había que verme con el dedo pedir este dulce, aquel, las galletas, el refresco, la africana de chocolate. Había que verme con el dedo. Cargaba con todo y ¡a escape! A los amigos barrioteros les tocaba su parte del regalo. Había que verme repartir. Parecía el hijo de un señor adinerado y generoso. Nadie de los amigos se quedaba sin su ración. Una sábana guindando separaba mi catre del otro, del que salían durísimas zetas y jotas en batallón. Por arribita. No le iba a dar tantos detalles a la prensa. Mi madre dijo en una ocasión: que paguen el trabajo ajeno. Yo iba directo al mostrador y con el dedo, este dulce y aquel. Después a correr y a divertirme. Nadie tenía autoridad sobre mí para pararme. Del nuevo catre saqué ventaja. Deserté de la escuelita, corrí por calles y placeres, sin zapatos, los pies en el suelo, al viento el pelo enmarañado, con la camisa abierta. Fui amoral y egoísta. Aprendí todos los desplantes. No tuve norma: sentí orgullo y fui violento. Mi madre me corría detrás con la chancleta y a veces me alcanzaba. Pero ya su hijo Juan era del arroyo.

Se oye la voz de Marcos López. Entra y se acuclilla al lado de Juan. Viste una guayabera de hilo. Sombrero de Panamá. Sortijas y bastón.

MARCOS LÓPEZ. *(Fuera).* Juan, me dijeron que andabas buscándome. ¿Qué te ocurre, viejo? Los negocios me traen de cabeza y las queridas me hacen perder la cabeza. ¿Qué pasa? ¿Volviste a la infancia? Así jugábamos al silo y a la baraja. Tiempos remotos, Juan. Ahora somos otra clase de gente. *(Se levanta).* ¿Qué querías? Ah, no me lo digas, te adivino: el Senado no votará esa ley. No le conviene a la República.

Se desvanece y en su lugar surge Marcos Joven. Pelo crespo y azafranado. Pies descalzos. Ombligo al aire. Limpiabotas callejero. Recogedor de apuntaciones de charada y repartidor de periódicos. Tiene cuatro años más que Juan. Se acuclilla de nuevo a su lado. Después se oye su voz juvenil fuera y luego habla directamente.

MARCOS JOVEN. Chévere, te andaba buscando por el barrio. Creí que te había llevado un ramalazo de agua salada. ¿Dónde te escondiste? *(Hablando en vivo).* ¿Nos ganamos unos reales? Gallito, aprendiste el oficio. Ya no te mueres de hambre. Dicen por ahí que no te hace falta la plata.
JUAN NIÑO. Coge un nuevo camino hablando y no me tires pullas o me peleo contigo para siempre.
MARCOS JOVEN. No te cabrees, gallito. ¿Nos ganamos unos reales? Luego, un rico atracón de queques y un jarro de guarapo.

Cambia la luz a plena y diáfana. Las sombras ocupan todo el espacio: guapos, vagos, matones, apuntadores de charada toman y fuman. Charlas y gesticulación incesantes. Muchachos, niños chillones y míseros. Billeteros. Un malojero.

Un vendedor de pan en canasta. Un guardia colonial, adulador, sonriente con los guapos. Un cochero con látigo y polainas. Juegan a la pelota, a las tres barajas, a los botones, al silo. Latas regadas, botellas, cascaras de plátano y semillas de mango, pedazos de papel, cocos partidos. Una carreta de frutas. Pregones mañaneros. Compradoras se acercan a la carreta. Niños roban cuando no son vistos. Algunos comen frutas, pelan mangos, muerden tajadas de melones. Juan Cabrera y su amigo Marcos López, con un cajoncito cada uno, se proponen como limpiabotas. Lustran botines y zapatos echando una rodilla en tierra, en medio de la acción general. Juan toma un pie, Marcos el otro, compitiendo con dinamismo alegre, divertidos y pillos, en bruñir el calzado.

UN GUAPO ENTUSIASMADO. ¡Qué bárbaro! El Illamba
    la cogió de frente,
    sin miedo ninguno.
    Repítelo, le dijo
    serenito, sin amenaza,
    los brazos caídos.
    Repítelo, le dijo.

Se ha formado un coro a su alrededor y se mueven como en una danza. Dos matones inician la representación de lo que el Guapo narra.

    «Te quedaste sordo»,
    replicó el otro,
    que era macho también.
    «Me gusta oír dos veces.»
    el matón que representa. ¡Allá va! Te lo canto
    clarito: tuno eres
    hombre ni na.
OTRO MATÓN. ¡Te salaste!
UN GUAPO ENTUSIASMADO. Y aquellos brazos caídos
    se alzaron rápidos:
    brilló un puñal
    como un relámpago
    y entró directo
    junto a la ingle.
OTRO MATÓN. ¡Así!
    el matón que representa. ¡Hijoeputa!
    Te la cobraste.

Se lleva ambas manos a la herida y cae de rodillas manando sangre.

OTRO MATÓN. Te lo anuncié:
   a la primera, te rajo.

Huye. Silbato del Guardia. Tumulto. Levantan al Matón del suelo y se lo llevan. El Guardia detrás tocando el silbato.

UN GUAPO ENTUSIASMADO. Lo desgració
   pa toa la vida.
OTRO GUAPO. Ahí mismo le dio.
EL MALOJERO. Lo capó
   como a un cochino.
UN GUAPO ENTUSIASMADO. A ver, ¿quién se atreve
   a denunciarlo, caballeros?
   EL VENDEDOR DE PAN. Arreglao estará
   el chota que se atreva.
UN GUAPO ENTUSIASMADO. ¿Nadie?
   Ah, bueno.
   ¡Abajo los soplones!
OTRO GUAPO. Ven acá,
   y si lo entregan, ¿qué?
   El presidio
   se hizo pa los hombres.
UN GUAPO ENTUSIASMADO. Eso entre nosotros, pero
   la gente tiene
   que respetarnos.
   Aprender
   a no ser soplona.
   EL HOMBRE DEL CARRITO. Oye,
   ¿y qué le pasó?
   VAGO CON UN MANGO. Siete puñaladas
   y se quedó muerto.
   EL HOMBRE DEL CARRITO. Un negro menos.
   VAGO CON UN MANGO. Y un mango menos. (*Sale corriendo*).
   EL HOMBRE DEL CARRITO. ¡Ataja!
   Me voló la mercancía.
   EL GUARDIA COLONIAL. ¡Rediós!:
   cómo corren los cubanos.

Calma momentánea. Marcos y Juan se acercan a ver la sangre derramada.

JUAN CABRERA. Nunca vi tanta sangre.
MARCOS JOVEN. Vete acostumbrando.
JUAN CABRERA. ¿Es caliente, Marcos?
MARCOS JOVEN. Caliente y salada.
JUAN CABRERA. Sin sangre no se puede vivir, ¿verdad? Morirse es perder sangre, que la sangre se vaya deteniendo. ¿Tú sabes qué es una hemotisis?
MARCOS JOVEN. Un ataque que le da a los tuberculosos.
JUAN CABRERA. Para mima, papá murió echando sangre por la boca. Quizá un cuajarón grande como este.
MARCOS JOVEN. ¿Y tu papá no vive? Déjate de cuentos. Vive y se llama don Leoncio Estrada, ilustre veterano.
JUAN CABRERA. ¡No repitas eso! ¡Son mentiras! ¡Mentiras! Voy a clavarte un puñal en la ingle.

Aparece la Barredora arrastrando complaciente la cola de su bata blanca deslumbrante. Cruza despaciosa y rítmica. Rechifla admirativa. Algunos se acercan y la piropean. Ella los aparta con la punta de los dedos y sigue airosa. Cuando parece que se retira, se vuelve hacia Juan con ademán desfachatado y lengua solariega.

LA BARREDORA. Me alegra verte, chiquito.
 Quiero darte un recado.
 Óyelo y grábatelo bien.
 Dile a la mosquita muerta
 de tu madre, o lo que sea tuyo,
 que se deje de andar
 quitándole los machos
 a la Barredora:
 pueden desfigurarle la
 caricatura de un navajazo.
 Baja el hocico, chiquito.
 Soy cócora y ante mí nadie
 se atreve a protestar.
JUAN CABRERA. Con mi madre no se meta,
MULATA. Soy un niño,
 pero con buena puntería.

LA BARREDORA. Mira, blanquito sucio,
   aprendiste a tirar piedras
   robando frutas ajenas.
   Tú y tu madre no son
   más que unos muertos de hambre.
MARCOS JOVEN. Arre, Barredora.
   A mi amigo déjalo
   o tendrás que vértelas conmigo.
   Ya no tienes hombre
   que te defienda. ¡Arre!
LA BARREDORA. Miren
   al renacuajo este.
   Pedazo de hombre,
   limpiabotas de mierda.
   Apártate o te aplasto.
   Y oye esto clarito:
   ésta pierde un hombre hoy
   y mañana tiene otro.
   Ya lo sabes, chiquito
   culicagao, díselo
   en mi nombre a tu madre, o a esa.
   Que deje tanto ficticio.
   Quiere ser santa y puta.
   Y no va. Que se decida.
   Honrada o barredora.

Se desvanece en la luz. Rechifla admirativa. De repente un silencio. Algunos personajes se esfuman en otros, detrás, delante. La luz reina en el punto focal de la escena solitaria. Repentino el repique singular, inconfundible, de un palillo contra el costado de un tablero. Irrumpe el Chino, el tablero en la cabeza, rojo almagre. Trenza, ropa holgada típica de los culíes. Aparece sigiloso el grupo de niños y muchachos. El Chino avanza flotante, casi en el aire, tocando el palillo.

NIÑOS Y MUCHACHOS. El chino. El chino. El chino…

El nombre se repite en un susurro como a lo largo de una posta de centinelas. Uno de los muchachos se adelanta a su encuentro y los demás se esconden silenciosos o agachándose dispersos. El muchacho se presenta al Chino muy tranquilo, la mano indicando el lugar del dinero. Marcos y Juan Cabrera se unen a los demás. La luz cae en grandes franjas entrecruzadas. Los muchachos ocupan las partes en penumbra.

EL MUCHACHO. A ver. Abaja el tablero.

Abre el Chino una tijereta y se quita el tablero de la cabeza. El muchacho escoge tranquilamente unos dulces. Arrebata de pronto un montón y echa a correr. El Chino se lanza detrás, y queda solo el tablero que reluce un momento. Salen de sus escondites los otros y corren al abordaje. A empellones, cada cual queriendo coger lo mejor y despacharse primero, se llenan las manos de dulces. El Chino regresa sin haber cogido al muchacho. Llama al guardia dando voces. Los muchachos se dispersan corriendo. Suena el silbato del guardia. Se desvanece la escena. Marcos y Juan Cabrera están ahora dentro del casco de una vieja embarcación, un costillar renegrido sobre los arrecifes del litoral. Se oye el oleaje del mar próximo. La luz, al dar en las maderas del casco abandonado, forma listones de sombra. Sudorosos y jadeantes engullen voraces los dulces baratos embarrándose de cremas y azúcares.

JUAN CABRERA. Oye, pobre chino. Le acabamos todo.
MARCOS JOVEN. No seas mariquita. Que se jeringue. Pa eso es chino. ¿Un chino? Pura mierda.
JUAN CABRERA. ¿Tú has fumado opio chino?
MARCOS JOVEN. Mi hermano, yo no. Se ven cosas parecidas a las cosas del sueño.
JUAN CABRERA. Eso dicen que enferma y detiene el crecimiento. Tengo tan sabrosa la boca. Parecido al sueño...
MARCOS JOVEN. El día entero dormido.
JUAN CABRERA. Viendo cosas ricas sin hacer esfuerzo para robarlas. Pobre chino: esta noche no podrá soñar.
MARCOS JOVEN. Chévere, olvídalo. Horita me puse pesado contigo. Ni conozco al tal Leoncio. Así que tu padre está muerto.
JUAN CABRERA. Muerto. Sin opio, duerme. Pelirrojo, a veces yo también creo que mi padre es don Leoncio Estrada.
MARCOS JOVEN. ¿No estarán estos dulces embarrados de opio y nos pondrán a ver cosas raras?
JUAN CABRERA. ¿Y qué? Marcos, no seas mariquita.
MARCOS JOVEN. Vete al carajo. Gallito sucio, oye el mar cómo suena. ¿No te tienta? Desnúdate. Vamos a meternos en el agua. Óyela. Óyela, nos está llamando. ¿Y a ti no te da pena esa minucia?

JUAN CABRERA. ¿Pena de qué? Mamá dice que estoy muy desarrollado…
MARCOS JOVEN. Ella conoce la materia.
JUAN CABRERA. Oye, con mima no te metas. Primero con papá y ahora con ella. Aquí te dejo, perro. Búscate otra compañía.
MARCOS JOVEN. Juan, pero no te vayas. Me puse pesado contigo otra vez. Bruto que soy. Yo no sé nada de tus padres. Te buscaba la lengua. Vaya, quédate. Mira qué buena está el agua. Ricaaaa… Tírate, ven.
JUAN CABRERA. Espérame, Marcos. ¿De quién habrá sido esta barca?
MARCOS JOVEN. De un pirata, con garfio por brazo y un ojo de vidrio. Corriendo, gallito. El sol se nos va y hay que robarle un rayo. Te digo una cosa: dile a tu madre que se cuide. La Barredora es enemiga mala.

Mientras se desnudan para bañarse se desvanecen en la luz. Surge el atardecer con luz amarillenta. Campanadas de una iglesia distante. Juan Cabrera y Marcos recorren los barrios de la prostitución. Tienen aún mojado el cabello. Con voz de ebrio alguien canta una canción sentimental, fragmentaria y lejana. Juan Cabrera retoma suposición anterior: está en cuclillas, delante, fumando su tabaco caro, con su camiseta de botones de oro. Quien marcha junto a Marcos Joven es Juan Niño.

JUAN CABRERA. *(Fumando).* Nos íbamos a recorrer las estaciones. Pero en vez de las figuras de la Pasión de Cristo, veíamos otras figuras y teníamos una pasión diferente. Recorrer las estaciones era irnos a ver las putas en las puertas de sus casas, a lo largo de las aceras que olían a tabaco, a vetiver y a meao. Íbamos Marcos y yo como hombres maduros en la vida fuerte, por las calles de La Habana española, ciudad de renombre, sin rival en el mundo por el número de sus prostíbulos. Primero las casas serias y caras, por San Miguel y San José y Virtudes. Después las casas sucias y baratas, por Aguacate, Bomba y Obrapía. La policía colonial, maestra de nuestra policía, explotaba estas casas con la mayor tranquilidad. En los cafetines de las esquinas, chulos empolvados, muy peinados con vaselina, sentados ante ginebras importadas y fichas de dominó, vigilaban la mercancía y la buena marcha del negocio.

Mecedoras alineadas. Una mampara entreabierta. Mujeres meciéndose fuman en boquillas y se abanican despaciosas. Muestran partes del cuerpo por encima y por debajo del traje de cintas y bordados. Algunas visten batas de casa de tela china, con zapatillas de seda. En otra parte, un burdel barato. Estampa de la Virgen de la Caridad. Palanganas en el suelo. Dos putas que se ofrecen, semidesnudas, en batas floreadas, fumando. Dejan ver las ligas, la pelambrera de las axilas y la zanja del pecho. Aquí Juan Niño y Marcos Joven entran y se mezclan. Una de las putas, provocadora, risueña, le muestra el seno a Juan. Después los sacan a los dos del burdel entre risas, caricias y toqueteos furtivos. Juan, menor que Marcos, se comporta de un modo más tímido e infantil ante el amigo, más suelto y decidido. Irrumpe un grupo de transformistas. Entran, besan a las putas, les dan pellizcos y arreglan el peinado entre saludos y nerviosas risas agudas. Llevan las cejas pintadas y colorete en las mejillas.

UNA PUTA. *(Entre risas y besos).* ¡Los odio! No soporto a los hombres que ejercen. Son una competencia muy dura.

UN TRANSFORMISTA. *(Se acerca a Juan, lo toquetea y exclama).* Vaya dureza, niño. Qué vigor... ¿Quieres venir conmigo? La gente de tu edad es mi favorita. ¿Tienes miedo? Dame el placer de iniciarte. No voy a cobrarte nada.

Marcos arrastra a Juan Niño y se apartan. Quedan los dos solos.

MARCOS JOVEN. Mocoso, ¿no te das cuenta? Es un hombre disfrazado de mujer. Vámonos de aquí. Qué par de tetas las de esa mulata. ¿Viste que me las enseñó? Espérame aquí. *(Juan niega con la cabeza).* No te portes majadero. Espérame. Vuelvo pronto. Ya sabrás cuando seas mayor que esto no se puede aguantar. Le voy a dedicar una. Allá en un zaguán oscuro.

Juan queda solo un rato. Reaparece Marcos abrochándose la portañuela. Echa el brazo por el hombro a su amigo y emprenden el regreso. Se desvanecen. La voz de Marcos exclama gozosa: «¡Qué cerebro, mi madre!».

JUAN CABRERA. *(En cuclillas fumando).* Montados en la tabla trasera de un quitrín volvíamos a nuestro barrio. Ya la noche arribaba y se encendían poco a poco los faroles del alumbrado. ¿Ese chasquido que oigo? ¿Ese chasquido? ¿El traqueteo del coche? ¿O el látigo que restalla el cochero? Todavía, a veces, como en una pesadilla, oigo ese ruido. No importa que viaje en auto nuevo con motor y ruedas de goma, oigo el chasquido del látigo. Era de noche cuando volvía a casa. Era un cochero catalán de piel rosada y ojos azules. Delante de mí lo veo de nuevo y oigo el fúnebre chasquido.

Irrumpe el Cochero Catalán. Polainas, látigo de largo alcance. Una mulata, su querida, no aparece hasta que él insiste en llamarla.

EL COCHERO CATALÁN. Andando. No te me quedes detrás. Dale a las patas. Andando. Señala a tu amo. Así me gusta. Obediente. *(Chasquea el látigo).* Besa la mano. Besa las polainas. Besa a tu dios el látigo. ¿Quién es tu amo? Bésame el fotingo. Bien. Y si eres obediente y sumisa en todo, ¿por qué lo miraste? *(La Mulata niega angustiada. El Cochero le pega con el látigo desgarrándole la blusa de lunares. Grito terrible de la querida).* Lo miraste. No me lo niegues. Sé obediente y dime la verdad. ¿Lo miraste? *(La Mulata niega otra vez).* Maldita mentirosa. Antes de que Dios te castigue, yo te castigo. Ya no te portas bien. Lo miraste y le dedicaste una sonrisa, la sonrisa que ya no me dedicas. ¡Sonríeme! Lindos dientes, mulata. *(Le pega fríamente enredándola en el látigo. Los pechos saltan fuera de la blusa desgarrada).* Andando. Andando a casa. Hoy el coche se queda quieto y sin clientela. Andando. Voy a dedicarte el día entero y el látigo entero.

Le pega y se aleja unos pasos desapareciendo. Al final dará inesperadas voces tremidas llamándola suplicante.

LA MULATA. *(Se transforma).* Partía de mirones hambrientos, es blanco y español. ¿De qué se pasman? Blanco y español. El cuero lo conozco desde niña. Mis padres fueron esclavos. Delante de mí, el mayoral les pegaba hasta dejarlos sin aliento. ¡Mírate el pelo! Pasa. No, mi hijito, no. Pasa. *(Se pega en la cabeza).* Mírame el mío. Igual que el tuyo. Pasa. Mírame la piel, color de esclavo. Él es blanco y español. Raza escogida. Aquí, ¿quién manda más que ellos? Qué va. Raza escogida. Acostarse después de una paliza es lo más rico que hay. Voy, mi santo.

Oscuridad total.

6

Dos catres separados por una sábana. En uno se encuentra Juan Niño y en el otro la Madre. En el suelo un quinqué nuevo, de alto porte, amplia y brillante mariposa de luz. Imagen del Divino Rostro con un candelero encendido.

JUAN NIÑO. Mima, ¿quién fue mi padre?
LA MADRE. Un hombre pobre que trabajó mucho y una enfermedad lo mató. Tantas veces te he contado lo mismo. Cuando tú naciste, ya estaba muerto. ¿Viste la luna? Redondita y blanca, muy quieta. ¿No la viste? Dicen que las

noches del trópico son lindas, con su montón de estrellas. Cuántas veces tu padre vería allá en el campo camagüeyano estas noches. Vino a Cuba de soldado cuando tenía veinte años. Aquí había guerra contra España. Él era un soldadito. De su aldea allá en La Coruña cayó en los campos camagüeyanos, paludismo y disentería. No lo cogió el machete separatista, lo cogió la enfermedad y le ablandó el pecho. Voy a darte una cosa. El único recuerdo que de tu padre me queda. No lo pierdas. No lo rompas ni lo botes. Guárdalo hasta que seas grande. Flaco, pálido, quedó tu padre. Lo licenciaron. ¿De qué iba a servir? Se metió a barbero. Lo conocí, nos casamos. Un poco antes de que tú nacieras se puso muy débil. Nunca quiso dejar de trabajar, para que tuviéramos algo cuando su hijo naciera. Murió echando sangre por la boca. Un cuajarón en el piso de la barbería. Vivió unos días más. Ya no valía nada. Es el único hombre que he querido.

Se acerca al hijo y le entrega un pequeño ferrotipo. Juan se aproxima al quinqué y lo contempla.

JUAN NIÑO. Mima, ¿me parezco a mi padre?
LA MADRE. Muy poco. Manuel era rubianco, con los ojos claros. Tú eres trigueño como yo, y no saliste enfermizo.

Juan se acuesta en su catre con el retrato del padre. La Madre se sienta en el suyo. Largo silencio. Entra sigiloso el Dueño de la Bodega, se desnuda y se acuesta en el catre de la Madre. Quedan abrazados. Oscuridad sobre el lado de Juan. Luz viva sobre el catre de la Madre. Se oye luego la voz de Juan Cabrera en la oscuridad.

JUAN CABRERA. Mima, la otra tarde, yendo por ahí con mi amigo Marquitos, me encontré de pronto en la quinta del Cerro.

La luz se apaga en el lado de la Madre y se enciende gradualmente en el de Juan Niño.

JUAN NIÑO. Pasé con la cabeza gacha, mirando el suelo, cuando oí que me llamaban por mi nombre. A Marcos no le dijeron ni pío. Era doña Antonia que me saludaba: «¿Cómo está mi niño?» Le respondí cabreao, arisco, con cara de perro bravo. Vaya a saber con lo que se salía la doña. Y, mima, me invitó a pasar a mí solo. Marcos se quedó en la esquina. Me dio dulces y unos centavos. Me enseñó el patio de la quinta y a todo el familión.

La Madre está junto a él oyendo ansiosa.

LA MADRE. ¿No te dijo nada de mí?
JUAN CABRERA. Iba a mencionarte y doña Antonia me puso un dedo en la boca.
LA MADRE. Sigue. ¿Qué más pasó?
JUAN CABRERA. «Cuando tú quieras, si ella te deja —dijo la doña—, ven por acá. De tu madre no quiero oír palabra.»
LA MADRE. Pues no digas nada de mí. Ni me menciones, Juan. Sienta cabeza, por el Sagrado Corazón. No andes de mataperro con ese Marcos, mayor que tú.
JUAN NIÑO. Es mi amigo.
LA MADRE. Pero no puede darte nada.
JUAN NIÑO. ¿Y qué…?
LA MADRE. ¡No seas fresco! Mira, hijo, ve por la quinta. Allí pueden ayudarte, darte una educación, maneras. Eso vale en la vida. El roce, conocer gente. Yo soy una ignorante y Marcos un cualquiera. ¿No viste a don Leoncio?
JUAN NIÑO. Cuando se acercaba la hora de su llegada, doña. Antonia me dijo que me fuera.
LA MADRE. Espéralo en la calle escondido. Trata de ver a don Leoncio.
JUAN NIÑO. ¿Por qué tengo que verlo? ¿Acaso soy hijo suyo?
LA MADRE. *(Dándole un bofetón).* ¡Puerco! Ensucias la memoria de tu padre. Devuélveme el retrato. Dámelo. No lo mereces. *(De repente retrocede dando un grito).* ¿Pero esto qué es?
JUAN NIÑO. Mima, ¿qué te ocurre? No te pongas así. *(Salta Juan Niño del catre. La Madre alza del suelo un plato de brujería con un gallo negro muerto. Se empieza a oír el toque distante de un tambor, solo, espaciado, como presagio de tragedia. Escuchan la voz de la Barredora).*
LA BARREDORA. Cumple Changó. Sangre. Sangre. Sangre. Me quitaste un hombre y yo te lo quito. Mosquita muerta, puta y santa.

Arroja fuera la Madre el plato de brujería. Olvida reclamar el retrato y vuelve a su catre. El Dueño de la Bodega no está. Juan se guarda celosamente el retrato. Se repite la entrada del Dueño de la Bodega. Luz sobre el catre de la Madre. La de Juan se irá apagando.

JUAN CABRERA. Cubanito pobre, instinto rápido para comprender la miseria de la vida. Rehuía entrar en explicaciones con mi madre. Me encogía de hombros. Niño precoz, olfateaba motivos de vergüenza y de amargo desagrado entre ambos y me callaba.

El Dueño de la Bodega se viste y se marcha. El tambor, sordo y grave, suena más cercano. La Madre se peina soñolienta. Es de madrugada. El quinqué ha permanecido encendido. Ella lo sopla. Al hacerlo se oye el ruido de un cuerpo que cae.

LA MADRE. Juan, ¿estás dormido? ¿No escuchaste...? *(Juan se despereza).* Alguien cayó sobre la yerba. Me parece oír su respiración.

Con un fósforo trata de encender de nuevo el quinqué sin lograrlo. Como si se hubiera abierto una puerta entra una ráfaga de aire. Se hincha la sábana de fon semejante a la vela de un buque. Sigue el sonido del tambor con golpes aislados y penetrantes. Rumor oleaje del litoral próximo. En un instante de relativo silencio oyen los dos, cogidos de la mano, tratando avizorar en la oscuridad exterior, la voz de un hombre que se queja y el sonido de una cabeza que golpea contra unas tablas.

UNA VOZ DE HOMBRE. Ya terminaste, cabrón. Nunca más podrás traicionar a una mujer.

Pasos que huyen corriendo. La Madre se adelanta y parece salir a la noche exterior. Retrocede con un grito ahogado.

LA MADRE. Lo mataron, Juan, lo mataron. ¡Dios mío! Mataron al dueño de la bodega. ¡Es él! ¡Es él! No te muevas. No salgas. Cierra pronto la puerta. No lo hemos visto. Nada oímos ni nada hemos visto. Silencio, Juan. ¿Me oyes? Silencio. Está muerto, muerto, con la cabeza destrozada. La luna iluminó su cara y lo reconocí. Cierra pronto la puerta.

Silbatos de policía. Rumor de voces y pasos. Juan, un grito ahogado, convulso, doblado el cuerpo, se d ploma en el suelo. La Madre permanece de pie como una sombra. La sábana se hincha y flota sonando. Parpadea la luz rojiza del candelero delante de la imagen del Divino Rostro. Oscuridad repentina.

LA MADRE. ¡Dios quiere que vivamos así!

7

Solo en la luz don Leoncio. El resto en sombras. Piafar del caballo de un coche, un golpe de herradura espaciado. Lento en la luz de la memoria de

Juan Cabrera aparecerán la batea, colocada en un lugar diferente, el quinqué apagado, la imagen del Divino Rostro. Se oyen voces y finalmente surgen Juan Niño y la Madre. La Madre viste su túnico mejor, con el que fue a la Beneficencia. Juan Niño se halla calzado y peinado.

DON LEONCIO. Recibí su carta, Josefa. He venido. Disponga usted de mí. Afuera está el coche. Debe salir de este sitio después de lo ocurrido. Por la justicia y sus averiguaciones no debe inquietarse. Antes de venir realicé las visitas pertinentes. Habrá un interrogatorio y de eso no pasará.
LA MADRE. La carta la dicté y Juan puso las letras. Le agradecemos que haya venido. Ni las monjas ni doña Antonia contestaron.
DON LEONCIO. Dígame solamente: ¿acepta mi ayuda?
LA MADRE. En la carta le conté lo ocurrido, las penurias que nos esperan…
JUAN NIÑO. Di vueltas por el Cerro, don Leoncio, hasta que lo vi y pude cumplir el mandado.
DON LEONCIO. Sí, muchacho, hiciste muy bien. Tu madre necesita consuelo y protección. Tú mismo los necesitas. Aquí estoy como siempre, como antes, dispuesto y decidido. Solo espero una palabra suya.
LA MADRE. ¿Qué debo hacer?
DON LEONCIO. Montar en mi coche. Todo está dispuesto. La llevaré al barrio del Ángel. Allí he alquilado una accesoria. Está lejos de aquí y lejos del Cerro. Al fin vivirá usted tranquila, Josefa. ¿Partimos…?
LA MADRE. ¿Y Juan…?
DON LEONCIO. Se irá conmigo al Cerro. Doña Antonia no opone. Cristiana, sabe practicar la caridad con el prójimo desamparado. Tiene un gran corazón. Mis hijos ya lo han visto por la quinta y no les cae mal. ¿Partimos…?
LA MADRE. Recogeré mis cosas.
DON LEONCIO. No se lleve nada, Josefa. Que se queden las cosas aquí, con los malos recuerdos. Usted inicia una vida nueva. En la accesoria tendrá de todo.
LA MADRE. Quiero llevarme el quinqué de recuerdo y la estampa de Cristo.
DON LEONCIO. Como quiera, Josefa. Se me olvidaba: el muchacho debe ir a la escuela. Cerca de la accesoria tiene su escuelita don Adrián. Allí lo pondremos. Temprano en la mañana irá a verla a usted y luego a continuar sus estudios. La carta estaba plagada de faltas de ortografía.

Parten silenciosos. La Madre lleva la imagen y el quinqué. La escena se torna radiante mientras se aleja carruaje de Don Leoncio.

JUAN CABRERA. Con don Leoncio Estrada, desde luego, i. madre tenía que ceder. Largo asedio, victoria final. Cuatro pesos mensuales valía la accesoria por el barrio de Cecilia Valdés. Decente, apartada, distante de la Barredora y distante de doña Antonia. Ceder... ¿No había cedido antes con el bodeguero? ¿No estaba ya al nivel, por cuenta de la justicia, de la gente religiosa y de la sociedad bien, al nivel de las mujeres perdidas? Seguro: también se sacrificó por mí y yo hice mi entrada en la quinta del Cerro.

8

Oscuridad. De pronto en la luz un fragmento de pared. calada, una ventana, una puerta de marcos verdes, mediopunto deslumbrante de color. Jaula de pie con canario. La pared, la puerta y la ventana a veces están y otras desaparecen. Juan Cabrera viste guayabera, pantalón y sombrero color crema, zapatos en blanco y amarillo. Bastón de empuñadura dorada. Sortijón de rubí y diamantes.

JUAN CABRERA. En la quinta vivía la familia completa de don Leoncio Estrada. Los hijos se quedaban, después del matrimonio, y ocupaban el piso alto, donde había siete habitaciones enormes. Ganaban poca plata y quedándose, además, complacían la vieja manía cubana de los padres: vigilar y gobernar a los hijos casados, a sus mujeres y a sus futuros nietos. Los criados de ambos sexos también vivían en la casa, en feliz promiscuidad con la familia. Unos fueron esclavos, otros pobre gente desventurada, sin ningún oficio con el que ganarse un plato de comida. Lo hacían todo en la casa, desde rajar la leña para los fogones hasta bañar, vestir y ponerles los zapatos a los señores.

Gran mesa de comedor con mantel y vajilla. Sentada la familia de Don Leoncio Estrada. Este preside a un extremo. Doña Antonia, al centro de la mesa, parada ante una torre de platos y la gran sopera de porcelana, sirve sopa con un cucharón de plata, reliquia de la familia, va desvaneciendo el fragmento de pared blanca y queda el mediopunto iluminado. Varios criados ayudan en el s vicio de la mesa. Traen las grandes fuentes. Visten con abandono, brazos y pechos desnudos, pantalones a media pierna. Son negros y mulatos. Se oye solo el ruido los cubiertos, de la porcelana, del pan al cortarse.

JUAN CABRERA. Cuatro hijos tenía don Leoncio Estrada. *(Se acerca a cada uno floreando su bastón. Ellos siguen almorzando en su recuerdo. La por-*

celana y la platería relucen. Los ruidos del almuerzo, el movimiento de las mandíbulas, adquieren una presencia absorbente). Tres varones y una hembra: Ignacio, Alfonso, Albertico y Corina. Ignacio, soltero y médico. Poca clientela. Tipo muy estudioso, siempre con un libro de medicina u observando una colonia de microbios. Horas enteras encerrado. Poco conversador y sin vicios. Solo cobraba a sus pacientes lo necesario para vestir. A la universidad fue por vocación. Alfonso, abogado y soltero, parlanchín y campechano, fue a la universidad, por el contrario, para hacerse de un título. Vestía bien y ganaba poco. Mujeriego. Ahora le toca a Albertico. Ese diminutivo, en boca criolla, ¿qué significa? Hay que estar a la viva para entender este país. Albertico... Ese tico, tico: pasaporte vitalicio de mediocre. Farmacéutico y casado desde muy joven. Ah, casado con la señora Susana Jústiz, buena familia habanera, aristocrática. Alta, rubia, con dos aficiones: las batas de escote y las novelas de Xavier de Montepin o Montepán. Recién casados tuvieron una hija: Nena. De ella tengo mucho que hablar... Pero antes le toca a Corina, ojos de almendra, pestañudos, y como pocas cubanas mujer espiritual. Se quedó aislada en la quinta. Entre salves y sermones se consumía alejada de los hombres. Y ahora Nena ocupa todo el espacio, el maldecido espacio de mi cabeza: niña cubana, labios húmedos, ojos candentes, instinto prematuro de mujer, crecida para su edad, escote pleno. Para Nena un recuerdo especial: ternura y oprobio... Médico sin enfermos, abogado sin pleitos, boticario sin botica, todos comiendo de las rentas de don Leoncio. «Hay que echar la gandinga para alimentar a tanta gente», decía el viejo veterano, y él no echaba ninguna gandinga: se limitaba a cobrar sus rentas y a recibir las ganancias de su finca cañera.

Se desvanece. Don Leoncio se levanta y entra con Juan Niño. Un bulto de ropa en las manos del muchacho. Cohibido y al mismo tiempo con cara de perro bravo, abre mucho los ojos ante aquella mesa enorme, bien surtida, y el familión reunido. Don Leoncio lo presenta dando una palmada y con el alto registro con el que se dirige a su familia.

DON LEONCIO. ¡Atención, gandules! Aquí está Juan. Viene a quedarse. Trátenlo bien. Huérfano de padre, la madre en la penuria. Una obra de caridad que doña Antonia aprueba y secunda.

Se sienta. La familia recibe a Juan con aspavientos y risas acogedoras. Doña Antonia, grave y algo ofendida.

DOÑA ANTONIA. ¡Cheché! Llévatelo a la cocina. Que Bejuco le dé un plato de comida.

La gran mesa familiar va desapareciendo. Reaparece la pared blanca. Canta el canario. Doña Antonia, ajustándose las gafas, escruta a Juan Niño. A su lado Cheché, con dos pantalones cortos de dril crudo, tres camisitas de Irlanda, zapatos amarillos baratos y un sombrero de a peso.

DOÑA ANTONIA. Esta es tu ropa de los domingos. Para andar por casa usa la misma que trajiste. Aquí no vestimos de etiqueta. Déjame verte las uñas. ¡Horror! Largas y como las de un carbonero.

Empuña una tijera. Juan opone cierta resistencia.

JUAN NIÑO. No, doña, con ellas me defiendo si me atacan mataperros y matones.
DOÑA ANTONIA. ¡Aquí no hay esa ralea, muchacho!
JUAN NIÑO. Doña, me va a cortar los dedos.
DOÑA ANTONIA. Al rente, bien al rente.
CHECHÉ. Pórtate como un hombre, Juan. Si alguien te ataca yo te defiendo.
doña antonia ¿Y piensas quedarte con ese pelo enmarañado de tan sucio? ¡Bejuco! Agua caliente y jabón de potasa. *(Entra el cocinero chino haciendo visajes con un jarro de agua).* ¡Cheché! Friégale esa cabeza.
CHECHÉ. Quítate la camisa, Juan. Tremendo desarrollo para tu edad.
JUAN NIÑO. ¡Todo!
CHECHÉ. Qué suerte, criatura.
DOÑA ANTONIA. Vamos, Cheché, ¡avísale al barbero! Está en la sala esperando. El coco al rape, muchacho, para que te ventiles.
JUAN NIÑO. *(Oponiendo mayor resistencia).* El pelo no, doña Antoñica. ¿Al coco pelao? Pareceré un recluta.
DOÑA ANTONIA. Nada de eso. Los reclutas no son los únicos que se pelan así.

Seguido de Cheché entra el Barbero. Trae un peine y una maquinilla de mano.

JUAN NIÑO. Sí, señora, los únicos. Reclutas nada más. Se van a burlar de mí. Me pondrán nombretes.
DOÑA ANTONIA. Agárralo, Cheché. Al coco, al coco, Fígaro. No hagas caso de las burlas de la gente sucia. Así se pelan los que tienen que andar limpios y sin greñas.

Se oye la voz de Juan Cabrera. El Barbero comienza a pelar. Juan Niño, aguantado por Cheché, consiente poco apoco.

JUAN CABRERA. ¡Por mi madre! A punto estuve de echar a correr y regresar a mi barrio. Vaguear con Marcos por ahí, la pelambre al viento. ¿Era sincera doña Antonia? No solo los reclutas se pelaban al cero: los huérfanos pobres también. ¿Cómo diferenciarme de los que eran sus hijos si no llevaba el coco esquilado?
DOÑA ANTONIA. *(Alejándose con Cheché).* Este muchacho tiene la fuerza en el pelo. ¿Se creerá que es un Sansón redivivo?

Quedan solos Juan Niño y el Barbero.

JUAN NIÑO. Ese Sansón, ¿quién es?
EL BARBERO. Uno a quien la mujer le cortó la cabellera y se quedó debilucho.
JUAN NIÑO. A mí no va a ocurrirme esa pendejá.
EL BARBERO. Claro, eres moderno. Sansón es de antes, muy antiguo, bíblico.
JUAN NIÑO. También eres barbero como mi padre.
EL BARBERO. ¿Y por qué no te pela?
JUAN NIÑO. Está muerto.

9

Fragmento de una misa cantada. Corina y Doña Antonia con mantillas y rosarios. Negra es la mantilla de Doña Antonia.

DOÑA ANTONIA. ¡Cheché! Juan que lleve los reclinatorios y el almohadón de Corina. Dile a Bejuco que haga buñuelos de postre. Quiero comer algo dulce. Que Juan se ponga el crudo y los zapatos amarillos. Para eso se los dimos, para que nos acompañe a misa vestido y aseado.

Se desvanecen en la luz. Sigue escuchándose la misa cantada. De pronto, Juan Niño y Marcos Joven.

MARCOS JOVEN. ¿A que no le levantas la sotana?
JUAN NIÑO. ¡A que sí, a que sí!
MARCOS JOVEN. Álzale el hábito a San Antonio.
JUAN NIÑO. Marcos, ¡no tiene nada! Las piernas flaquitas, ¡y nada!

MARCOS JOVEN. Por eso es un santo.
DOÑA ANTONIA. *(Reaparece con Corina)*. Leoncio, tu padre, nunca viene al templo. Ni se confiesa ni comulga. Es un republicano y un masón. No sale de la logia ni de bajo de las faldas.
CORINA. Mamá, se va a ahogar.
DOÑA ANTONIA. Morirán felices, hija, el insurrecto y el filibustero. Ni tú habías nacido cuando se fue a la guerra separatista. ¡Diez años! ¡Diez años! Comiendo fango y cuero de taburete. ¡Cuánto le he suplicado para que al menos rece y Dios lo perdone por haber ido a matar inocentes! Morirá en pecado mortal. Derecho al infierno como todos esos mambises. ¡De cabeza a la olla! Un insurrecto. Un filibustero. Viejo y todo como está, no pierde las ilusiones. Si otra vez se alzan, aunque sean tres negros semidesnudos, y empieza el correcorre, seguirito que tu padre se pone a conspirar y a dar plata hasta arruinarse. ¡No tiene remedio!

Al pie de un confesionario el Cura con sotana y manteo. Doña Antonia y Corina cuchichean con él señalando furtivamente a Juan. Doña Antonia se le acerca. El Cura entra en el confesionario y abre el postigo.

DOÑA ANTONIA. Anda, confiésate con el Padre. En cuanto termines, nos buscas. Procura acabar pronto. Nosotras venimos también a confesarnos.

Se arrodilla Juan Cabrera en el suelo. Saca el Padre un brazo por el postigo. Le da dos palmaditas en las mejillas y le acaricia la nuca. Deja el brazo en el cuello de Juan.

EL CURA. Ave María Purísima…. Responde.
JUAN CABRERA. ¿Qué respondo?
EL CURA. Sin pecado concebida.
JUAN CABRERA. Sin pecado concebida.
EL CURA. ¿Has tenido deseos o sueños impuros?
JUAN CABRERA. ¿Qué cosa, padre?
EL CURA. ¿Deseos…? Malos pensamientos, pecados.
JUAN CABRERA. Sin parar, padre.
EL CURA. ¿Qué dices? ¿A tu edad? Qué tierra esta, Dios mío. Seguramente exageras tratando de asombrarme. A ver. En serio, pilluelo: ¿qué pecados cometiste?
JUAN CABRERA. Todos, padre.
EL CURA. ¿Hablas en serio?

JUAN CABRERA. Me acuso de todos. He faltado a todos los mandamientos de la ley de Dios, uno por uno, desde el primero hasta el último.
EL CURA. Mientes como un bellaco. No serás tan malo como dices. ¿A que no has faltado al sexto mandamiento?
JUAN CABRERA. ¿Al sexto?
EL CURA. ¿No sabes cuál es? ¿Tú no eres cristiano? Al sexto mandamiento. ¿Te has andado ahí, en lo que Dios te dio
JUAN CABRERA. Déjese de relajos conmigo. Me acuso de todo. Póngame la penitencia.

El Cura cierra el postigo. Sale del confesionario resoplando y tratando de contenerse.

EL CURA. Váyase directo a aquel altar y récele treinta creiK a San José. Que le oiga y ojalá lo perdone.

Juan Niño se arrodilla en otro lugar. Musita una oración fingida.

JUAN CABRERA. ¡Treinta credos! ¿Serán muy largos? Qué chiveta con sus credos. ¿Qué será el dichoso credo?

Detrás de Juan Cabrera, Doña Antonia.

DOÑA ANTONIA. ¿Todavía no has acabado?
JUAN CABRERA. Me pusieron cuarenta credos. Solo llevo diecisiete.
DOÑA ANTONIA. Así serán las barbaridades que has confesado. Bueno, no importa, los acabarás en casa.

Aparece el Cura.

EL CURA. Este chico es un granuja.
DOÑA ANTONIA. ¿Por qué, padre?
EL CURA. Secreto de confesión. Pero no sé si miente o se burla. ¡Es un pillo redomado!

Se marcha, las manos juntas, en oración. Flota a lo lejos el manteo.

DOÑA ANTONIA. Ven acá. ¿Por qué dijo eso?
JUAN NIÑO. Empezó aponerse con relajos…

DOÑA ANTONIA. ¡Dios mío! ¿Qué dices? Apártate. Pueden oírnos. ¡Corina! Espera en el coche. ¿Qué le dijiste al padre?
JUAN NIÑO. Yo, nada. Empezó a preguntarme lo que ya le dije. Empezó a preguntarme y también a manosearme.
DOÑA ANTONIA. ¿A preguntarte qué cosa?
JUAN NIÑO. Delante suyo no puedo repetirlo.
DOÑA ANTONIA. ¡Porque es mentira! Eres un sinvergüenza.
JUAN NIÑO. Pero es cierto, señora.
DOÑA ANTONIA. ¡Mentiroso! ¡Deslenguado!
JUAN NIÑO. Por mi madre se lo juro. Hay tipos que no se pueden contener. Aunque no sea más que tocar.
DOÑA ANTONIA. ¡Insolente! *(Le da un par de bofetadas).* Qué tipo ni tipo. Hablas de un sacerdote, de un santo varón. Cuidado con repetir algo de esto. ¡¿Me oyes, granuja?!

Desaparecen. Un reloj da once campanadas mientras comienza a declinar la luz. Don Leoncio aparece seguido de un criado que trae las ropas de dormir.

DON LEONCIO. ¡Qué calor hace esta noche! Tiéndeme el catre en el comedor, cerca de la puerta del patio. El cuarto de Antoñica es un horno.

Se pierden su figura y la del criado.

JUAN CABRERA. *(Pasa fugazmente).* Pronto haría veinte años que era grande el calor en el cuarto de su mujer. Veinte años de separación. Veinte años durmiendo cada uno por su lado.

10

Un piano vertical con lamparitas de bronce y un mantón de Manila. Corina y Nena tratan de sacarle danzones, valses o mazurcas. Susana en una mecedora lee una novela de Montepin. Los sirvientes canturrean y silban. Voz de Doña Antonia dando órdenes a gritos. Resoplido y pateo de caballos en la cuadra.

DOÑA ANTONIA. ¡Cheché! Corta los cogollos. Dile a Bejuco que pele los pollos del almuerzo. ¡Maldito chino! Lento como el carbón. ¿Qué postre van a hacer hoy?
CORINA. Qué galillo el de mima. Debía ser cantante de ópera.

Juan Cabrera se sienta en el suelo. Paños, cepillo y una lata de betún. Lustra unas botas. Aparecen los hijos varones de Don Leoncio, le dan los buenos días y colocan a su alrededor zapatos y botas de montar. Alegremente silba Juan un yambú de moda, al compás del cepillo.

ALBERTICO. Es un artista este muchacho. Limpia que se acabó.

Don Leoncio a gritos llama a Juan. Entra Juan Niño rapada la cabeza.

DON LEONCIO. *(Dándole un papelito doblado después de observar a su alrededor).* Vete a la botica. Dile a Venancio que necesito esto. Me lo das a mí. Que nadie lo vea. A tu mamá que esta noche me llego por allá.
JUAN CABRERA. Satisfecha la curiosidad en la primera semana —fue catorce veces a la accesoria—, don Leoncio reguló las visitas dos veces por semana, de once a doce de la noche. Iba y venía en carruaje de alquiler, dando tumbos como barco de vela, para no despertar sospechas ni comentarios. Se volvió sensato: no daba para más el viejo. Supongo que mima le quedó agradecida.
EL DEPENDIENTE DE LA BOTICA. *(Con un frasco en la mano).* Mira que ese viejo es caliente, muchacho. Llévale pa que se estimule. Que se cuide tu madre.
JUAN NIÑO. *(Riposta firme y certero).* ¿Tu madre dijiste?

Arrebata el frasco y echa a correr. Desde lejos le tira una trompetilla al Dependiente. Se desvanecen.

CHECHÉ. Ven a cortar cogollo conmigo.
JUAN CABRERA. Ahora estoy en otra cosa.
CHECHÉ. La señora me dijo que vinieras. ¿No quieres ayudarme?
JUAN CABRERA. Después, Cheché. Déjame quieto, anda.

Cheché se va tristón. Corina ríe sentada al piano.

CORINA. Ay, Nena, ni te sale el acompañamiento.
NENA. La culpa es de la música. Me emociona.

Juan Cabrera, tras dejar de limpiar, se acerca al piano con actitud recelosa, como perro que teme una patada.

JUAN CABRERA. No diga eso, señorita Corina. Si ella toca de lo más bien.

NENA. ¿Tú ves, tía? Me cayó un admirador. No, Juan, solo toco con la izquierda. Pero tía no quiere creerme. Dame acá tu mano. Pónmela en el corazón. ¿No ves cómo salta? Es la emoción. No me deja llevar el acompañamiento.

Juan se aparta mirándose la mano como si tuviera un tesoro. Nena vuelve al piano.

NENA. Qué arisco, tía. Tenía la mano como un hierro.

Juan torna al círculo de zapatos, absorto, mirándose la mano abierta.

11

Alfonso y Albertico disfrazados con sombreros de plumas y espadas. Suenan un triángulo y una trompetica.

ALFONSO. Señores de la casa, criados de la cocina, ¡llego el bululú! Aquí, caballeros, negros, chinos, muchachones y señoritas, ¡llegó el bululú! A reír y a divertirse. Queridos mirones, ante ustedes el gran Albertico Estrada y del Castillo, nuestro director, autor y decorador, ilustre maestro hacelotodo y sainetebobo.
ALBERTICO. Chotea, Alfonsito, que quien escribe soy yo. Bienvenidos, admiradores y público asistente. Para ustedes la obra mía, *Corazón arrodillado*.

Corina y Nena se entusiasman y aplauden.

NENA. Ay, yo quiero representar. Me fascina el teatro. ¿No tienen un papel donde pueda lucirme?
ALBERTICO. Déjate de aspavientos. Siempre representas en este bululú. Coge tu papel y lee con gracia y entonada.

Reparte un papel a Nena y otro a Alfonso. Coloca el cajón y encima un mantel. Indica a Nena que suba. Pone a Alfonso en pose de amante apasionado y en derredor a los sirvientes. Le indica a Corina que acompañe la acción en el piano.

ALFONSO. Aquí me tienes, prieta divina.
NENA. ¡Ricardo!
ALFONSO. ¡Qué linda estás, ángel mío!
    Yo mi pasión no te oculto...

ALBERTICO. Parece que sí chico:
  frío como un difunto.
GOYO. Apasiónate, muchacho.
  BEJUCO. Mira bien,
  coge mano.
NENA. ¡Es que estoy entusiasmada
  porque voy a ser casada
  contigo!
ALFONSO. ¡Tú eres mi culto,
  mi cielo!
NENA. Me dan la muerte
  los negocios con que lucho.
  Dime: ¿tú me quieres mucho?
ALFONSO. ¡Cómo dejar de quererte!
NENA. ¿Por otra me olvidarías?
ALFONSO. ¡Estás loca, prieta mía!
ALBERTICO. La olvidaste, chico.
  Fuego. Ponle fuego.
ALFONSO.¡Qué tanto fuego, Betico,
  si es mi sobrina!
ALBERTICO. ¡Imagina lo contrario!
  BEJUCO. Que es novia tuya.
ALFONSO.¿Mi novia?
ALBERTICO. Tu prometida. El padre se opone. Tú eres pobre, ella es rica.
  Tiene un central y cien esclavos.
NENA. Director, ¿qué le parece si lo hace Juan?
ALBERTICO. ¿Juan? ¿Y ese sabe leer?
ALFONSO. Nunca lo vi con un libro.
JUAN CABRERA. Sé leer y escribir.
NENA. ¡Entonces que lo haga!
ALBERTICO. Coge, sabihondo, prueba.
CHECHÉ. Si te sorprende doña Antoñica te van a dar una tunda.
JUAN CABRERA. ¿Por qué? Estamos jugando. ¿Por dónde empato? ¿Cómo he
  de dejar la estrella
  de las esperanzas mías?
  ¿Ves dos gatos que con brío
  corren detrás de un ratón?
  Son tu corazón y el mío,
  Al pie de tu ventanita,

　　　　para ablandar tu alma dura,
　　　　sobre un cajón de basura
　　　　te canté una guarachita.
NENA. Me gusta escucharte así,
　　　　porque tu voz me arrebata
　　　　y es dulce como en la mata
　　　　el canto del colibrí.
　　　　Siempre te querré con ganas,
　　　　más y más, porque te quiero
　　　　con ese amor verdadero
　　　　con que quieren las cubanas.
JUAN CABRERA. En tus ojos se rivela...
NENA. Revela, Juan.
　　　　bejuco. Capitán, tú habla como chino.
JUAN CABRERA. En tus ojos se revela
　　　　tu querencia para mí.
　　　　El que no te ha visto a ti
　　　　¡no sabe lo que es candela!
NENA. Estoy tan desesperada
　　　　que me tienen hasta aquí.
　　　　Ricardo, qué fastidiada,
　　　　mi padre, que tú eres pobre
　　　　y vendedor de maní.
JUAN CABRERA. Te digo que vale más
　　　　la pobreza si es honrada
　　　　que todo el oro del mundo.
ALFONSO. Betico, ¡eso no rima!
ALBERTICO. Es tu oído el que no rima.
NENA. ¿Tú me quieres, niño mío?
JUAN CABRERA. Como el ave a la enramada,
　　　　la luna a su claridad
　　　　y la paloma a su nido.

Juan queda en suspenso contemplando a Nena de rodillas, el papel en la mano. Corina remata el momento con un acorde.

CHECHÉ. Te van a dar una tunda. Despierta. Las señoritas se están burlando de ti. Ven a cortar cogollo.

Los otros criados rompen a aplaudir. Corina deja de tocar y aplaude también. Juan y Nena no parecen oír y permanecen inmóviles.

ALFONSO. El huérfano se ha apasionado con el papel.
ALBERTICO. ¡Oye! ¿Qué te has creído? ¿Vas a enamorar a mi hija? Alza del suelo. ¡So parejero!

Juan se levanta atónito, enfrentándose a Betico. Nena y Corina se interponen.

CORINA. Que siga la representación. Estaba quedando tan bonita…
NENA. Papá, eso lo escribiste tú. Juan lo estaba diciendo de lo más bien.
ALFONSO. Qué lo va a escribir… Eso lo hizo Pancho Fernández. Este le metió mano a los negritos catedráticos.
ALBERTICO. Deja de chotearme delante de este.
ALFONSO. ¿Este…? ¿Parejero? ¿Por qué? Míralo bien. Este es hermano tuyo.
ALBERTICO. Este no es hermano mío nada. Este es hijo de su madre.
ALFONSO. ¡Ahora sí echaste candela!

Juan, los puños apretados a la altura del pecho, se dispone a fajarse como hacía en su barrio.

JUAN CABRERA. ¡La tuya mil veces!
ALBERTICO. ¡La tuya y la recontratuya!
ALFONSO. (*Se interpone en la misma posición de Juan*). ¡Déjamelo a mí!
NENA. ¡Pero si estamos jugando al teatro!
ALBERTICO. ¡Apártense! Alfonso lo desbarata.

Se dan unos cuantos golpes. Juan siente la supremacía del otro, más fuerte y crecido. Corina y Nena corren llamando.

NENA. ¡Mamá, Juan le está pegando a Alfonso!
CORINA. ¡Corre! ¡Ven a regañar a estos guanajos!

A los criados que se han ido apartando, menos Cheché, que aprieta los puños y se mantiene a la expectativa. Albertico les grita a la contraofensiva de los peleadores.

ALBERTICO. ¡Se acabó el bululú! ¡A pelar plátanos!

La pelea continúa un momento. Juan le arrebata la espada de palo a Albertico y empieza a defenderse. Alfonso saca la suya. Inician un duelo donde Juan lleva la peor parte. Entra Doña Antonia recogiéndose la falda, sobre la nariz las gafas centelleantes. Se inmovilizan los palos del duelo. Corina y Nena no se atreven a inmiscuirse. Alfonso ha dado a Juan dos palos en el hombro. Lloroso, pero sin perder el coraje, permanece dispuesto a continuar la pelea.

DOÑA ANTONIA. ¡Bandido! ¡So sinvergüenza! Ya me lo había dicho el cura. Granuja. Quieres matar a mi hijo. ¡A ver ese palo! ¡Suelta!
JUAN NIÑO. Yo no tengo la culpa. Albertico me mentó la madre.
DOÑA ANTONIA. Ya me tienen cansada tus mentiras y exageraciones, y esa mención constante de tu madre.
CORINA. Mamá, Alfonso echó leña al fuego diciéndole a Betico que Juan era su hermano.

Doña Antonia, furiosa, le propina brutales pellizcos a Juan hasta hacerlo gritar.

DOÑA ANTONIA. ¡A ver! Váyanse todos. ¿Y por qué no están en la cocina? Mis hijos no tienen más hermanos que los que tienen. ¿Oyeron bien? ¡A trabajar, haraganes! ¿Se ha muerto alguien aquí, Goyo? ¡Fuera! ¡Cada uno a lo suyo! Tú no, Cheché, tú quédate. Busca las correas.

Entra Susana con un libro.

SUSANA. ¿Dónde están mi Albertico y mi Nena? Me han dicho que me los querían matar. El recogido este casi me los asesina. Doña Antoñica, mi suegra, ¿este hijo de no sé quién va a quedarse en esta casa?

Sale presurosa.

DOÑA ANTONIA. ¿Ya ves, mataperro? Nadie quiere que vivas con una familia decente. Ni siquiera agradeces que te hayamos recogido. Aquí están las correas. Cheché, pégale.
CHECHÉ. ¿Yo, doña Antoñica? No, yo no.
DOÑA ANTONIA. Dale un buen escarmiento. Es un atrevido y un rebelde. Pégale duro, Cheché.
CHECHÉ. Huye, Juan. Yo no voy a pegarte.
DOÑA ANTONIA. Perro mulato, en otra época serías un esclavo. Dame las correas. Lo haré yo misma.

Doña Antonia enarbola las correas. Aparece Ignacio y se echa a reír.

IGNACIO. ¡Qué cómica con esas correas! Eres la caricatura de algo que fue terrible. Vamos, mamá, no lo cojas a la tremenda. Ya me contó Corina. No es para tanto. Doña, las correas. No juegue al mayoral sin esclavitud. Además, mamá, si eres justa, pégales también a tus hijos.
DOÑA ANTONIA. Fíjate: este se da cuenta de quién es o lo saco de aquí. A la Beneficencia o a la calle. No me importa.

Tira las correas y se aleja furiosa. Truena su voz da órdenes a los criados.

DOÑA ANTONIA. Goyo, ocúpate de la ensalada. Candela corta el pan.
IGNACIO. No te preocupes. Esa gritería es muy cubana. Parece que el mundo se va a acabar y en fin no pasa nada. No hay problema, caballeros.

Se marcha despacio.

CHECHÉ. Te magulló el hombro. Ven para ponerte árnica.
JUAN CABRERA. Fuiste un macho con esa lechuza malpensá.

12

JUAN CABRERA. Don Leoncio, quería verlo. Hace dos mañanas…
DON LEONCIO. Apenas paro en casa. Casi todo el día lo paso en la logia. Los tiempos están revueltos y se siente en el aire como una granazón. Parece que los cubanos vamos de nuevo a despertar. En la logia me ocupo de estas cosas.
JUAN CABRERA. Hace dos días que no puedo ver a mi madre. Doña Antoñica me tiene aquí toda la mañana en ocupaciones y después la escuelita, y de pronto se me hace de noche.
DON LEONCIO. Es a propósito. Le he dicho que te tenga entretenido. En estos momentos no podrás ver a Josefa.
JUAN CABRERA. ¿Por qué? Antes iba a verla cada mañana.
DON LEONCIO. Muchacho, tu madre… En fin, no está ya en la accesoria.
JUAN CABRERA. ¿Se mudó sin decírmelo?
DON LEONCIO. Está enferma, Juan. Tú no lo notabas, ni yo tampoco. Nada nos dijo a ninguno. Las mujeres pueden disimular: el polvo, el vestido, los arreglos… Lo cierto es que estaba enferma, ¿sabes? Muy enferma. Lo que tuvo tu padre, el barbero. La hemos llevado al hospital. No estés triste. Tal vez puedan curarla. Te prometo una cosa: el domingo irás a verla. Me han dicho que peleaste con mis hijos. ¿Te pegó duro Albertico?

JUAN CABRERA. No fue Albertico.
DON LEONCIO. ¿Quién entonces?
JUAN CABRERA. Alfonso.
DON LEONCIO. Ya me extrañaba.
JUAN CABRERA. Pero le paré los golpes. Pega duro, pero me enfrenté y aguanté a pie firme.
DON LEONCIO. Eso me gusta, hombre en todo. Lo mismo con un palo que en la campiña con el machete separatista. Me dijo Corina que sabes leer muy bien, con buena entonación. Te haré un regalo. Un libro que aprecio mucho. Lo he leído varias veces. Es historia de tu patria. Léelo despacio, como deben leerse los libros que valen la pena. Si algo no entiendes, pregúntamelo. Hasta luego, Juan. No te fajes con nadie, pero si te fajas sé valiente.

Juan se sienta a leer. En la cuadra patean y resoplan los caballos. Larga pausa. Aparece Juan Niño.

DON LEONCIO. Vete a Carlos III esquina al callejón de Pereira. Hallarás un edificio de dos pisos a la salida del callejón. Verás una escalera muy empinada. Sube al segundo piso, y a quien esté le dices que vas de parte mía, pronuncias solamente en ese momento mi nombre, de mi parte a buscar los documentos que tengo allí.

Juan Niño sale poniéndose una gorra que le oculta la cabeza rapada.

JUAN CABRERA. En la casa empezaron a darme encargo recados. Salía varias veces a la calle con uno de Albertico, con otro de Alfonso. Pero el de la logia fue importante. En aquellos días las logias masónicas estuvieron vigiladas y perseguidas. El gobierno de España descubrió que volvían a ser centros activos de conspiración.

Continúa la lectura. Se desvanece. Todo el espacio ilumina. Calle habanera. Hombres, mujeres y niños, locuaces y fiesteros, convergen en la calle. Juan Niño mezcla entre la gente escondiéndose los documentos. Cohetes, voladores y repique de campanas. Un soldado español sube a un barril de aceitunas y grita. «¡Viva España!» Echa a rodar el barril entre la gente con actitud provocadora. Lo detiene y vuelve a subir y a gritar. Entran un arco con colgaduras rojas y amarillas. Los vivas a España se propagan entre una parte de la multitud.

JUAN NIÑO. *(Sin dirigirse a nadie).* ¿Qué pasa?
EL QUE RESPONDE. La gente alborotá en la manigua y los gaitos se movilizan.

El toque de una banda militar acercándose. Una mujer pregunta al aire, y Juan Niño se apresura a responder.

LA MUJER QUE PREGUNTA. ¿Qué pasa?
JUAN NIÑO. La gente alborotá en la manigua y los gaitos se movilizan.
ALGUIEN QUE PASA. Dicen que es por Las Villas. Un levantamiento.
OTRO QUE PASA. Emilio Núñez y Serafín Sánchez de nuevo empuñan el machete.

Perdido entre la gente, Juan arranca los flecos de las colgaduras sin ser visto, los pisotea y escupe. Banda militar y detrás una fila de bayoneteros. Estallan cohetes y pequeñas nubes de humo.

EL DEL BARRIL. ¡Viva España, reco...ontra!
JUAN NIÑO. *(Con voz chillona).* ¡Sio, animal!

Trata de correr y lo detienen. Varios puños se le vienen encima. Roncas imprecaciones.

UNA VOZ ESPAÑOLA. ¡Mambí!
OTRA VOZ ESPAÑOLA. ¡Mulato!
OTRA VOZ ESPAÑOLA. ¡Bijirita!
EL DEL BARRIL. ¡Hijo de perra y mono!

Lo agarran por la camisa y Juan trata de defender los documentos ocultos. Caen al suelo jirones de las colgaduras y uno los revisa y los muestra. Se exacerban los ánimos. Gritan «ultraje» y le dan manotazos y puntapiés. Dos guardias lo esposan y se lo llevan a rastras. Gritan varias mujeres.

MUJER DEL PUEBLO. ¡Abusadores!
MUJER DEL PUEBLO. ¡Métanse con los hombres!

La banda evoluciona en círculo y envuelve lo ocurrido. Se desvanece todo en la luz. Aparece la familia de Don Leoncio y detrás los criados. Forman una larga hilera. Suena mientras tanto insistente el aldabón de la puerta principal. Avanzan dos guardias con Juan Cabrera esposado al centro. Tras ellos la fila de bayoneteros. Quedan frente a la familia. Silencio.

UN SARGENTO ESPAÑOL. Este criado de ustedes se ha puesto un tanto belicoso. No quiero pensar que esta casa es un cubil de insurrectos. Pero cuidado. No hemos dejado de vigilar a don Leoncio Estrada, viejo mambí de la pasada guerra contra España. Cuidado o habrá un escarmiento.

Le dan un empujón a Juan Cabrera hacia la fila de la familia. El Sargento tira la llave de las esposas. Se retiran marciales y sonando las botas. Don Leoncio se adelanta el primero.

DON LEONCIO. Déjame quitarte las esposas. ¿Trajiste los documentos? *(Juan Cabrera saca los documentos y se los entrega).* Te has portado como un valiente. Eres un pequeño mambí. Entra. Estás en tu casa.

Oscuridad.

13

Una sabana blanca tendida en el suelo. Sobre ella está acostada la Madre, el pelo largo suelto, con ropón de hospital y descalza. Un crucifijo clavado en el suelo a la cabecera de la moribunda. Tos lejana, irreal. Arde un velón en la penumbra. Juan Niño se detiene al pie de la sábana con la gorra en las manos. Detrás aparecen despacio cuatro negros vestidos de tela blanca, descalzos, y una Hermana de la Caridad.

LA MADRE. ¿Qué hay, hijo? Dame tu mano. Pórtate bien en la quinta. No hagas inútil mi sacrificio. Cuídate. Aprende y no me olvides. Cuida el retrato de tu padre.

Su mano va soltando la de su hijo. La tos se apaga. Sobre la sábana se reduce la luz. Al fondo parpadea una hilera de velones. Los cuatro negros y la Hermana avanzan. Juan llora en silencio mordiéndose la mano que la madre acaba de abandonar. Los cuatro negros alzan el cuerpo escuálido. La Hermana lo cubre con la sábana. Se inicia el cortejo. Juan Niño se coloca detrás. La sábana que separaba sus catres cuelga del cuerpo de la difunta. El cortejo fúnebre sale.

14

Juan Niño solitario en mitad de la escena, la cabeza rapada. Solícitos y piadosos, Nena, Alfonso y Albertico le estrechan la mano en señal de pésame. Le ofrecen una pelota, un tiraflechas, un papalote. Nena le regala una jaula con un pajarito. Corina entra con una camisita de luto y detrás Doña Antonia. Entre las dos le ponen la camisa. A sus pies quedan los regalos.

DOÑA ANTONIA. Gracias a nosotros, si no fuera por nosotros, qué sería de ti ahora. Hazte en esta casa un hombre de provecho. Tuviste suerte: no irás a la Beneficencia. Escucha esta advertencia: no hagas caso a los libros que te da don Leoncio. Son culpables de muchas calamidades. Ya esa lucha pasó, fracasó, y no hay que insistir más.

Detrás los criados asoman las cabezas, condolidos y silenciosos. Entra Susana y le da el pésame. Corina le acaricia la cara. Todos se marchan despacio. Queda Juan inmóvil con sus regalos. Aparece Don Leoncio.

DON LEONCIO. Te vi entusiasmado con la lectura. Seguiste y seguiste hasta terminar. Cuando te vi en la cocina leyéndoles en voz alta a los criados, me gustó eso. De ellos nadie se acuerda, y también pueden ser mambises... Juan, esta noche no voy a salir después de la comida. No tengo a quién visitar ni tengo ganas... Conversaremos un rato. Te hablaré de la expedición del *Virginius* y del fusilamiento de los estudiantes. Episodios de la Guerra Grande, Juan. Diez años luché, a caballo y macheteando... Y todo se hizo polvo. Te traje otro libro. Ponle idéntico empeño...

Don Leoncio, conmovido, lo abraza con gravedad y sale. Juan permanece solo, el libro apretado contra el pecho. Cheché se sienta a sus pies y entona un canto negro fúnebre. Se desvanecen.

15

Rompe a tocar la orquesta bajo la cúpula del Capitolio iluminado. El Coro con sus emblemas. Juan Cabrera vuelve a bailar.

EL CORO. El triunfo va tejiendo su madeja.
    ¿El triunfo, la vida o la suerte?
    No importa: danza a su compás.
    Concluye la infancia. Un primer escalón.
    Juan apenas consciente, pero
    en lo profundo imprescindible y seguro.
    Avanza, Juan. Eres llevado

por hilos poderosos e invisibles.
No necesitas el tesón, la voluntad,
solo los ojos, la mano, el embullo.
Arriba, Juan. El primer escalón
ha terminado y tu vida se desliza.

JUVENTUD

1

Recuerdo del jardín de la quinta. Plantas y una magnolia. Mesa redonda con mantel largo. Sofá de mimbre, butacas. Dulces y fruteros de plata y cristal llenos frutas. Sorbetera reluciente con crema de anón. Reclinados sobre cojines o paseando suavemente, meriendan los miembros de la familia. Trajes de muselina y de tul. Corina lleva un hermoso sombrero. Abanicos. Panamá y pajilla. Lazos flotantes. Sopla un aire fresco. Sirven Cheché y Candelaria con sus ropas habituales, semidesnudos.

DOÑA ANTONIA. Aunque lo digas bajito suena como una bomba. Me echas a perder esta delicia de anón.
ALFONSO. Mamá, te has vuelto tan dura...
DOÑA ANTONIA. Cuido lo poco que resta. Si no fuera porque, mira, cierro, ya no quedaría nada.
CORINA. ¿No vas a tomar? ¿No te gusta?
JUAN CABRERA. Sí, me gusta.
CORINA. ¿Cremoso, eh?
ALBERTICO. Sin frutas qué sería de nosotros con este clima. Delicioso, Corina.
DOÑA ANTONIA. Para ella el bordado y los refrescos. Tiene una mano delicada.
ALFONSO. Una mujer no ha nacido solamente para bordar.
IGNACIO. El abogado nos hará la defensa del baile.
ALFONSO. Por ese camino llegarás directo al cielo.
DOÑA ANTONIA. Demasiado insurrecto para entrar en el cielo.
IGNACIO. Pondría espanto a las cortes celestiales.
ALFONSO. Mamá, ¿en el cielo no se enteran de todo?
DOÑA ANTONIA. Hijo mío, Dios lo sabe todo.
ALFONSO. Por tanto, no se asombrará de nada.
IGNACIO. ¡Al contrario!
DOÑA ANTONIA. No empiecen con las blasfemias.
IGNACIO. Dios ve en mi corazón.

CORINA. Daría un grito de espanto.
IGNACIO. No soy tan malo, hermanita.
DOÑA ANTONIA. No eres malo, pero nunca vas a la iglesia.
NENA. ¿Y el pajarito? No lo he vuelto a ver.
JUAN JOVEN. Lo puse donde duermo.
NENA. Estará triste sin ver el sol.
JUAN JOVEN. Por las mañanas lo saco al patio.
NENA. ¿Le das de comer?
JUAN JOVEN. Sí, un poquito. Sin embargo, está triste.
NENA. Serás duro con él.
JUAN JOVEN. Le silbo para enseñarlo a cantar. Sin embargo, está triste.
NENA. Bueno, dime por qué.
JUAN JOVEN. Vive solito, sin compañera.
CORINA. Chica, estás estirando por día. Te solté el dobladillo y ya se te ven de nuevo las rodillas.
DOÑA ANTONIA. ¿Qué le pasa a mi nieta?
CORINA. Algo muy natural: crece.
ALFONSO. Por todas partes.
SUSANA. Así crecí yo, rapidísimo. Mamá me decía: «Te me has hecho mujer como a través de la noche». (A Nena). Estás muy linda con esas medias blancas.
ALBERTICO. Dile que se cuide. Anda con ellas como una bailarina.
ALFONSO. Un día Cheché te dará un mordisco.
NENA. ¡Par de frescos! No tengo la culpa de crecer. ¿Ustedes no crecieron? Ay, qué rico está el anón.
ALBERTICO. Mírenla con sus remilgos de señorita.
SUSANA. Ay, déjenla tranquila que se divierta. Venga, mi niña, que su madre le dará un beso.
IGNACIO. Y un pedazo de melón.
DOÑA ANTONIA. Qué pegajoso eres. Ya dije que no.
ALFONSO. Abra la mano, doña Antoñica. Mamá, cualquiera diría que voy a devolverte el dinero. No es un préstamo.
DOÑA ANTONIA. Eres igualito que tu padre de sincero.
ALFONSO. No sueltes tu galillo, mamá. Es entre nosotros. Solo quiero una pequeña cantidad, una menudencia.
DOÑA ANTONIA. Menudencia tras menudencia suman una fortuna. La gota de agua que acaba con un central. No, mi hijito, no.
ALFONSO. ¿Quiere que se lo pida de rodillas, doña Antonia?
DOÑA ANTONIA. Te verían todos.

ALFONSO. No temo a eso, sino a la competencia. La familia entera se pondría a pedirte de rodillas.

DOÑA ANTONIA. Mejor vayan a la iglesia. Ni disfrutar del anón me dejas. Ni del fresco de la tarde. ¡Qué pegajoso eres! Como pedigüeño y como abogado, una nulidad.

ALFONSO. ¿Pero crees que puede haber un abogado vestido así? Al verme los clientes se espantan.

DOÑA ANTONIA. Seguro que no es para un traje.

ALFONSO. Uno de última moda. Acaba de llegar de París.

DOÑA ANTONIA. No me convences. Bebe el refresco. ¿No quieres una tajada de mamey?

ALFONSO. Quiero una tajada de tu bolsa.

DOÑA ANTONIA. ¡Zape, gato!

ALBERTICO. Pues aunque chilles lo haré.

SUSANA. No chillaré. Es de mal gusto.

NENA. ¿Y qué es la tal esgrima, papá?

ALBERTICO. Niña, ¿no sabes qué cosa es eso?

SUSANA. Hace muy bien en ignorarlo. ¡Qué costumbre tan bárbara!

ALBERTICO. Pues la nobleza se batía.

SUSANA. ¿Sí? En *Los tres mosqueteros*.

ALBERTICO. Ese Montepín habrá olvidado el detalle. Instalaré la sala en los altos. Hay espacio de sobra. En los altos una sala de esgrima.

NENA. Papá, acabarás de decirme qué cosa es esa esgrima.

ALBERTICO. Te haré una demostración. Por favor, Alfonso. *(Se baten)*. ¿Viste, guanaja? Eso es la esgrima.

NENA. Ay, eso ya lo he visto y aquí mismo.

DOÑA ANTONIA. Ni merendar tranquilos. Vuelves a eso de los duelos. Los hombres no pueden estar sin ver correr la sangre. Muchachos, tranquilos. Coman frutas, que son obra de Dios nuestro Señor.

SUSANA. Cuando te bajen con una espada en el pecho te dejaré morir desangrado. ¿Has visto, Corina, cómo se lleva ahora el pelo?

ai fonso. Me tienes pendiente de tus manos. No seas tan dura, mamá. Por favor, ayuda a tu hijo.

DOÑA ANTONIA. ¡A arruinarnos! Eres un agua que horada cualquier piedra. Bueno, abriré la bolsa con una condición.

ALFONSO. Una no, Antoñica, miles. Miles. Cumpliré todas y todos los días que me quedan de vida, que son bastantes.

DOÑA ANTONIA. Te pondré una sola, y no pidas más condiciones. No me siento inclinada a darte nada más.

ALFONSO. Dígame, mi señora.
DOÑA ANTONIA. Prométeme gastarlo en un traje.
ALFONSO. Me lo verás puesto.
DOÑA ANTONIA. Qué sinvergüencita estás hecho. Siempre te sales con la tuya, que es quitarme el dinero. Fíjate que dije «promesa», no juramento.
ALFONSO. Me doy cuenta, mamá, de tu sapiencia.
DOÑA ANTONIA. No es sapiencia, es experiencia. No quiero que vayas al infierno. Eres un consentido, Alfonso.
ALFONSO. No cierres tan pronto. Dame otro billetico.
DOÑA ANTONIA. ¿Es de oro el traje?
ALFONSO. Para una corbata.
DOÑA ANTONIA. ¡De brillantes!
IGNACIO. Estos muchachos debían ponerse a ver la *Ilustración Española y Americana*. Está llena de fotos y grabados. Se divierten y aprenden algo de paso. Váyanse a mi estudio. Juan, sabes donde la guardo. Te he visto mirándola. Llévense frutas y diviértanse.
ALBERTICO. Debiste ser maestro y no médico. Enseñar deleitando.
IGNACIO. Lo dirás en broma o burlándote, pero a veces uno se equivoca con su destino. Hay que tener un oído muy fino para escucharlo.
ALFONSO. ¿Estas muchachas se van a quedar así, sin ir ni a un baile? ¡Qué caray! Ni que fueran monjas.
CORINA. No nos defiendas, Alfonsito.
ALBERTICO. ¿Por qué no? Aquí cerca, en La Caridad del Cerro, preparan uno. Y va gente aristocrática.
ALFONSO. Lo que yo digo, monjas. Corina no sale más que a la iglesia. Nena puede acompañarla. ¡Qué caray! Un baile no hace daño a nadie.
SUSANA. Hoy los bailes son de negros y para negros. Danzas lúbricas, danzones y habaneras que parecen traídas del Congo.
CORINA. Mejor nos quedamos aquí. Que bailen otras.
DOÑA ANTONIA. ¿Qué es eso de dar volteretas enlazada a un hombre, con toqueteos y encontronazos?
CORINA. Allá quien se deje. ¿Verdad, Nena?
NENA. Prefiero ver la *Ilustración*, como dijo tío Ignacio. ¿Me llevas, Juan?
IGNACIO. Encerrarnos en nuestras casas es, por el momento, lo que nos permiten hacer. La casa, un refugio inviolable en esta tierra de aventureros y degenerados. Yo no soy un moralista y creo que debemos tener otras expansiones, además de la misa y el paseíto en coche, pero mientras los cubanos no cambiemos las cosas, nuestras mujeres tras la barrera de la puerta de la calle.

ALFONSO. *(Entrega a Juan Joven parte del dinero).* Llévaselo a quien tú sabes.

Albertico, apartándolo un instante de Nena y antes de que se marchen al estudio de Ignacio, le entrega un papelito doblado pronunciando las mismas palabras de Alfonso. Sentados en semicírculo alrededor de la mesa se abanican recostados en los almohadones. Atardece. Se desvanecen y queda solitaria la magnolia.

2

JUAN CABRERA. *(Comiendo frutas).* Qué atracones me daba en la quinta. Sin antes, cuando mi madre vivía, iba al mostrador del dueño de la bodega: y esto y aquello, el índice levantado, en la quinta cogía las frutas sin pedirlas. Era otro pago, pero mudo. Pago por llevar mandados, por limpiar zapatos y bruñir la plata con ceniza. Sentía el hambre de un recogido. ¿Un recogido? Al que llaman a la hora de los mandados, llaman a voces y le entregan papelitos. ¿Un recogido? El que oye que lo llaman y tiembla y se pone pálido: ha llegado el momento de echarme. Le dan las ropas usadas, las que dejan, aburridos, los hijos del dueño de la casa. ¡Vamos!: ¿un recogido? Aquel que nunca se sacia, el que siempre tiene hambre. Hambre verdadera, sin fondo, tiránica, incansable. Mastica sin nada en la boca, los dientes se le mueven dando saltos. ¿Y la saliva? Cómo salivea un recogido. Qué bárbaro. Temeroso de quedarse sin comer carga para después, guarda como un canguro. El recogido tiene una bolsa de este tamaño. Tanta hambre lo avergüenza, vaya, un bochorno. Pero se traga el bochorno y la comida. Pasan juntos los dos por la garganta. Su hambre no termina nunca y es del tamaño del mundo. Hambre de gentes, de amor, de tener cosas suyas. Mirar a una persona y comérsela. Todo lo que no es mío, tragármelo. Pueden ponerme en la calle de un momento a otro, y como, y como. La boca, un instrumento de posesión. En la quinta todo se hizo sensual, físico, notorio. Coger un zapote era una delicia. Por fuera rugoso, áspero, y por dentro suave y tierno, y dulce. Nada tan parecido a la vulva de una mujer como un zapote abierto. Placer de cortarlo con un cuchillito, sentir deslizarse el arma, abrir despacio. Su olor, su color provocante, esa negra semilla reluciente. A la boca, a la boca, ¡y mío! Hartarme y acallar el hambre vieja. Después a recorrer La Habana. Recados para las queridas de Alfonso, de Albertico, de don Leoncio… Blancas, mulatas, jabadas, mediachinas que vivían en las afueras, sonrientes me tendían la mano: les daba el dinero, un papelito con la cita, un anillo, un par de aretes… Y corriendo me iba, con aquello excitado. Blancas, mulatas, jabadas, en batas de flores, olorosas a colonia, me dedicaban una sonrisa, una caricia… A veces por las puertas se asomaban las hijas: se parecían a Corina, recordaban a Nena…, y me iba corriendo, dura la cosa. Abiertos los poros, mordía el aire: como Marcos, en cualquier rincón oscuro me hacía una paja.

3

Detrás de la magnolia risas entrecortadas de Juan y Nena. Corren alrededor de la planta. Juan persigue a Nena con manoseos juguetones. Está más alto y ya no lleva el pelo al rape. Tiene un brazalete negro en la camisa. Nena, muy pendiente de su vestido, de que la falda le cubra las rodillas, con el pelo suelto, es un poco mayor que antes. El desarrollo de ambos se ha ido insinuando con anterioridad. Alegremente se sientan en el suelo. Juan coge un tomo de la Ilustración Española y Americana, lo abre y lo pone en sus piernas. Nena, sentada junto a él, coloca un lado del tomo en uno de sus muslos. Muy unidos pasan las páginas y contemplan las figuras.

NENA. Lindo, lindo trineo. Me gustaría montarlo y hacer un viajecito por tanta nieve fría.
JUAN JOVEN. Nena, no hay nieve caliente.
NENA. ¿Y tú crees que soy boba? Eso lo sé. Muy chistoso. ¿No te gusta el frío?
JUAN JOVEN. Si a ti te gusta, a mí también. El frío estando solo es muy malo.
NENA. Qué curioso: el perro parece que me está mirando. Lanudito, ¿no te cansa arrastrar el trineo por una llanura tan larga?
JUAN JOVEN. ¿No oíste? Te contestó. Ladró bajito.
NENA. Un día me iré a un país donde caiga la nieve y haga mucho frío. Llevaré un abrigo de pieles con el cuello alzado.
JUAN JOVEN. Qué fría la nariz.
NENA. Arrea el trineo.
JUAN JOVEN. Te gusta mandarme.
NENA. Anda, arrea. Oye los cascabeles. ¡Uyy! Estoy helada. Abrázame, que me congelo.

Mientras Juan parece guiar el trineo, Nena desliza la mano entre el libro y las piernas de Juan. La deja como al descuido en el sitio deseado.

JUAN JOVEN. Mira los pinos llenos de escarcha, el río y los montes blanquitos. Cuidado, Nena, una pendiente.

NENA. Qué mal guías. Estoy mareada. Pasa, pasa la hoja: me hielo. Tengo un latido en la frente. *(Riendo, la otra mano en la cara).* ¡Qué grandes! No, no voy a mirarlas. Negra tenía que ser para salir en cueros. Tú tampoco la mires. Otra página, otra...

JUAN JOVEN. *(Quitándose bruscamente el libro, protesta).* Cómo me has puesto. ¡No sigas! ¡Oye! ¡Mira pa esto!

Nena se pone de pie, seria y soberbia. Se fija rápidamente y se prepara para lo que pueda ocurrir.

NENA. ¿Qué miro? ¿Qué te traes?

JUAN JOVEN. Tú lo sabes. Mira.

NENA. ¡Juan! ¿Quieres que papá te pregunte lo que te pasa?

JUAN JOVEN. Llámalo, anda, bravucona, maquinita de patio. ¿Qué me va a preguntar?

NENA. ¡So fresco! ¡Recogido! Vete a limpiar las botas.

JUAN JOVEN. ¿Pero qué te hice? ¡Boba! Estaba jugando contigo.

NENA. Pues no quiero más juegos. Eres muy descarado. ¡Sucio!

JUAN JOVEN. ¿Estás bravita? ¿Vas a pelearte conmigo?

NENA. ¡No te atrevas! No somos iguales, ¿me oíste? ¡Parejero! No me hables más. Ya no me importas. No jugarás conmigo hasta que yo quiera.

VOZ DE DOÑA ANTONIA. ¿Qué pasa ahí? Vaya gritería. Ya no se puede ni dormir la siesta en esta casa.

Huyen cada uno por un lado.

4

CORINA. No me había fijado en tu traje. A ver. Imposible, Alfonso. Un dandi como tú.

ALFONSO. ¿Qué tiene?

CORINA. ¿Sigues sin darte cuenta? Imposible, no puedo creerlo. ¿Este es el traje que te compraste?

ALFONSO. Yo no compré ningún traje, Corina.

CORINA. Sorprendí manejos, una bolsa abierta, un dinerito que se iba...

ALFONSO. Y se fue, y se fue... Aclárame, hermana. ¿Una mancha, un hueco? Pícara, me estás haciendo sospechar...

CORINA. En primer lugar, señor dandi, no le sienta el color.

ALFONSO. En segundo lugar, madrina, dígame la verdad.

CORINA. En segundo lugar, señor dandi, le queda corto de mangas.
ALFONSO. Por tanto, puede estrecharse.
CORINA. Aunque no sea correcto el razonamiento, señor dandi, es correcto el motivo. ¡Diste en el clavo! Si te queda corto, un cuerpo más pequeño...
ALFONSO. ...como el de Juan...
CORINA. ...cabrá en él con un arreglo.
ALFONSO. ¿Quieres que me lo quite aquí mismo?
CORINA. En tu cuarto, y me lo mandas con Cheché.
JUAN CABRERA. La bella Corina, pálida, suave, dulce, planta exótica en el trópico, se convirtió en mi hermana mayor. Solícita y protectora, me regalaba un traje, un dinerito, un reloj, una linda corbata... Me acercó más a Ignacio con sus prédicas favorables. Y obtuvo, finalmente, un éxito asombroso: que la misma doña Antonia se ablandara conmigo. Corina, la bella Corina.

5

Muñeco anatómico. Mesa alta y estrecha con un microscopio.

IGNACIO. ¿Qué haces tanto tiempo parado ahí? ¿Observándome?
JUAN JOVEN. ¿Lo molesto? Ni hablo ni me muevo. ¿Me voy?
IGNACIO. Creí que esperabas algo. ¿Quieres ver lo que hago? Acércate. ¿Nunca viste por un microscopio?
JUAN JOVEN. ¡Mi madre! ¿Y esos bichitos? ¡Cómo hacen piruetas!
IGNACIO. Son microbios y están vivos. Es un cultivo experimental. Sin esto no los verías. Nadie los vio ni creyó en ellos hasta que un holandés, con mucha curiosidad, perfeccionó estos lentes para alcanzar más allá de donde llega la vista humana. Tipo curioso, ¿verdad?
JUAN JOVEN. Un rescabuchador.
IGNACIO. Exacto, exacto, Juan. Rescabuchar la naturaleza. Ver lo infinitamente pequeño. Saber, levantarle una punta de la falda. Exacto.
JUAN JOVEN. ¿Y los microbios están en todas partes?
IGNACIO. En todas. Los tienes en tu boca y en una gota de agua.
JUAN JOVEN. ¿Nena también tiene microbios?
IGNACIO. ¡Claro que sí!
JUAN JOVEN. ¡Caramba!
IGNACIO. Te propongo hacer un experimento, el mismo del holandés. Aquí hay un poco de agua. Calentaremos un tubito de cristal. Yo te sostengo el agua y tú recoges una gota, solamente una. Bien. Dime ahora lo que piensas.

JUAN JOVEN. Que se me va a caer la gota.
IGNACIO. Haciéndome reír arruinaremos el experimento. ¿No sientes curiosidad en saber lo que hay dentro de la gota? No debes conformarte nunca con lo que ven tus ojos. Por eso el holandés cogió sus lentes y miró una cosa tan pequeña como una gota de lluvia. ¿No piensas en eso?
JUAN JOVEN. Ahora lo entiendo y me entran ganas de mirarla.
IGNACIO. Colócala bajo el lente. ¿Qué ves?
JUAN JOVEN. Miles de bichitos.
IGNACIO. Eso vio el holandés y salió corriendo, dando voces.
JUAN JOVEN. Mira eso cómo nadan. Dan vueltas. Son diferentes.
IGNACIO. Y hay más, muchos más. Gira el tornillo.
JUAN JOVEN. Aparecieron otros más chiquitos.
IGNACIO. Claro, hiciste más preciso el lente. Eso es la ciencia: más precisión y más precisión.
JUAN JOVEN. ¡Qué lindo, Ignacio! Levantar una piedra y mirar un hormiguero debajo.
IGNACIO. La ciencia va levantando las piedras. Ahí tienes criaturas que viven, se multiplican, batallan y mueren ocultas a la vista humana. Hasta un día, hasta un día… ¿Sabes lo que pueden hacer, tan chiquitas e invisibles? Aniquilar a un hombre, a miles y miles de hombres. Más terribles que dragones de leyenda o fusiles verdaderos. Asesinos silenciosos, matan a un niño en su cuna, a un rey en su palacio. Esto vio el holandés aquel día. Después hemos seguido mirando y mirando… ¿Tú no tuviste paperas?
JUAN JOVEN. Me puse así. Pero no se me bajaron.
IGNACIO. ¿Y qué te dijo tu padre de las paperas?
JUAN JOVEN. Nada.
IGNACIO. ¿Cómo nada? ¿Nunca te dijo, según él, la causa de las paperas?
JUAN JOVEN. No.
IGNACIO. ¿Pero por qué?
JUAN JOVEN. Estaba muerto.
IGNACIO. Dices cosas tremendas, de tal forma que uno debe contenerse para no sonreír. Discúlpame, Juan. Si tu padre te hubiera explicado la causa de tu mal, no me cabe duda que aun en este tiempo te habría dicho: un espíritu maligno, la fatalidad, una desgracia. Lo cierto es: un simple microbio. Podrías verlo en ese aparato. ¿De qué murió tu padre?
JUAN JOVEN. Echando sangre por la boca. Un cuajarón de sangre.
IGNACIO. Tisis. La produce un microbio, un bastoncito. Sabemos cuál y no hemos podido matarlo todavía. Lo descubrimos, lo aislamos… Bueno, lo descubrió un médico alemán…

JUAN JOVEN. ¿Y usted quiere descubrir algo bueno?
IGNACIO. Yo juego al ajedrez siguiendo la partida de un maestro. Repito lo que otros descubrieron… Yo no soy un gran médico, Juan. No tengo el don, la madera. Pero una cosa me gustaría: aplicar lo que otros descubrieron. Fíjate: me gustaría enseñar higiene a la gente. Cómo evitar enfermedades, conservar la salud, mejorar nuestro organismo. Me gustaría hacerlo cuando al fin Cuba fuera libre. Higienizar el país, ¿te das cuenta?
JUAN JOVEN. Yo sí. ¡Falta que hace! Todo está sucio y enfermo.
IGNACIO. Tendremos que alzarnos. Los mayores lo hicieron antes, como lo hizo mi padre, y por eso lo admiro tanto a pesar de todo. Ahora nos toca a nosotros. Irse al monte, convertirse en un insurrecto. Del monte nos viene todo a los cubanos. Del monte y a caballo. Por segunda vez alzarnos. Y volver y volver cuantas veces resulte necesario. Esa es nuestra historia, alzarnos en el monte.
JUAN JOVEN. ¡Y bien, Ignacio! Lo he leído en los libros que me presta don Leoncio. Y por la calle lo oí. Anda la gente cubana montando a caballo. Alzada la gente. Ahora voy a enseñarle una cosa.
IGNACIO. Vaya. Qué bien.
JUAN JOVEN. Yo también sé. No solamente usted, yo también sé un poquito. *(Se arrodilla con un pedazo de carbón. Traza en el piso operaciones aritméticas).* Si tengo doscientos tres por aquí y mil trescientos ocho por acá, y luego le agrego veinticinco, y le pongo después quince mil trece, quince mil cero trece, y trazo la raya y sumo, ¿cuánto me da, don Ignacio? Tres, ocho, cinco, tres… Diecinueve, y llevo una… Cuatro. Tres y dos: cinco. Dieciséis mil quinientos cuarenta y nueve.
IGNACIO. Divídemelo ahora entre ocho.
JUAN JOVEN. Se lo divido y luego se lo multiplico por una cifra y luego por dos. ¿Qué le parece?
IGNACIO. Todo eso, ¿dónde lo aprendiste?
JUAN JOVEN. Por la calle, en el piso de tierra de una bodega, en una escuelita de barrio, con el viejo maestro don Adrián. ¿Quedó bien la cuenta? Y completica.
IGNACIO. Dieciséis entre ocho: a dos y bajo el cinco y no cabe… Exacto, Juan. Exacto. A ver la multiplicación. Nueve por dos dieciocho y… El viejo don Adrián. Conozco esa escuelita. ¿Quieres que te describa al viejo? Típico maestro de la colonia: pequeñín, con levitón sucio y raído, siempre tosiendo, asmático, uñas sucias, olor a ron…
JUAN JOVEN. Lo pintó igualito. En los recreos, un saltico a la bodega de la esquina y su vasito de ron. Igualito. ¿Usted lo ha visto mucho?

IGNACIO. Ni una vez. Pero los conozco. Cuántos cubanitos se han educado con gente así. Nosotros con curas, ustedes con maestros soñolientos.
JUAN JOVEN. Hay que alzarse.
IGNACIO. ¡Y bien, muchacho! ¡Acaballo!
JUAN JOVEN. Me gusta que usted se ría. Parece que me tiende la mano.
IGNACIO. ¡Chócala! Eres un muchacho despierto. Sé que lees libros de historia cubana.
JUAN JOVEN. Me sé enterita la Guerra Grande.
IGNACIO. También estoy enterado de que estudias fisiología.
JUAN JOVEN. ¿Usted es espiritista?
IGNACIO. Fisiología sexual. No lo ocultes. He visto abierto un libro mío y marcada una página con su lámina. Cuidado no te calientes la cabeza.
JUAN JOVEN. Eso es ciencia, Ignacio.
IGNACIO. Vida también, Juan.
JUAN JOVEN. Como don Adrián no lo enseña, tengo que saberlo por mi cuenta. Vaya: soy curioso. ¿Y la gente nace así?
IGNACIO. No me des vueltas que ya lo sabes. Leíste bastante. Un hombre, una mujer, unirse: así mismo. Es sencillo.
JUAN JOVEN. Cuando se sabe.
IGNACIO. Cubanito sabichoso.
JUAN JOVEN. Ya tengo edad. Se me despierta un deseo de mirar. Los ojos se me van. Abro mucho los ojos. Estoy pareciéndome al holandés. Quiero ver, levantar una puntica. ¿Cómo se llama ese músculo?
IGNACIO. Bíceps.
JUAN JOVEN. ¿Y este?
IGNACIO. Gran recto.
JUAN JOVEN. ¿Y más abajo…?
IGNACIO. Sartorio.

Oscuridad.

6

Gran espejo. Corina termina de vestir a Juan Joven. Traje de casimir, camisa con cuello, zapatos oscuros.

CORINA. Qué derechito eres.
JUAN JOVEN. De robar mangos en la arboleda.
CORINA. Calla esa lengua afilada. A ver las uñas. ¿Y los oídos?

JUAN JOVEN. Parece que tengo madre, ¿verdad?
CORINA. Aprende a cuidarte solo. Luces muy bien. Eres bastante alto para tu edad.
JUAN JOVEN. Si perdí a mi madre, gané una hermana mayor.
CORINA. Deja de adularme. ¿Te queda bien el saco?
JUAN JOVEN. Entallado. ¿Se dice así?
CORINA. Es la moda, señor cliente. Ahora esas facciones…
JUAN JOVEN. ¿Qué tienen?
CORINA. Son demasiado criollas.
JUAN JOVEN. Suerte la tuya: eres pálida, fina. Yo soy un plebeyo.
CORINA. Esos ojos no son plebeyos. Harán mella en las mujeres.
JUAN JOVEN. Son así de mirar mucho. De mirar todas las cosas que no tengo. ¿Cómo son?
CORINA. Grandes, tristones, expresivos… Suficiente para trastornar a una mujer.

Quedan estáticos frente al espejo. Corina va alejándose hasta perderse.

JUAN CABRERA. Pensaba en Nena. Llevaba muchos días sin hablarme. Pasaba rápida por mi lado, muy seria, sin fijarse en mí… A los dos nos andaba por dentro una procesión de miedos. Veía despierto y dormido un montón de castigos si lo nuestro se descubría. Ninguno de los dos había dicho nada. Los días se iban, las horas, cada minuto… Presentía que dentro de ella renacían los impulsos, la curiosidad. Yo era el único varón disponible. ¿Cómo lo sé? Porque a mí me ocurría lo mismo. Quería verle temblar los labios, humedecerse sus ojos brillantes, las teticas levantarle el vestido…

Se desvanece la imagen de Juan Joven ante el espejo.

JUAN CABRERA. Lentamente volvió. Volvimos. Juegos. Jugar a los escondidos, con sus ocultos roces y apretones, un tropezón buscado al pasar una puerta… Jugar a los cocinaditos y a las muñecas. Yo me prestaba a todo y hacía cualquier cosa por estar juntos. Luego vino un juego supremo: jugar a los casados. Yo era el padre, ella la madre. Temerosos, pendientes de los ruidos de la casa, allá en el cuarto de las reliquias familiares… Una vez nos sorprendió Cheché y quiso sacar partido.

Aparece Bertica Martínez de Cabrera vestida lujosamente.

BERTICA. Señor representante, ¿no oye a su esposa llamándolo? Ratísimo llamo sin que me hagas caso. ¿No quieres cerrarme el vestido?

JUAN CABRERA. Perdóname, Nena. Estaba abstraído.

BERTICA. Pero, ¿todavía sin vestirte? Ponte uno de tus trajes de dril cien. Uno crema, uno blanco. El blanco mejor. Ese color es muy excitante. Me encanta verte con un traje blanco.

JUAN CABRERA. ¡Pero qué grande estás! ¡Y qué linda espalda!

BERTICA. Juan, tengo treinta y seis años. ¿Qué te figuras…?

JUAN CABRERA. Que estabas en la quinta del Cerro.

BERTICA. ¿En qué quinta del Cerro? Nunca he vivido en ninguna quinta. Y menos en el Cerro. ¿Soñando despierto? Vístete. Vamos al Payret. Ponen una obra de la que me han contado. Fue la mujer de Marcos. Resulta interesante.

JUAN CABRERA. ¿Recuerdas cómo me tratabas? ¿Jugabas o me querías? Dímelo, Nena. No seas mala…

BERTICA. Abróchame y te lo diré después.

JUAN CABRERA. ¿Después o nunca?

BERTICA. Nunca. Nunca. Secreto femenino. Qué caliente tienes las manos. Vas a quemarme la cintura.

JUAN CABRERA. Siempre la misma. Habrá que llevarte a un país de nieve.

BERTICA. Este año no me has llevado a ninguno.

JUAN CABRERA. Graves asuntos. ¿Qué ponen en el Payret?

BERTICA. La compañía del Alhambra tiene su temporada decente. La obra no me acuerdo cómo se llama. Es sobre una mujer enamorada que sigue a su hombre a todas partes del mundo y en todas partes se le aparece en forma diferente. Si llega al Japón, es una geisha. Si llega a Turquía, una odalisca.

JUAN CABRERA. En vez de una mujer también podría ser un hombre.

BERTICA. ¿Cómo un hombre?

JUAN CABRERA. Un hombre que tuviera siempre una sola mujer delante de los ojos y en cualquier parte del mundo.

BERTICA. Y esa Nena, ¿quién es?

JUAN CABRERA. Tú, solamente tú. Eres mi muñeca, mi niña, mi bebita… Una pregunta a mi Nena. Una solita: ¿me quieres como ella quiere en esa obra que vamos a ver?

BERTICA. Quizá. Vístete. Te lo digo en el teatro.

7

Una pelea de gallos.

CHECHÉ. Si te hubieras puesto a trabajar conmigo no harías esas cosas con Nena.

JUAN JOVEN. Mira a ver si te callas. No me gustan los chotas.

CHECHÉ. Eso depende de ti. Cierro la boca si tú... Tengo que cerrar mucho la boca, esta boca grande...

JUAN JOVEN. Cierra la bemba colorá o te veo mal. Yo sé defenderme.

CHECHÉ. Para eso creciste. Me conviene... No me gusta abusar... Pero dime, Juan: ¿qué se traían tú y Nena debajo de la cama?

JUAN JOVEN. Nena y yo nos ponemos donde nos dé la gana.

CHECHÉ. Salió despeinada, el vestidito estrujado, sudorosa, cuando se dieron cuenta de que Cheché los descubrió...

JUAN JOVEN. No te hagas el chévere ni el jorocón... Conozco a muchos como tú...

CHECHÉ. Ya sé que eres de la calle... Pero te voy a dar una sorpresa... Yo estaba en una fiesta gozando...

JUAN JOVEN. Se te escapa el alcohol por la bemba. Si prendo un fósforo coges candela... No estás manso como antes. La bebida te pone bravucón.

CHECHÉ. Te voy a dar una sorpresa. Allá va, Juan Cabrera. Tú y yo dormimos en el mismo cuarto... Ya está bueno de esperar. ¿Te llevas lo que te pido?

JUAN JOVEN. Eso parece. Te he cogido mirándome cuando me desnudo pero te lo dejaba pasar... ¿Vas a saltar ahora, Cheché?

CHECHÉ. Ya sabes lo que te pido. Me debes un favor. ¡Págalo! Tuviste mi protección cuando te hacía falta.

JUAN JOVEN. Ya te lo agradecí, bravucón. Me equivoqué contigo. No lo hiciste por amistad. ¿Por qué te tocas tanto la cintura?

CHECHÉ. Si no fuera por mí... Yo me negué a pegarte. ¿Te acuerdas? Tuviste mi protección. Ahora quiero cobrarte. Págame. Deseo que me hagas lo mismo que le hiciste a Nena. ¿Está claro? Paga tu deuda.

JUAN JOVEN. Te emborrachaste para decírmelo.

CHECHÉ. Y tengo esta navaja para obligarte. Me cansé de esperar. De hacerlo yo solo pensando en ti.

JUAN JOVEN. ¡Me tendrás que matar!

Hay una pelea. Ruedan. Salta la navaja y Juan ágilmente la pisa con el pie.

JUAN JOVEN. Te me revelaste. Ahora tienes que irte. Aquí sobras. Vete o llamo a la familia para que conozcan lo que tú eres. ¡Un mierda, Cheché!

CHECHÉ. Quieres abochornarme. En otra ocasión nos veremos. Si no callas, prepárate. Si preguntan por mí, diles que me fui porque maté a un hombre.

Oscuridad.

8

DOÑA ANTONIA. Alfonso, ¿no has visto a tu hermano?
ALFONSO. ¿A cuál de mis ilustres hermanos?
DOÑA ANTONIA. A Ignacio Estrada y de Cárdenas.
ALFONSO. No, no lo he visto. Debe estar en su gabinete.
DOÑA ANTONIA. Allí no está. Dile que lo busco.

9

Amanecer de una noche lluviosa, nublado y húmedo. La magnolia pone una nota verdiblanca en la mañana triste. Sin cita previa, Juan y Nena coinciden cada uno por un lado diferente.

NENA. ¿Alguien te vio?
JUAN JOVEN. Nadie. Todavía están en sus cuartos.
NENA. Ay, un día nos van a pillar hablando solos... Qué noche. Cómo llovió. ¿No lo sentiste?
JUAN JOVEN. Sí, el agua hizo mucho ruido... Chin, chin, chin, sobre el tejado...Yo estaba pensando en ti, oyendo la lluvia, desvelado y pensando. ¿Qué tú estabas haciendo a esa hora?
NENA. Dormidita. La lluvia me da sueño.
JUAN JOVEN. Mentirosa. Te despertaste. Acabas de decirme que oías llover.
NENA. Solo una vez y abrí un ojo...
JUAN JOVEN. ¿Y no pensaste en mí en ese momentico?
NENA. Me puse a oír la lluvia. Me parecía más bonita. Me tapé bien y cerré el único ojo que tenía abierto. Qué fría estaba la cama, y yo solita.
JUAN JOVEN. ¡Boba! Me hubieras llamado.
NENA. ¡Fresco! ¿Y si nos ven...?
JUAN JOVEN. Roncaban... Yo sí estoy solo, Nena. Solo en el mundo. Anoche me acordé de mi madre. Pensé en ti y luego, como un rayito, vi su cara. ¿Te acuerdas del día que me llevaron en coche hasta la puerta del hospital...?
NENA. Estabas de lo más triste. Yo no te quería mirar, pero me hubiera gustado cogerte una mano y decirte algo bajito... ¿No oíste un ruido dentro?
JUAN JOVEN. No cojas miedo. Seguro fue Bejuco en la cocina.
NENA. Mi abuela está despierta, anda buscando a tío Ignacio.

JUAN JOVEN. Lo buscará por el piso alto.
NENA. ¿Era bonita tu mamá?
JUAN JOVEN. Muy linda. Pobre, mal vestida, pero linda.
NENA. Tú no saliste a ella.
JUAN JOVEN. ¿Encuentras bonita a tu mamá?
NENA. ¡Preciosa!
JUAN JOVEN. Tú no saliste a ella.
NENA. ¡Pesado! Todo el mundo dice que soy igualita.
JUAN JOVEN. Mira que la gente es mentirosa.
NENA. ¿Nunca vas al cementerio a la tumba de tu mamá?
JUAN JOVEN. Ella no tiene tumba. Está enterrada en la fosa común. Pero cuando tengo una peseta llevo flores y se las pongo allí, donde supongo que ella está. Ahorita hace dos años que se murió, ¿verdad?
NENA. ¿No sabes el día? ¿Tú no te acuerdas?
JUAN JOVEN. ¡Cómo se me va a olvidar! Ella era lo único que yo tenía. Figúrate. Ahora estoy solo en el mundo. Tú tienes padre y madre, yo no.
NENA. ¿Solo, solo? No te veo tan solo… Me dijiste que tenías unos tíos. ¿Nunca sabes de ellos?
JUAN JOVEN. Ni siquiera los conozco. Viven en Galicia y en Camagüey. Y son tan pobres… No, Nena, no tengo a nadie que me quiera.
NENA. Nosotros te queremos.
JUAN JOVEN. ¿Tú? ¿Me quieres tú?
NENA. Yo también.
JUAN JOVEN. No, así no. ¿Tú no me quieres…?
NENA. Vives aquí, te quiero. Ahora vámonos. Nos van a pillar.
JUAN JOVEN. Nena, un momentico. ¿Por qué no somos novios?
NENA. ¿Cómo…? ¿Novios tú y yo? ¿Y para qué?
JUAN JOVEN. Porque sí. Me nace. Lo siento. ¿A ti no?
NENA. Pero, ¿estás loco? ¿Ser novios tú y yo? ¿Cómo vamos a ser…?
JUAN JOVEN. Siéndolo. Por gusto. Así como ahora. Nos vemos, hablamos, nos escribimos cartas… ¿Eh, Nena? ¿Sí? ¿Vamos?
NENA. No, Juan, no. Va y se enteran…
JUAN JOVEN. No se enterarán. ¿Quién se va a enterar? Lo hacemos con cuidado. ¿Eh, Nena? ¿Sí?
NENA. Lo de escribirnos no, porque nos pueden pescar y entonces, Juan, a ti te botan y a mí me matan a palos.
JUAN JOVEN. No, chica. Papelitos cortos. Cortos. Con mucho ojo, mirando por todas partes.
NENA. Ay, Juan, eres tremendo. Bueno. Sí. Anda, vámonos ya.

JUAN JOVEN. ¿De vera? ¿Somos novio? ¿Tú quiere?
NENA. De veras que sí. Pero óyeme una cosa: no te comas las eses.
JUAN JOVEN. Es que cerca de ti me da hambre. Te las voy a poner en un ramillete.
NENA. Vámonos ya. Yo por el comedor y tú por allá dentro. Primero yo.
DOÑA ANTONIA. *(Apareciendo).* Psss. Ven acá.
JUAN JOVEN. Dígame, doña.
DOÑA ANTONIA. Ya que siempre estás mirando: ¿no has visto a Ignacio?
JUAN JOVEN. No, doña.
DOÑA ANTONIA. ¿Tampoco tú lo has visto? Nadie lo ha visto en la mañana. Qué raro. Te has hecho muy íntimo de él. ¿Anoche durmió en casa?
JUAN JOVEN. Sí, doña. Lo vi entrando en su cuarto.
DOÑA ANTONIA. ¿No te dijo nada...? ¿Algo especial...?
JUAN JOVEN. Me dijo: «buenas noches».
DOÑA ANTONIA. ¡Animal! Dile que lo busco.

10

Don Leoncio, de espaldas a la claridad del patio, se dispone a enviar recortes de un periódico de Tampa. En cada sobre escribe con apuro, temeroso de ser sorprendido, y cuando lo hace se le oye decir: General, Coronel, Mayor General, Teniente Coronel... Cada vez agrega el nombre de San José de Costa Rica, Ciudad de México, Caracas, Santo Domingo, Guatemala...

JUAN CABRERA. Y entonces una falda que se subía un tanto y dejaba ver un par de rodillas, el encaje blanco del vestidito de Nena, el calor de la noche y yo en mi catre solitario, ir a la cocina y echarse un poco de agua en la cara y por el cuello... Vigilaba la puerta del baño después que Nena entraba, anhelando que se le quedara abierta... Tenía encendida la sangre y un calor por el cuerpo como si tuviera fiebre, y aquello o esto a cada rato excitado, a veces sin darme cuenta. Despierto o dormido andaba erotizado siempre. Soñaba. Soñaba cantidad. Un museo de mujeres tenía en la cabeza. Con Marcos no había vuelto a encontrarme. ¿A quién contarle lo que me pasaba? Vivía pegado a mi ídolo Nena. Tenía deseos y también la quería. Amores bobos de muchachos. ¿Bobos...? Vaya: de los más profundos. Nunca se vuelve a querer así. Pero los ojos se me iban tras la carne y perseguía la ocasión: las lindas piernas de cubana blanca de Corina, los hombros de Susana, los pechitos mulatos de Candelaria. Una noche, detrás del cristal de un postigo, desnuda, recreándose en la luna de su peinador. Otra vez, por un dichoso descuido, sorprendo el momento en que Corina se quita la bata y entra despacio bajo la ducha... Ni una cartica de Nena rompí. Las guardaba todas, y su retrato, y una flor marchita. Cada día daba de comer al pajarito que ella me regaló. Si las miraba a todas y las tenía en mi mente encerradas, a Nena la quería.

DON LEONCIO. La Isla arde, Juan. Los cubanos vuelven a la manigua. Por Oriente y por Camagüey se alza la gente separatista. Y aquí en La Habana se siente empezar la cosa. Esta noche dan una fiesta en La Caridad para recaudar fondos y ayudar al mambisado. Irá la gente vestida con algo tricolor, aludiendo a nuestra bandera... Llévame estas cartas al lugar que conoces. Envío noticias a los caudillos que todavía no han podido desembarcar en la Isla...

JUAN JOVEN. Voy corriendo.

DON LEONCIO. Calma, muchacho. Hay que esperar que Antoñica se vaya a misa.

JUAN JOVEN. Creo que quiere llevar a Ignacio. Lo anda buscando.

DON LEONCIO. ¿Llevárselo? ¡Difícil! Es más incrédulo que yo. Cubanamente impío. La Iglesia apoya a España. Grave error. Mira que pasar esto cuando ya no soy el que era antes. Si esta insurrección hubiera ocurrido hace quince años..., estaría machete al cinto, terciado el fusil, a caballo en la manigua. ¡Caramba! La vida tiene cada cosas... Es una amante inflexible. No te perdona, la inclemente. Te va comiendo los días y no te devuelve ni uno. ¡Caramba! Sé en qué estás pensando...

JUAN JOVEN. ¿Usted adivina, don Leoncio?

DON LEONCIO. Eres un gallito sin estrenar y pensarás: «mira al viejo este lamentándose de los años...»

JUAN JOVEN. Pues no pensaba en eso. Pensaba que ya usted hizo lo suyo. Luchó en la Guerra Grande. Ahora les toca a los otros, a sus hijos...

DON LEONCIO. Nunca les toca a los otros. Uno quisiera que le tocara siempre a uno, siempre. ¿A mis hijos? ¡Buenos inútiles! Gente de gabinete, malcriados, el Albertico y el Alfonso. Estos hijos míos heredarán lo que nosotros hicimos y lo que hagan los demás que vengan ahora. Herederos del sacrificio ajeno, de la muerte y de la sangre. Solo Ignacio sirve y nada me ha dicho. Se interesa más por la medicina. Quizás en la República, cuando otros saquen a los gaitos.

JUAN JOVEN. Ignacio es un valiente. Con él aprendo mucho. Tiene alma de mambí.

DON LEONCIO. Sí, pero le falta el cuerpo. Déjame bajar el tono, no oiga Antoñica y nos sorprenda *in fraganti* en la conspiración, mandando correspondencia insurrecta... Si ya no sirvo para montar a caballo al menos ayudo como cartero.

JUAN JOVEN. Y yo de mensajero.

DON LEONCIO. Te haría falta un silbato para ir despertando a los dormidos. Todavía quedan dormidos en esta tierra colonizada. Se me fue otra vez la voz... Que se despierten todos menos Antoñica...

JUAN JOVEN. ¡Qué va! Ella anda dando vueltas...

DON LEONCIO. ...recogiendo la mantilla, buscando el rosario, el libro de oraciones...

JUAN JOVEN. ¡Qué va! En busca de Ignacio.

DON LEONCIO. ¿Y qué le pasa a ese muchacho que está escondido?

JUAN JOVEN. Ya usted lo dijo: no quiere que lo lleven a misa.

DON LEONCIO. Hablemos bajo. Me pareció verla pasar por el comedor. Dicen que esto es muy cubano, esto de hablar en alto registro y con acción de manos. Cuando discuto apenas dejo hablar al contrincante, le adivino lo que me va a decir y le quito la palabra de la boca. Nuestra conversación es como una pelea. Cubanísimo esto. Y presumir del pie pequeño. No las patas de esos españoles. Nosotros el pie pequeño, el jipijapa fino, las medias de holán. Fácil el argumento, la mano a la defensiva, nervioso el cuerpo. Y el hablar delicado, sin sonar esas zetas y jotas de guarnición. Falta un detalle: la debilidad por las mujeres, lo mismo de falda de percal o seda pura. ¡Qué caramba! Por las mujeres he dado la mitad de mi vida, y la otra mitad se la llevó la patria.

JUAN JOVEN. Perdone, don Leoncio, pero dicen que usted es caliente cantidad.

DON LEONCIO. ¡Claro! Como esta tierra que arde. Mi alegría es física, Juan, es alegría del cuerpo viviente. La mujer y la patria, y las dos enlazadas por la sangre. Fíjate: cuando vibro de entusiasmo, acabo de escuchar un discurso en La Caridad y pienso que se la ganamos a España, no me resigno a dormir solo. Tengo que compartir mi alegría y me voy a casa de alguna de mis queridas. ¡Eso es así! Ya lo comprenderás. Te seré franco de una vez: siento un tremendo placer teniendo una sola familia y varias casas. Mantenerlas, ayudarlas a vivir, darles un alegrón. Cuando seas mayor conocerás ese gusto. A menos que seas tú como me salió mi hijo Ignacio.

DOÑA ANTONIA. *(Apareciendo).* Por ese hijo tuyo te pregunto. ¿Lo has visto? ¿Dónde está?

DON LEONCIO. Yo no soy el guardián de mi hijo.

DOÑA ANTONIA. No juegues con el libro santo. Busco a tu hijo. Lo busco. No aparece en toda la casa. ¿Qué hacías aquí? ¿Recortes de periódicos mambises? Usando a este infeliz de recadero...

JUAN JOVEN. A mí me gusta hacerlo...

DOÑA ANTONIA. ¡Usted se calla! Bocón. Otra vez la guerra, don Leoncio Estrada…
DON LEONCIO. Otra vez la guerra, doña Antonia de Cárdenas.
DOÑA ANTONIA. ¡Qué obstinación! Oh, locos, nada conseguirán. Destruir los campos, incendiarlos, perder la vida en vano… ¿No se cansan de insistir?
DON LEONCIO. No nos cansamos. Nos ponemos viejos y no nos cansamos. ¡Ya ves! Tú tampoco te cansas. Siempre que llega la guerra dices lo mismo…
DOÑA ANTONIA. Porque es inútil. No es la primera guerra.
DON LEONCIO. Y tal vez no sea la última.
DOÑA ANTONIA. ¿Ves? Nada te importa derramar sangre, empuñar la tea incendiaria… ¿Qué te importa a ti eso? Cuando te fuiste a la guerra sufrí callada y te esperé.
DON LEONCIO. Volví.
DOÑA ANTONIA. Pero otros no volvieron. Volvieron sus armas, sus cenizas… Mi hermano nunca volvió. ¿Lo recuerdas?
DON LEONCIO. Era un mambí, un valiente.
DOÑA ANTONIA. Eso dicen siempre, y te dejan un cadáver a la puerta… Un valiente, tum, tum. Entiérrenlo.
DON LEONCIO. No quiero discutir contigo. Solo sé una cosa con mucha firmeza, Antoñica: a veces es necesario que estalle el corazón del mundo para alcanzar una vida más alta.
DOÑA ANTONIA. Es terrible lo que has dicho. Es espantoso. Espantoso.
DON LEONCIO. No lo niego. Sin embargo es así. La vida no es un cuento de hadas. Si quieres quitarte a España de arriba, su dominio espantoso, enfrenta el espanto. La libertad no te va a caer del cielo con ruegos y oraciones. Ni haciendo remilgos. Pero si te consuela rezar, reza.
DOÑA ANTONIA. Hablas como si debiera hacerlo. ¿Qué sabes tú? ¿Dónde está mi hijo? Lo sabes y me lo ocultas. ¿Debo rezar por él?

Entran sucesivamente Corina, Alfonso, Albertico y Susana. Se oye tocar un tambor en la cocina.

ALFONSO. Mi hermano no está en la casa.
SUSANA. Salí al jardín y no lo hallé.
ALBERTICO. Los criados no lo han visto.
CORINA. Mi hermano no está en la casa.
DOÑA ANTONIA. Él sabe donde está. Es uno de ellos. Tú lo sabes. No me tortures más. Dímelo. Díselo a tu familia.

DON LEONCIO. Está donde debe estar. ¿No te das cuenta? Al principio me oculté de ti para mandar los recortes y escribir las cartas. ¡Ahí los tienes! Ya nada hay que ocultar. Yo sigo siendo el mismo. Él es mi hijo. Un mambí como yo.

DOÑA ANTONIA. ¡Oh, Dios mío! ¿Cómo lo has permitido? Es tu hijo. Se ha ido a la guerra. Iba buscándolo con ese presentimiento. Sigue tu maldecido ejemplo. Es tu hijo, y es mío también, don Leoncio. Tú me lo quitas. Al único. Al que no mimé ni consentí. Todo se lo di a los otros. A él no le daba dinero para juergas ni trajes ni queridas, pero era al que respetaba y al que amaba. Un amor callado y seguro. Como el que una vez te tuve. Ay, rompes mi viejo corazón otra vez. ¡Maldito seas! ¡Maldito seas! Voy a rezar por él. Lloraré al pie de su cama. Mi hijo amado… Ya nada me importa en el mundo.

Se pierde corriendo. Silencio punteado por el toque solitario del tambor. Por las habitaciones la voz de doña Antonia llama: «Hijo, hijo. Cómo te has ido» y va apagándose. Oscuridad.

11

El piano, con sus lamparitas de bronce y el mantón de Manila, aparece ahora en otro lugar. Un cajón de herramientas: lima, martillo, destornillador. Rollos de pianola. El piano también se usa como pianola. Patean y resoplan los caballos en la cuadra. En ciertos momentos, en lugar de la voz de Juan Joven se oye la de Juan Cabrera.

JUAN JOVEN. Si alguien nos sorprende, lima y martillo, golpe al piano y listo, Nena: le estamos arreglando las entrañas.
NENA. La gente no es boba. Hasta ahora mismo sonaba bien.
JUAN JOVEN. Se paró. De pronto se paró. Es muy fácil. Qué cobarde eres.
NENA. Siento el corazón apretado.
JUAN JOVEN. ¡A ver!
NENA. No te propases. Tienes muy sueltas las manos.
JUAN JOVEN. La culpa es tuya.
NENA. ¿Leíste mi papelito?
JUAN JOVEN. De memoria me lo sé.
NENA. ¡Guanajo! Lo hago por complacerte. Eres muy matraquilloso. Yo nunca tengo ganas de escribirte.
JUAN JOVEN. Sígueme complaciendo, anda.
NENA. ¡Qué va! Si el papel se me está acabando.

JUAN JOVEN. Te compro una papelería.
NENA. ¡Pretensioso! No sé con qué...
JUAN JOVEN. ¿Para qué tengo esto?
NENA. Ese coco esta reseco.
JUAN CABRERA. De pensar en ti, Nena.
NENA. ¿Nadie nos vio cuando te lo di?
JUAN CABRERA. No. Nadie.
NENA. ¿Lo rompiste?
JUAN CABRERA. Y lo boté.
NENA. ¡Atrás! Que grito.
JUAN JOVEN. Me pongo a tocar la pianola.
NENA. Está rota.
JUAN CABRERA. Le doy con el martillo.
NENA. ¡Bocón! ¿Por qué te peinas con agua? ¡Estás más feo! ¡Pareces un ratón mojado!
JUAN CABRERA. Péiname tú.

Displicente y burlona, Nena mete sus suaves dedos en el pelo de Juan Joven.

JUAN JOVEN. Tú sí eres linda. Linda como una rosa.
NENA. Estate quieto o me voy.
JUAN CABRERA. ¿Por qué, Nena?
NENA. Te he dicho que no me toques más.
JUAN JOVEN. Tú me tocaste. Bueno, verdad: para decirme ratón. Juegas conmigo como el gato con el ratón. ¡Claro! Yo soy un recogido, un agregado, casi un criado...
NENA. Ay, empiezas de nuevo... ¿Ah, sí? ¿Eso crees? Pues, ¡hasta luego!
JUAN CABRERA. ¡No te vayas, chica! Ven. Por mima que no te vuelvo a tocar.
NENA. No jures por tu madre en vano.

Excitado por su proximidad, se apodera de una de sus manos y se la besa oprimiéndola para que no se le escape, una, dos, diez veces, con voraces labios. Ella logra desasirse.

NENA. ¡Se acabó! ¡Ahora sí se acabó!

Juan Joven la acorrala y se le planta delante decidido.

JUAN CABRERA. Quédate o te beso aquí mismo.

La domina con su audacia. Ella se sienta en la banqueta del piano.

NENA. Verás si esto se descubre. Y lo van a descubrir: eres muy bruto y muy atrevido.
JUAN JOVEN. Es que te quiero mucho.
NENA. Pues mira: no me quieras más. Hoy es el último día. ¡Se acabó!
JUAN CABRERA. No se puede acabar. Yo no lo acabo. Y que lo sepan, y que me boten, me maten, me hagan lo que quieran... No te vuelvas a ir. Quiéreme, ¿eh? Quiéreme aunque yo sea menos que tú. ¿Sí...? ¿Vas a ser buena conmigo?
NENA. Si de veras me quieres, dame el papelito que te escribí hoy.
JUAN JOVEN. ¡Qué va! Lo tengo muy escondido.
NENA. ¿Escondido? ¿Ves? Te cogí. ¿No lo habías roto y botado?
JUAN JOVEN. No. Lo tengo guardado en un lugar secreto. Y los otros, y las flores, y el retrato...
NENA. ¿Sí, verdad? Me engañaste. Me has mentido. ¡Solo yo tengo la culpa!

Nena deja caer los brazos y asoman lágrimas a sus ojos, Juan, conmovido, le toma las manos arrodillándose, en una mezcla de piedad y recrudecimiento del deseo.

JUAN JOVEN. Te los doy, mi vida. Te juro que te los doy. ¿Quieres el papelito ahora mismo?
NENA. Ahora.
JUAN CABRERA. Bueno. Dame un beso.

Ella se aparta. Él la retiene. Forcejean.

NENA. No, chico. Que nos ven.
JUAN JOVEN. Nadie.
NENA. No quiero.
JUAN JOVEN. Uno solo. Uno solito. Te doy el papel. Te lo doy enseguida.
NENA. ¿Enseguida?
JUAN CABRERA. Sí.
NENA. ¿Pero no todo?
JUAN CABRERA. ¿Cómo todo?
NENA. Las flores, el retrato, los papelitos...
JUAN JOVEN. Mala. Está bien. Todo. Por mi madre. *(Sin esperar le echa las manos a la cabeza, la sujeta contra sí, y hundiéndole los dedos tenaces en su pelo, aprieta sus labios ardorosos contra los labios fríos y recogidos de ella. Se aparta brusco).* Así no, chica. Abre la boca.

NENA. ¡Quita!
JUAN CABRERA. ¡Abre!
NENA. ¡Quita! ¡So bruto! Nos van a pillar.

La oprime de nuevo. Pega voraz, jadeante, su boca a la de ella, en tanto mezcla las súplicas tiernas con furiosas exigencias.

JUAN JOVEN. Solo un momento, mi cielo. Anda. Ábrela. Los cuatro labios bien apretados. Sí, mi vida…

La besa incesante en pleno arrebato. La estruja, le retuerce los brazos, hasta que consigue besarla como desea. Con golpe de macho vencedor la suelta exclamando.

JUAN JOVEN. ¡Así, salá! Te vencí. ¡Así!
NENA. ¡Mi tío! Mi tío Alfonso.

En la penumbra avanza despacio la figura del tío, los ojos muy abiertos y brillantes, vestido como un dandi, un fino bastón en la mano.

JUAN JOVEN. Ahora verás cómo esto se arregla.

Se apodera de martillo y destornillador y comienza a trastear la pianola. Nena lo sigue ávida. Juan Joven mete el filo del destornillador en cualquier parte del instrumento y descarga unos cuantos martillazos. Tras él Nena se oculta, compone su cabellera y el corpiño.

ALFONSO. ¿Qué hacen ahí? Tú, Nena, siéntate.
JUAN JOVEN. ¡Arriba! Esta noche tocarás toas las mazurcas.

Doña Antonia desde su cuarto lanza un silbido de silencio.

DOÑA ANTONIA. Necesito dormir.
ALFONSO. ¿Ya oíste? Mamá no quiere que despierten su tristeza con música. Deja de insistir en tal arreglo. Vamos a echar un parrafito. Quiero obrar con calma y serenidad. Analizar tranquilamente lo que he visto. Sobre todo una solución discreta. Justa, pero discreta. Este caso no puede trascender. No, no, no nieguen nada. No es necesario. Doy testimonio. Besos y abrazos. ¿Para qué negarlo?
NENA. ¿Besos y abrazos? ¿Yooo, tío?

ALFONSO. Sí, tú. Tú y este, el don Juan de la casa. No me interrumpan.
NENA. ¿Pero yo, tío? ¿Será posible que tú creas...?
ALFONSO. Creo lo que he visto.
NENA. Te juro...
JUAN JOVEN. ¡Está bueno ya, Nena!
ALFONSO. ¿Ves...? Es más franco que tú. Como les digo, lo que conviene es oír. Oír sin escandalizar, y sin pérdida de tiempo.
NENA. Delante de Juan no, tío. No quiero. Dile que se vaya.
ALFONSO. Hablaré contigo después. Sal un momento. Métete en tu cuarto y cállate la boca. Yo iré a buscarte. ¡Sal! Una muchacha de tu edad, de tu educación, de tu familia... Solo viéndolo lo creo posible. Por fortuna para ti, y para todos, fui yo quien los vio. Arreglaremos esto sin golpes, ni gritos, ni escándalo. Solo vergüenza debes sentir. Aunque no sea más que delante de mí. ¿Qué clase de mujer decente eres?
NENA. ¿Por qué, tío? Piensas mal de mí. Eso no está bien. Soy casi una niña...
ALFONSO. Ignacio me ha dicho lo contrario, y él es médico. Ha observado tus hondas y moradas ojeras. Duermes mucho y te has vuelto perezosa. Tienes dolores de cabeza. No hay más que mirarte.
NENA. No sigas, tío. Me desagrada tener que hablar contigo esas cosas. Se las cuento a mi madre solamente.
ALFONSO. Yo tampoco quiero hablar. Pero no digas que eres una niña. Te haces la ingenua y dices que pienso mal de ti. ¿Qué tienes tú con Juan realmente? ¿Qué tiempo hace? Dime la verdad.
NENA. Eres mi tío y no te miento. Fue solo hoy. Nunca nos encontramos antes. Yo estaba aquí, oyendo música, y él vino por detrás y me abrazó. Se me echó encima. Me obligó. Es más fuerte que yo. Sabe muchas cosas. Vivió siempre en la calle. Sí, tío, él tuvo la culpa.
ALFONSO. ¡Mentirosa! Y lloras y todo. De veras ya eres una mujer. Estás llena de artimañas. ¿Así que él tuvo la culpa? ¿Él tan solo? Y cosa de un día. ¡Mentirosa! Ni ocurre en un solo día, ni él puede tener toda la culpa. Se necesitan dos bocas y cuatro manos. Al contrario, tiene menos culpa que tú. Recibes ejemplo, vas a un buen colegio y eres hoy por hoy una señorita decente. Él es un huérfano, crecido en la calle, de la que ha traído todos los resabios. No tiene nada que perder. Tú sí. Y mucho. ¿De esto hablaste ya también con tu madre?
NENA. Tío, no hagas burlas de tu sobrina.
ALFONSO. Eres tú la que pretende burlarse de mí. Ya ves: trato de ser justo. Otro que no fuera como yo, estaría echando espuma por la boca, queriéndose tragar al muchacho, cargándole toda la culpa. La tuya y la de él...

NENA. Él la tiene, tío. Yo no. ¿Y sabes por qué? Porque yo no quería. No quería. Él me indujo y fue quien empezó…

ALFONSO. Inútil. No sigas diciéndome mentiras. Solo quiero que me respondas dos preguntas. Oye la primera. ¿Hasta dónde llegó…?

NENA. ¿Qué cosa, tío Alfonso? No te entiendo.

ALFONSO. Óyeme. Siguiendo malos consejos de Ignacio, te metías en el gabinete con Juan a ver láminas. Yo sé lo que es eso, y buscar palabritas en el diccionario. Dijiste que Juan sabía muchas cosas. Te pregunto hasta dónde llegó el manoseo…

NENA. Tío, no debes expresarte de ese modo.

ALFONSO. Háblame claro, sobrina. Déjate de rodeos.

NENA. No ha pasado de lo que viste hoy.

ALFONSO. Sobrina, lo que te pregunto es muy importante. Lo más importante. ¿Estás segura? ¿No mientes? Puedo decírselo a tu madre y hacerte revisar.

NENA. Tío, no te miento. Me estás haciendo sufrir.

ALFONSO. Bien. Entonces podemos poner mi plan en marcha. Respóndeme la segunda pregunta. Necesito saber si alguien conoce esto. Si alguien los ha visto, si alguien sospecha…

NENA. Nadie.

ALFONSO. ¿Ni Candelaria?

NENA. Nadie.

ALFONSO. ¿Y Cheché?

NENA. Ya no está en la casa.

ALFONSO. ¿Y dónde está el mulato?

NENA. Se fue. Juan lo amenazó y se fue.

ALFONSO. ¿Era el único que los había visto?

NENA. Sí.

ALFONSO. Juan ayudó a mi plan por adelantado. Bien. Empiezo a fiarme de ti. Voy a creerte. Guardarás el secreto. Tampoco yo lo diré. Ni a tu padre. Ni a Susana. Ni siquiera a doña Antoñica. Tienes que prometerme que te arrepientes de veras, profundamente. Y no decir una palabra, en absoluto una palabra. Ni al cura cuando te confieses. ¿Me oyes?

NENA. Por Dios y por mi madre, te lo prometo todo.

ALFONSO. Cuida tu porvenir, sobrina. No seas mentecata ni loca. Vas a echar a perder tu vida…

Conmovida por tan inesperada, cariñosa suavidad, Nena le echa los brazos al cuello y le confiesa:

NENA. Tío, Juan tiene unos papelitos escritos por mí y un retrato…
ALFONSO. ¿Ah, sí? ¡Ya ves! Pero no voy a recriminarte más. Dime dónde los tiene.
NENA. Nunca me lo ha dicho. No se los pidas tú. Es capaz de armar una gritería. Déjaselos. Yo se los quito.
ALFONSO. Cuidadito. No volverás a verlo. Fíjate bien: nunca, o lo echo todo a perder. Déjame el asunto. Vete a tu cuarto y no salgas de la cama. Si viene tu madre, no te sientes bien. Dolor de cabeza, decaimiento. Tendrás que fingir poco, y ella sabrá enseguida de qué se trata. Fíjate en lo que haces y con quién andas de ahora en adelante. A tu cuarto y cuidado. Solo tú y yo estamos enterados.

12

De la cocina llega un canto. Un criado con un cajón entre las piernas y una botella de ron en la cabeza florea silenciosamente una rumba. Juan Joven, la maleta de cartón con la que llegó a la casa abierta en el suelo. A su lado Alfonso.

ALFONSO. ¡Busca bien! De esto nadie se enterará, pero dame lo que tienes ahí oculto.
JUAN JOVEN. Ya le dije que no tengo nada. En la maleta no está más que mi ropa.
ALFONSO. Mira, huérfano, te conozco. Hace un rato que estamos en esto. ¡Busca! Procura que aparezca.
JUAN JOVEN. ¿Usted no registró el cuarto? Yo no tengo dónde de esconder nada.
ALFONSO. Para eso cuentas con tu maleta. Con ella viniste. Fue lo único que te dejó tu madre al morir. Seguro: ahí escondiste los papelitos de Nena.
JUAN JOVEN. Ya le dije que no tengo ningún papelito de Nena. Ninguno. Ella no me ha dado nunca nada. Ni así. Si usted no quiere creerme…
ALFONSO. Déjate de aspavientos conmigo. Puedo ponerte de patas en la calle. Aquí no está ya Ignacio para que te defienda. Mi padre comprenderá esta situación. Conque arrea. Hazlos aparecer.
JUAN JOVEN. Los rompí y los boté.
ALFONSO. ¡Vaya! Ahora los rompiste y botaste. ¿Cuándo? ¿Dónde los botaste? ¿Crees que voy a creerte? *(Se transforma en el hombre que utiliza a Juan para enviar recados a sus queridas. Más desfachatado, propone complicidad).* Óyeme. Vamos a hablar entre hombres. ¿Nena te gusta, verdad? No te cabrees. Noto que te gusta. Lo vi cuando la besabas. Estabas en el quinto

cielo. Por allá arriba. En una nube. No lo hallo mal. Es linda. Ya tú eres casi un hombre. Natural que te guste. Y hasta a lo mejor la quieres. Cuando yo tenía tu edad me ocurrió lo mismo. Claro, era una criadita. Una mulatica, ¿sabes? Pero linda como un sol. De solo mirarla se me ponía aquello igual que tú. ¿Tú no te pones...? Vamos, pillo. Estamos entre hombres, dímelo. ¿Qué hubo ahí? ¿Se rindió? ¿La venciste?

JUAN JOVEN. ¿Qué relajo se trae usted conmigo? ¿No le da pena hablar así de su sobrina?

ALFONSO. Me estás faltando al respeto. Quise sincerarme contigo. Eres un perro callejero. Yo soy el abogado Alfonso Estrada y de Cárdenas. Vamos, no voy a tocar tu maleta ni tus cosas. Ahí no pongo mis manos. Sácalas una a una delante de mí. Me doy cuenta: eres duro de pelar.

JUAN JOVEN. Yo no soy Nena que cantó enseguida.

ALFONSO. ¡Bien! Estás hecho un hombre. No saques nada. Deja. Tienes palabra. ¿Qué hiciste con los papeles?

JUAN JOVEN. Me los comí. Y el retrato lo tiré en el inodoro.

ALFONSO. ¿Te molesta lo que te hizo Nena?

JUAN JOVEN. Me dolió. Se portó como una chota.

ALFONSO. Eso para que veas cómo son las mujeres. No te fíes de ellas. Apártate de Nena. Es como todas. Frágil y chismosa.

JUAN JOVEN. Casasola es lo que fue.

ALFONSO. Quiso salvarse y dejarte fuera.

JUAN JOVEN. Así mismo.

ALFONSO. No merece que la mires más. No lo merece, Juan. Recoge la maleta. Reflexiona. Quiero hacerte una advertencia: dejando este asunto entre nosotros dos puedes salir bastante bien. Yo me ocupo. Confío en ti. Me has demostrado que sabes callar. Adiós, Juan. Sigue así.

Juan Joven cierra la maleta. Se palpa la cintura y saca el retrato y las cartas de Nena.

JUAN JOVEN. ¡Boberas! Buscando despistados. ¿Dónde mejor iba a esconderlos que arriba de mí mismo? Que ella haga lo que quiera: aquí la tengo cogida. Me la llevo conmigo. ¡Los he chivao a todos!

13

JUAN CABRERA. Muy alta aquella madrugada vencí el primer insomnio de mi vida. Cómo di vueltas en la cama y oí voces, y el sueño sin venir.

Nunca antes supe qué era eso: no dormirse. Ponía la cabeza en la almohada y a roncar al instante y seguido. Desvelado me quedé aquella noche. Vino el día y me halló intranquilo. A Nena no la vi. Alfonso, un fantasma. Algo flotaba en el ambiente de la quinta. ¿Temor...? Bueno. No podía ver dos personas juntas sin que me dijera: «están hablando de mí». Si alguien me salía al encuentro en el patio, en el jardín, en la cocina, sentía el rayo sobre mi cabeza. En verdad no estaba arrepentido. ¡Que viniera lo que tenía que venir! No me van a matar. Y si no me matan queda vida por delante, vida para todo. Tenía ganas de decírselo a alguien. Era un impulso, un despecho. Pero nadie sabía nada del caso. Quien nos había visto era Cheché, y ya no estaba en la quinta el desgraciado. Ningún miembro de la familia me preguntó por él. En la cocina los criados estuvieron un tiempo inquietos con su ausencia. Yo nada dije, ni siquiera que había matado a un hombre y estaba escondido de la justicia. Eso nadie lo iba a creer. Tuve que sacarlo de la casa: él lo había visto todo y podía soltar la lengua. Ni doña Antoñica, que andaba con Cheché para arriba y para abajo, se inquietó con su desaparición. Lo sustituyó por Goyo, que le sirvió de bastón. Ella no se inquietaba ya por nada. Estaba como moribunda después de la partida de Ignacio. Yo lo echaba de menos, pero el asunto de Nena ni me dejaba pensar en que Ignacio estaba alzado en el monte con los mambises... Con nadie podía yo hablar y nadie lo supo. ¿Temor...? Bueno. Pero no huía: me paraba detrás de cada puerta, me detenía si alguien hablaba, si dos se apartaban para conversar, escurrido como un perro, con las orejas paradas y olfateando el peligro...

Don Leoncio dormita en un sillón a la media luz del atardecer, la cabeza caída sobre el pecho, un periódico separatista bajo los lentes. Aparece Alfonso vistiendo otro traje y con otro bastón, y lo toca en el hombro. Han pasado varios días.

ALFONSO. Papá, necesito hablar contigo.
DON LEONCIO. Ah, eres tú... Estaba dormitando. Sin duda envejezco. Ni sirvo para leer noticias de la guerra. Me avergüenzo, hijo. Qué ultraje ser viejo. ¿No has sabido de tu hermano?
ALFONSO. Es a ti a quien debe escribir.
DON LEONCIO. Espero. Fui a la logia para ver si me había escrito. Es allí donde debe hacerlo. Está menos vigilada que esta casa. Soñé con él. Lo veía a caballo, tirando tiros, cruzando un río... Casi me salpicó el agua las manos... Qué insensato soy. ¿Dijiste que querías hablarme?
ALFONSO. Primero prométeme calma para que nadie más se entere...

DON LEONCIO. *(Despabilándose del todo).* ¿Qué pasa?
ALFONSO. Algo grave.
DON LEONCIO. ¿Quieres asustarme?
ALFONSO. No se ha caído el mundo ni va a caerse.
DON LEONCIO. Mira, Alfonso, despacha, que no estás hablando en el foro.
ALFONSO. Se trata del muchacho ese, de Juan, y de la barbaridad de meter gente extraña en la casa de uno. Gente con moral y costumbres diferentes a las nuestras.
DON LEONCIO. Déjate de reprocharme cosas. Esta es mi casa y en ella mando. Yo se lo prometí a su madre moribunda y así lo he cumplido. Además, ninguno se opuso. Acaba con el discurso forense y dime lo que hizo el muchacho.
ALFONSO. Hay barbaridades que solo se miden por sus consecuencias. Los efectos aclaran las causas, papá. Él no tendrá la culpa de ser como es, un callejero, pero nosotros debemos vigilar que no traiga aquí sus infecciones…
DON LEONCIO. Ya me estás alarmando. ¿De qué infecciones se trata…?
ALFONSO. Te lo digo rápidamente: los sorprendí besándose y toqueteándose de lo lindo.
DON LEONCIO. Ay, Alfonso, y eso qué te asombra. A su edad y a cualquier edad todos nos besamos y toqueteamos. ¿Con qué criada…?
ALFONSO. Con Nena.
DON LEONCIO. ¿Con mi nieta? ¡Lo mato! Espérate un momento. Lo voy a sacar a rienda limpia del catre.
ALFONSO. ¿Y armar un gran escándalo?
DON LEONCIO. ¡Déjame! Todo lo quieres arreglar con paños tibios, sin derramar sangre… ¡Cuero con él y después veremos!
ALFONSO. Una paliza la daría cualquiera. Te he pedido calma, precisamente…
DON LEONCIO. ¡Tengo que pegarle, chico! ¿No te das cuenta? Me ha traicionado. ¡Pegarle! Mira las manos: ¡calientes!
ALFONSO. ¿Por qué tan alterado? ¿Le temes al incesto?
DON LEONCIO. ¿De qué hablas tú? ¿Qué incesto es ese?
ALFONSO. Juan es tu hijo. El tío acostándose con la sobrina, casi un incesto.
DON LEONCIO. Creo que es a ti a quien voy a darle una paliza. Cómo te atreves a hablar así. Yo no tengo hijos regados. Sé que han sospechado siempre que Juan Cabrera es hijo mío. ¡Pues no lo es! Ninguna de mis mujeres tuvo un hijo mío. Se lo tengo prohibido. Las hago abortar si se equivocan o quieren amarrarme, y las dejo en el acto. Una cosa es la calle y otra es la familia. Apréndete eso, estúpido.

ALFONSO. Ahora estoy más tranquilo. ¡Calma! Obrar con prudencia y talento. ¿Pegarle? Claro, como a un esclavo.
DON LEONCIO. Soy un mambí, ¿oíste? Apoyé la abolición. No tengo nada que ver con la esclavitud.
ALFONSO. Eso te crees. La esclavitud es una marca que dura mucho tiempo. Ignacio me enseñó a descubrirla.
DON LEONCIO. Quítate a tu hermano de la boca. Él está luchando por la libertad de la patria.
ALFONSO. ¿Y yo aquí, arreglándote un asuntico?
DON LEONCIO. Estoy alterado y te ofendo sin querer. Dime lo que has pensado. Aprovecha este instante...
ALFONSO. Así me puse cuando los vi. Qué ganas de pegarle, pero me contuve. Calcula cómo estaría a esta hora la cosa. No, refrénate, Alfonso. Es tu sobrina. Es mejor suprimir el mal y su influencia futura. Y para eso hacer lo que sea preciso sin ruido, con sigilo. Por lo pronto, papá, ese muchacho debe salir de aquí.
DON LEONCIO. Nunca debí hacerle a Josefa tal promesa. Nunca debí traerlo. Que lo hubieran metido en la Beneficencia o que se hubiera muerto de hambre. Todo antes que soltarlo como una fiera entre mi familia. Malagradecido. ¡Con mi nieta! Se me vuela la cabeza. Cuero limpio. ¡Que respete! Que aprenda a respetar.
ALFONSO. Quieto y baja el diapasón. Calma. No puedes entregarte a esas salidas de calentura. ¿Lo vas a echar a la calle? ¿Lo vas a meter en un asilo? ¿Vas a ponerlo a aprender un oficio? Tarde. Tarde. Así, de pronto, toda La Habana se enteraría. Lo aumentan el doble, el triple, y condenamos a Nena al comentario, a una mancha perpetua.
DON LEONCIO. Cierto, cierto, el porvenir de esa chiquilla tan comebola...
ALFONSO. Piensa en esto además: Juan nos conoce... No hay chanchullo nuestro que no maneje. Lo hemos mandado a todas partes, a lugares donde no hubiéramos mandado a ningún criado de la casa. Si lo botamos violentamente moverá la lengua, esa lengua de perro callejero que tiene...
DON LEONCIO. Eso no me importa. Hay que cortar aquí dentro, de la manera más drástica y rápida. Vamos a aislarlo enseguida. A la mayor distancia y por lodo el tiempo que se pueda. Si es para siempre, mejor.
ALFONSO. Bien, papá. Llegaste al punto preciso, al que me propuse llegar. Bien, tengo la solución del caso. Juan debe irse al campo, a nuestra finca en Minas. Telegrafías al mayoral, llevamos a Juan al ferrocarril y lo despachamos con sombrero y hamaca. ¿No me dijiste hace poco que hacía falta en la finca una persona que supiera de números? Esa

persona es Juan Cabrera. Saca cuentas y escribe bien, con buena letra. Irá conociendo la caña, el asunto de la zafra, y que por allá, bien lejos, se haga un hombre.

DON LEONCIO. Bien pensado. Eres hábil, Alfonso.

ALFONSO. No sirvo para la guerra, pero sirvo para el gobierno.

DON LEONCIO. Bien pensado.

ALFONSO. Hasta provecho le sacaremos al muchacho.

DON LEONCIO. Buen pretexto para explicar su partida. Después, te garantizo que no volverá a ver a Nena ni sabrá nunca de ella en su vida. Ponle el visto bueno. Y sale bien, sale en coche. Ya no soy el que era antes, si esto pasa hace diez o quince años... ¡Goyo! Tengo un mandado para ti, compra una hamaca y un sombrero de guano...

14

NENA. *(Sola)*. Tiíto, qué bueno has sido conmigo. Cómo te agradezco lo que hiciste. Que se vaya. Que se vaya lejos el muy atrevido. Si él se quedara en esta casa no podría bajar de mi cuarto, volverlo a ver, y delante de mi propio tío Alfonso mucho menos. Moriría de vergüenza. Que se vaya bien pronto, Caridad del Cobre. Te lo juro por mi madre y por mi abuela, si termina esto sin que me ocurra nada malo voy a ser buena, muy buena.

15

La familia almuerza en la gran mesa de caoba, mantel y vajilla relucientes. Don Leoncio preside a un extremo. Al centro doña Antonia. Esta vez está sentada, absorta y casi ausente. Susana, de pie frente a una torre de platos hondos, es quien sirve la sopa hundiendo el cucharón en la gran sopera de porcelana. Los criados entran y salen con grandes fuentes. Visten con su abandono habitual. La silla de Nena está vacía. El almuerzo, animado y sonriente. Carcajadas y comentarios risueños. Alfonso le da un pellizco disimulado a Candelaria. Durante un momentáneo silencio aparecen Juan Joven, vestido para el viaje, sombrero de yarey, zapatos de vaqueta, pantalón rústico, y detrás Goyo, la maleta al hombro y la hamaca. Don Leoncio da una palmada y habla en alto registro.

DON LEONCIO. ¡Atención, gandules! Juan se nos va.

Exclamaciones de sorpresa. Corina se levanta a recibir a Juan Joven, que permanece rígido y cabizbajo. La familia pregunta a coro: «por qué, por qué».

DON LEONCIO. Nuestro Juan se ha hecho muy juicioso. Hace unos días me oyó comentar con Alfonso que necesitábamos en la finca una persona que supiera de números y que dentro de poco se hiciera un experto pesador de caña. ¡Y él mismo se ofreció! Toda la familia se lo debe agradecer. En la finca se hará de un oficio y un hombre de provecho. Entendió algo de lo que ustedes ni se dan cuenta, partida de gandules. Le dije: «El azúcar está a bajo precio. Te necesito y no puedo cargarle un nuevo sueldo al ingenio». Y ahí lo ven. Se puso el sombrero de guano y se nos va. Aprendan. Tengo que echar la gandinga para dar de comer a tantas bocas...

DOÑA ANTONIA. *(Saliendo de su marasmo)*. Hay que llevarlo a un colegio. Está a nuestro amparo. Cuando vuelva Ignacio nos preguntará qué hicimos por este muchacho.

DON LEONCIO. De un tiempo a esta parte discutes todas mis órdenes. Estese tranquila, señora. ¿Qué mejor colegio para un cubano que la zafra?

DOÑA ANTONIA. Goyo, Candelaria, Bejuco, ya lo saben, a trabajar el doble. Tendrán que repartirse lo que hacía Juan, que el azúcar está por el suelo.

SUSANA. Ay, en este país el azúcar siempre está por el suelo. ¿Cuándo lo veremos en las nubes?

JUAN CABRERA. ¡Que viniera lo que tenía que venir! No me van a matar. ¡Pues no me mataron! Y queda vida por delante, vida para todo. Don Leoncio me dijo que me fuera para la colonia de caña y no me mató. Y yo había aprendido a caer del lado en que me pusieran. Y venga lo que venga. ¡A la caña! Pues a la caña, Juan Cabrera. Enseguida me vino a la cabeza el viaje en ferrocarril, la maquinota humeante. Otra vez la arboleda, el sol, la yerba. Correr, rodar, y vivir, vivir como un salvaje. ¿Trabajo fuerte? ¿Campo sórdido? ¿Y qué? Ya sacaremos algo de todo eso. Un porvenir. Y ni sombra de Nena. La mente cerrada. Ni sombra. Estoy muy crudo. Ya me costó suficiente el amor. Solo me llevo de ella la sensación caliente de sus labios grandes y mojados. Solo. Y en el cinto, bien escondidos, cinco duros que le robé a Alfonso del chaleco.

CORINA. Toma, Juan. Es un recuerdo. Que el crucificado te proteja. *(Le pone al cuello una cadena con una cruz)*.

DOÑA ANTONIA. ¡Caramba, Corina! Se la debiste dar a tu hermano, a mi pobre hijo Ignacio.

CORINA. Era para él, pero no me dio tiempo. Me apena no habérsela dado. Que la lleve Juan. Él también la necesita.

DON LEONCIO. ¡Cómo viven ustedes! Irse al campo es como irse a la guerra. ¡Qué país!

CANDELARIA. No tengas miedo, blanquito. Nada malo te pasará en el campo. Estarás mejor que con presumidos y arruinados.
ALBERTICO. Yo creo que mamá tiene razón. Mejor hubiera sido el colegio.
DOÑA ANTONIA. Hijo, no defiendas causas perdidas. Aquí también tenemos nuestro mayoral.
ALFONSO. Albertico, creo que el cambio le viene a tiempo. Aprenderá a ganar dinero. ¿Aquí qué iba a ser? ¿Un criado más? *(Bajando la voz).* Nos conviene, chico. ¡Es un peligro! Metido aquí, con todo lo que nos sabe. Piénsalo para que veas. Nos conviene
ALBERTICO. Mamá, no vamos a contrariar a nuestro padre y acá a Alfonso… Ellos sabrán qué hacer con el huérfano.
BEJUCO. Campo ta mijó. Gana plata. Buca mulatica pa ti. ¡Va tar má contento…! Pillín.
ALBERTICO. Susana, ¿qué le pasa a mi hija? ¿Tampoco bajará hoy a almorzar?
CORINA. Sí, Susana, extrañamos a Nena.
SUSANA. Fui a buscarla a su cuarto. Sigue maluca. Inapetente. Le faltan las fuerzas. ¡Qué cosa la naturaleza…!
DOÑA ANTONIA. Si Ignacio estuviera ya le habría recetado unas cucharadas…
DON LEONCIO. Bueno, bueno, ya es hora de que se marche Juan. Perderá el tren.
ALBERTICO. Te envidio, Juan. Me iría contigo. Estoy loco por montar a caballo y bañarme en el río.
DON LEONCIO. Lo que tienes que coger es un machete y meterle duro a la caña.
SUSANA. Ay, don Leoncio, es un profesional. Déjelo usted con sus estudios de Farmacia.
ALFONSO. Adiós, Juan. Pórtate bien. Te traje un regalo. Mi reloj de muchacho. Llévatelo. Sabrás las horas. Es de níquel.
DON LEONCIO. ¡Arrea, Goyo! El tiempo apremia. *(Apartándose con Goyo).* Cuídame a Juan.
GOYO. Como si fuera su hijo.
DON LEONCIO. Como si fuera.

Aparece el coche con sus sonidos. Juan Joven sube bruscamente y Goyo tras él. Parte el coche. La familia dice a coro: «Adiós, Juan. Adiós, Juan». Se desvanece el almuerzo. Queda Juan Cabrera solitario en la escena. Vuelve a verse la magnolia. Juan Joven y Nena dan vueltas a su alrededor persiguiéndose calladamente.

Oscuridad total y repentina.

MADUREZ

1

Café habanero, 1920. Grandes espejos, mesas de mármol, arecas y lámparas de bombas blancas. Barra oscura de madera y metal dorado. Frutas en pirámides. Vestido con un dril cien, muy peinado, bastón y anillos, Juan Cabrera ocupa una mesa. Hora del mediodía. El café desierto. Aparece Marcos López. Viste como un senador de la época, con guardaespaldas y acompañantes.

MARCOS. ¡Hola, ñáñigo! ¿Qué haces aquí tan solitario?
JUAN CABRERA. Bájame el tratamiento. Ñáñigo eres tú que conoces las grandes magias que te llevaron al Senado. Yo solo estoy en camino y todavía falta.
MARCOS. ¡Vamos, Representante, no se haga el modesto! Usted es ñáñigo de primera. Déjate de músicas. ¿Qué haces? Ya demostraste tu valer. Por ti se hizo esa expresión «pico de oro». Qué discursos, qué discursos los tuyos. Incluso a mí, que tengo el pellejo duro, me emocionan. Muchacho, siendo un triunfador, ¿estabas meditando?
JUAN CABRERA. Pues quizá. Me senté aquí a darme un trago…
MARCOS. En la calle vi tu maquinón y me dije: «está ahí adentro». Te preparo algo, una cosita que te mereces. Compón uno de esos discursos que dejan a la gente viendo visiones.
JUAN CABRERA. Ay, Marcos, no pierdes oportunidad.
MARCOS. ¿Perder? Jamás. Qué mejor oportunidad que la victoria de un amigo, de un amigo de la infancia. Te ganaste el acta limpiamente. No te rías, chico. Pero mejor, ríete un poco. Así pierdes ese aire tristón y meditabundo. Eso no nos sienta, Juan Cabrera. Meditar solo un momento o durante la acción misma. Vamos: viveza criolla. Te preparo…
JUAN CABRERA. …una fiesta.
MARCOS. ¡Un banquete! Están de moda. Buena comida, buena bebida y una charanga para amenizar. Ocúpate del discurso y yo me encargo del resto.
JUAN CABRERA. ¿Ya te vas? ¿No quieres un trago?
MARCOS. Me esperan unos correligionarios. Otro día nos sentamos tranquilos, como merecen los vencedores.
JUAN CABRERA. ¿Leíste la interviú?

MARCOS. En voz alta me la leyeron. Mientras me vestía o dictaba una carta. No tengo tiempo para leer. Me gustó. Recordar tu origen es tu fuerte político. En ese aspecto eres invencible. Tú, guajiro hambriento, y yo lo mismo, pero en la ciudad, le añado un poquito de exilio en México… ¡y listo el ajiaco para el paladar de los electores cubanos! Tengo varias cositas en cartera y necesito tu apoyo en la Cámara. Te las digo luego. ¿Está bien?

JUAN CABRERA. Ya las espero.

MARCOS. Cambia esa cara.

JUAN CABRERA. Se la debo a la interviú.

MARCOS. ¿La cara…?

JUAN CABRERA. La interviú me llevó a recordar el pasado.

MARCOS. Que no se diga, criollo. El pasado es para los discursos. Contempla el presente. ¿Qué ves? ¡A un vencedor! El pasado pasó. ¿De qué sirve el recuerdo si no te da una lección?

JUAN CABRERA. Buenas lecciones nos ha dado a los dos.

MARCOS. Démosles gracias. Yo también a veces me digo: «cuando vea a Juan le voy a preguntar si se acuerda de aquellos días en que íbamos a ver a las putas o nos metíamos desnudos a nadar en el mar». Pasando la otra tarde por el Malecón me pareció verme en cueros parado encima de los arrecifes. Y ahora se me ocurre preguntarte: aquella vez que te expulsaron de la quinta del Cerro te metieron en una finca, ¿no?

2

Juan Cabrera se levanta y los dos avanzan hasta el proscenio. El café se desvanece en la penumbra. Se superpone la silueta de un frondoso mamey moviendo sus ramas. Ruido de un tren.

JUAN CABRERA. Volví a cargar con mi maleta, la maleta de niño, donde guardaba los papeles y el retrato que mamá me dejó. Inesperadamente don Leoncio subió al tren, despidió a Goyo y me acompañó hasta la finca. Le encantaba ir a la finca. Allí tenía lo que llamaba «sus asunticos».

MARCOS. ¿«Asunticos»? ¿Qué asunticos?

JUAN CABRERA. Faldas, Marcos, faldas levantadas o por levantar. Las hijas jovencitas del capataz o del administrador. Ellos mismos se las ofrecían o se hacían de la vista gorda. Si con don Leoncio y con su familia me veía obligado a «dejar pasar», ellos también cerraban los ojos y dejaban pasar.

MARCOS. Cerraban los ojos y les sacaban partido a las hijas.
JUAN CABRERA. La miseria ajena convierte a hombres como don Leoncio en señores feudales, con derecho a todo.
MARCOS. ¿Seremos nosotros sus herederos?
JUAN CABRERA. Fueron nuestros maestros. O los seguimos o rompemos.
MARCOS. Las enseñanzas se llevan a la práctica cuando convienen, y cuando no se posponen.
JUAN CABRERA. ¿Eso también nos lo enseñaron? *(Marcos López abre los brazos e inclina la frente).* Llegamos por la tarde, mediado el sol.
MARCOS. ¿Y cómo era la finca?
JUAN CABRERA. Yo, un muchacho y un recogido, sin embargo me di cuenta. Era como esas fincas un tanto abandonadas donde el administrador y el mayoral roban lo que pueden y los peones apenas trabajan, asoma la decadencia y percibes que avanza despacio, pero sin parar.
MARCOS. A la familia de don Leoncio los cambios, la Revolución libertadora, la nueva gente, acabaron de darle el puntillazo.
JUAN CABRERA. Hablaste de la lección del recuerdo y en aquella finca se podía aprender historia. Allí estaban varias épocas de Cuba una al lado de la otra o encima una de la otra. Da lo mismo y como quieras. Fue un ingenio con barracones de esclavos y un batey, enclavado en una llanura. Detrás, como un telón pintado, las montañas de Jaruco. Allí estaba todavía el viejo trapiche.
MARCOS. Y un mar de yerbas y cañaverales.
JUAN CABRERA. Y palmas y frutales.
MARCOS. La torre del ingenio en ruinas.
JUAN CABRERA. Y ya cerca del batey, el caserío guajiro.
MARCOS. Un montón oscuro de techos de guano.
JUAN CABRERA. Entre un grupo y el otro, los conucos raquíticos.
MARCOS. Un platanal polvoriento, un sembrado de maíz…
JUAN CABRERA. …de boniatos, yucas y malangas.
MARCOS. Allí estuvo la casa de máquinas.
JUAN CABRERA. Y allí el cuadrado del barracón.
MARCOS. Y apenas se veían, casi cubiertos por la manigua. ¿No era así? Así he visto tantas en la provincia, durante la campaña electoral.
JUAN CABRERA. Solo faltaban los esclavos, el cuero del mayoral, los cantos que servían de alivio.
MARCOS. Y junto a esto, ¿qué había?
JUAN CABRERA. Ya lo sabes, Marcos. Has visto tantas.
MARCOS. ¡La *Fairbanks*!

JUAN CABRERA. La nueva fábrica de azúcar y la casa de vivienda. La casona de don Leoncio, todavía en pie aunque ya le asomaban por las paredes la podredumbre y el abandono, encalada y sin matorrales, limpio y chapeado todo a su alrededor, muchos cuartos, un portalón que le daba la vuelta. En uno de esos cuartos colgué mi hamaca y puse las botas en el piso de madera. Qué noches me esperaban. Las primeras sobre todo. Después que apagaba la bujía ni el cansancio me ayudaba a dormir. Vaya noche la del campo, noche oscura de verdad. Qué solo me sentía, qué solo estaba y qué solo me ponía la noche.

MARCOS. Y te cagabas de miedo.

JUAN CABRERA. Horas temblando en la oscuridad, oyendo los ruidos del campo, lechuzas, pájaros que de repente lanzan un chillido… Sentía un alacrán bajo la nuca, un majá que me subía por los pies. Y en la arboleda del traspatio no era el viento, eran fantasmas y almas en pena. Coño, Marcos, qué días aquellos, hasta que perdí el miedo a acostarme y llegué a gozar de la noche solitaria. Acabado de llegar, en esos primeros días, la boca reseca, me levanté, prendí la bujía y salí temblando del cuarto derechito a la cocina. Iba descalzo, sin hacer ruido, la luz pasaba temblorosa por las paredes…

MARCOS. No me digas que viste un fantasma.

JUAN CABRERA. Oí un ruido, unos quejidos…

MARCOS. *(Con un estremecimiento).* ¿De verdad…?

JUAN CABRERA. Sobre el piso de la cocina, jadeando encima de una jovencita, casi una niña, estaba don Leoncio. De ahí salían los quejidos y el sonar de los besos.

MARCOS. ¿Completamente desnudos?

JUAN CABRERA. Ella tenía la falda levantada y el viejo en calzoncillos. Con sus rodillas le abría las piernas, la besaba en el cuello, en los ojos, en la boca. Las manos como dos garras le sobaban los pechos, y empujaba, empujaba como un trinquete de veinte años. Cuando le soltaba la boca, de ahí salían los quejidos. Te aseguro que no eran de placer. La guajirita estaba a disgusto. Aquello le dolía.

MARCOS. ¿Pero era virgen?

JUAN CABRERA. Claro, virgen, y estaba dejando de serlo en el momento en que los descubrí. «Ahí está tu hijo. Ahí está tu hijo», le decía bajito al viejo con los ojos espantados. «Qué hijo ni qué hijo», y el viejo se volvió para mirar. «Cabrón pasmador. Apaga la vela». Yo no sabía si apagarla o dejarla encendida. La guajirita me hacía señas de que no obedeciera. Don Leoncio terminó por abandonar la presa y se puso de pie respirando grueso, la mirada brillante. Se guardó el animal en el calzoncillo.

MARCOS. ¿Y tú seguías con la vela prendida?

JUAN CABRERA. «Disculpe, don Leoncio, vine a buscar un vaso de agua». La guajirita se alzó del suelo y componiéndose dijo: «Yo se lo doy». Cuando cogía el agua para irme, el viejo me contuvo, congraciador con ella y conmigo, suavizando el momento. «¿Qué te parece esta ricura? Cualquiera se propasa. Guárdame el secreto. Tú también eres ya un hombre». Di media vuelta y volví al cuarto.

MARCOS. Un ratico después se repitieron los quejidos.

JUAN CABRERA. Nada más oí. Solo correr ratones, y creí que algunos de esos bichos se ponían a mirarme. Abochornado, indignado, sentado en mi hamaca...

MARCOS. ¿Indignado por qué, ñáñigo?

JUAN CABRERA. Por un recuerdo y una lección. Eso lo hacía también con mi madre, ¿te das cuenta? Nunca los vi, pero lo hacía. Me ardía la cara y me eché agua en la cabeza. «Deja pasar. Deja pasar», era mi manera de vivir. A eso mi madre lo llamaba «portarse bien». Tiré el vaso contra la oscuridad. *(Hace un ruido con la boca)*. Cuánto abusó de ella, y yo sin hacer nada. Bueno, sí, algo hacía: comerme, como un desmadrado, la comida que ella ganaba de aquel modo, obligada y triste.

MARCOS. Juan, ya somos otros. Eso pasó.

JUAN CABRERA. Eso es lo malo, Marcos, que pasó. ¿Sabes qué hice? Sacar los restos de mi madre de la fosa común y mandar que le hicieran un panteón de mármol. De vez en cuando le llevo unas flores.

Hay un silencio. El árbol mueve sus hojas sin ruido. Los dos fuman. En un momento Juan Cabrera alza el bastón y apunta al cielo.

JUAN CABRERA. Aprendí a amar la noche en el campo. Dejaba la hamaca y caminaba y caminaba. Me llenaba una calma grande. Como un remedio, un cauterio. Cruzaba el batey. En el campo bajo la noche siempre hace fresco. Respiraba el aroma de flores, de tierra húmeda, de boñiga, un olor a hembra, a tumba recién abierta, rodeado de la serenidad de la noche en el trópico, con un cielo remoto, cundido de estrellas... Avanzaba, me recostaba en un árbol y hasta me ponía a cantar bajito. Orinaba después sobre la yerba. Sonaba el chorro como nunca. A veces me hacía una paja y me revolcaba sobre la tierra con una alegría insensata. De pronto el grito de un ave me estremecía y acompañaba a la vez. ¿Tú crees en Dios?

MARCOS. Todo está muy mal repartido para creer en Dios.

JUAN CABRERA. Pero debería existir.

MARCOS. ¿Para qué lo necesitamos?

JUAN CABRERA. *(Tras un momento de duda).* Para pedirle cuentas. No se portó bien con mi madre. Le pasaron cosas que ella no se merecía. Él es el gran culpable, el gran culpable de todo lo que ocurre, lo malo y lo bueno.

MARCOS. Pide cuenta a los hombres. A mí, a ti, a don Leoncio...

JUAN CABRERA. Ay, Marcos, nosotros somos pobres víctimas.

MARCOS. Tú no eres inocente, ni yo, ni don Leoncio.

JUAN CABRERA. Si todo pudo ser de otro modo, Dios no lo quiso. A ti y a mí nos han ocurrido cosas que no nos merecemos.

MARCOS. Crece, Juan. Termina de crecer. Todo nos lo merecemos. Te queda hablarme de la lección. Eran dos cosas, un recuerdo y una lección.

JUAN CABRERA. Un hombre como yo, ¿madura? Disperso, que se va tras el viento que lo arrastra, que un día piensa una cosa y mañana otra distinta, que cae del lado que lo pongan, sin concentración, que le hace un hijo a cualquier mujer que se le pare delante y le abra las piernas... Dos hijos dejé en el campo cuando me fui de la finca. No los he vuelto a ver. Uno, cuando me fui, ni había nacido. Si despreciaba la sexualidad de don Leoncio, la imitaba, terminaba haciendo lo mismo que el viejo. Comía aquí, comía después allá impulsado por el brillo del instante, por la carga que tenía debajo y debía expulsar... Soy criollo, Marcos. Muchacho de cuarenta años, un muchacho viejo.

MARCOS. Entonces, ¿yo no soy criollo?

JUAN CABRERA. Respóndete la pregunta cuando des media vuelta y te vayas con guardaespaldas a encontrarte con tus correligionarios. Entonces no pensarás lo mismo y en tu cabeza será diferente todo.

MARCOS. Anda, ñáñigo, dime la lección.

JUAN CABRERA. Ya sabes por qué me botaron de la quinta me mandaron a trabajar en la finca.

MARCOS. El asunto con Nena.

JUAN CABRERA. No sé si aprendí la lección mientras don Leoncio Estrada empujaba, o más tarde, o termino de aprenderla, tras varios años, delante de ti, casi ahora mismo. Veo lo que significa esa escena, la guajirita contra el suelo, la veo con tanta claridad y la comparo con el momento en que Alfonso descubrió mi asunto con Nena. La comparo, la superpongo, una encima de la otra. ¿Qué resulta? Clarísimo, Marcos: en la quinta del Cerro don Leoncio estaba ofendido, indignado conmigo. Unas horas después, al oscurecer de aquel mismo día, me daba su lección: él podía hacer impunemente lo que no podía yo. Estaba obligado a aprender. Él era más libre. ¿Te das cuenta? Más libre. Le estaba permitido dar salida a sus deseos. Yo tenía que tragarme los míos y pagar por adelantado.

Vítores y clamores. «¡Viva el senador Marcos López!» Se oye la bocina de un auto.

MARCOS. Me esperan, criollo. Acuérdate del porvenir. Tabla rasa con el pasado. ¡Eres un triunfador! Abur, Representante. *(Comienza a alejarse y se vuelve de pronto).* ¡Te compré un regalo! ¡Te lo llevo al banquete!

3

JUAN CABRERA. Se le olvidó repetirme que esa «tabla rasa» tiene una condición: siempre que no nos dé una lección el pasado. ¿Recordar…? ¡Vaya! ¿Lo hago del mismo modo? A veces creo que recuerdo realmente y otras que invento, completo el recuerdo y lo dibujo. Aunque recuerde el mismo incidente suele quedarme unas veces más feo y otras más bonito. Bonito se lo dibujé a los periodistas. Bonito no, con un sentido. Puse mi vida en cierto orden y dije lo que debía decir. A este Marcos le debo tanto… No tengo con qué pagarle.

Reaparece Marcos dentro del recuerdo.

MARCOS. ¿Pagarme? No se ha fabricado la moneda con la que se pueda pagar la amistad.
JUAN CABRERA. Eso te quedó bonito. Perdona, fui bruto. Pero es lo que la gente siempre dice. «No tengo con qué pagarle». Me abriste los ojos. Yo estaba hecho un imbécil creyendo en boberías y trabajando sin fruto. Lírico y comemierda. Como suele decirse: perdiendo el tiempo.
MARCOS. Nuestra amistad es como la amistad entre los antiguos. Temo que la vida moderna que nos espera, con la boca de jaiba abierta, una amistad como la nuestra se la trague y la cague indiferente. *(Desaparece).*
JUAN CABRERA. Como entre los antiguos… Cleopompo y Heliodemo. Orestes y Pílades… Aquiles y Patroclo. Esos no. Eran más que amigos: eran amantes y se acostaban. Entre Marcos y yo, como los buenos criollos de antaño, ni abrazos ni contactos efusivos, estrecharnos solamente las manos.

4

Desaparece el mamey. Juan Joven con su maletica. Ha huido de la finca y acaba de bajarse del tren. Viste un traje pobre, y el pantalón y las mangas le quedan cortos. Zapatos de vaqueta manchados de tierra colorada. Bajo el sombrero campesino la cara quemada por el sol. En el cuello un pañuelo de colorines. Hambriento y sin lugar donde parar, en un grasiento papel trae una fritura que mordisquea de cuando en cuando. El mar pega en los arrecifes de la costa y al fondo en un mástil oscuro ondea la bandera española. Juan Cabrera continúa fumando, el bastón en el brazo.

JUAN CABRERA. Ahí estaba La Habana y yo no tenía dónde ir. Me metí por Muralla. A ambos lados de la calle filas de casas pasaban y pasaban. ¿O era yo quien pasaba? Cogí Aguiar o Aguacate. Filas y filas. Algunas casas iluminadas, gentes en los balcones, las grandes ventanas abiertas. ¿Me veían pasar? ¿Por qué no me llaman, alguien dice mi nombre, me invita a subir, me da un plato de comida? «Aquí hay una cama para ti, con una sábana limpia. Duerme, huérfano. Pasa la noche». Seguí Dragones, seguí Egido, y nadie me llamaba. Aquí va Juan Cabrera, que no tiene dónde caerse ni vivo ni muerto. ¿Quién lo ayuda? ¿Quién le tiende una mano al huérfano? Cuántas puertas y todas en verdad cerradas. Si encontré alguna abierta no era para que yo entrara. Busqué a Marcos por donde nos veíamos cuando éramos niños y no lo encontré. ¿Irme al Cerro, empujar la puerta dorada de la quinta? Con la grasa de la fritura en la boca, me dije que a la quinta no. Nunca más. Nunca más. Sé fuerte, Juan, no vuelvas a ser un recogido. Por lo menos, no de la familia Estrada. De pronto, sin orientarme, sin proponérmelo, a ciegas como el mulo de un carretón, estaba parado en el lugar donde había vivido con mi madre. La casucha ya no existía. Ni el descampado. Donde habíamos sufrido y malvivido se alzaban dos manzanas de casas nuevas, también cerradas para el huérfano. Me dieron ganas de escupirlas o de reclamar mi derecho. ¿No estaban sobre algo que había sido mío? No seas idiota: en toda la ciudad nunca existió nada tuyo. Pero me senté en la acera y recosté la espalda contra la pared de una de aquellas casas nuevecitas. Apreté las nalgas, el culo y la espalda como si aquel cemento me perteneciera.

Cheché, alto y musculoso, camiseta a rayas, gorra de marinero. Ha empezado a encanecer. Tiene varios años más que Juan Cabrera. Trabaja de taba-

quero. La chaveta muy visible en la cintura. Calzados los pies desnudos con sandalias de indio yucateco.

JUAN CABRERA. ¿Votaste por mí, Cheché?
CHECHÉ. Yo no voto.
JUAN CABRERA. ¿Ni por mí, tabaquero? Vamos, dime la verdad. ¿Votaste o no?
CHECHÉ. Contigo volví a hacer una excepción. Me levanté temprano para que me viera poca gente en el barrio y voté. Te hice la cruz. Solamente a ti.
JUAN CABRERA. Por tanto, voto valioso.
CHECHÉ. Creo que no lo necesitabas. Te eligieron miles de votantes. No los decepciones, Juan Cabrera.
JUAN CABRERA. Trataré de representarlos lo mejor que pueda.
CHECHÉ. No trates, exígetelo.
JUAN CABRERA. Qué suerte la de ver los toros desde la barrera.
CHECHÉ. Tú la saltaste y te tiraste al ruedo. Nadie te lo pidió.
JUAN CABRERA. Me lo pidieron el hambre, el trabajo inútil, el cerrar los ojos y dejar pasar... Tantas miserias me lo pidieron que no pude seguir negándome. ¿Dónde compraste esas guarachas?
CHECHÉ. Marcos me las trajo cuando regresó de Yucatán. Tienen una pila de años. Me gustan por dos cosas: nadie se las pone en La Habana y tengo los pies desnudos.
JUAN CABRERA. ¿Las llevabas puestas la vez que nos encontramos?
CHECHÉ. Eran nuevas entonces. Entonces... Acababas de fugarte de la finca. Olías a yerba, los pantalones no te llegaban a los tobillos.
JUAN CABRERA. Y la maletica agarrada. ¿Qué me dices de aquella maletica?
CHECHÉ. No la soltabas ni para cagar. Parecías un pirata con su tesoro a cuestas.
JUAN CABRERA. Para mí era oro, más que oro lo que guardaba en mi cofre. Vine en un pestilente vagón de tercera, entre pollos y puercos que corrían sueltos por los pasillos.

5

Su voz se desvanece. Continúa hablando Juan Joven. Cheché se sienta junto a él en la acera. La maleta queda entre los dos.

JUAN JOVEN. Me duelen los pies.
CHECHÉ. Por el peso de la maleta.
JUAN JOVEN. No te hagas el gracioso. No estamos en el bululú del Cerro. Tengo los pies hinchados. Mira, si se ve claro aquí, en el tobillo.

CHECHÉ. Déjame darte una fricción.
JUAN JOVEN. No me toques... Tus manos tienen doble intención.
CHECHÉ. Tocar y calentar, ¿no?
JUAN JOVEN. ¡Exacto!
CHECHÉ. Ponte la mano ahí y dale vuelta al pie.
JUAN JOVEN. ¿Así?
CHECHÉ. ¿Te alivia?
JUAN JOVEN. Veré cuando camine.
CHECHÉ. ¿Y viniste a pie desde la finca?
JUAN JOVEN. No, pero caminé y corrí a campo traviesa. Primero atravesé el batey con paso firme, sereno, decidido. Tenía la maleta escondida en un matorral, lejos del batey, al borde del camino. De haberme visto salir con ella de la casa vivienda no hubiera escapado. Después que la saqué del matorral eché a correr rumbo al caserío en busca del tren, dando rodeos, escondiéndome en las zanjas, detrás de los árboles... Hasta que llegué a la estación del ferrocarril y compré un boleto.
CHECHÉ. ¿Con qué dinero?
JUAN JOVEN. ¿Te acuerdas dónde Alfonso guardaba el dinero?
CHECHÉ. En un jarrón de su cuarto.
JUAN JOVEN. En varios jarrones y dentro de los libros. Usaba los billetes de marcadores. Le dejé un jarrón vacío y habrá perdido el lugar por donde iba en la lectura de un tratado de Derecho. También metí de paso la mano en un chaleco. Como Alfonso le dio el soplo a don Leoncio de lo que yo hacía con Nena, debía pagármelo con su dinero. Nadie más en la casa tenía esa deuda conmigo. Por tanto a nadie le pedí un centavo. Ni a Corina.
CHECHÉ. Esa solterona seca.
JUAN JOVEN. Pero me protegía.
CHECHÉ. Estaba enamorada de ti.
JUAN JOVEN. Nunca me lo dijo ni lo insinuó siquiera.
CHECHÉ. Todos sus deseos se los tragaba. Jamás se acostó con nadie, ni con hombre ni con mujer, y eso me parece horrible. Juan, lo que no entiendo es por qué te fugaste.
JUAN JOVEN. La finca era una cárcel. Era como si estuviera preso. Trabajaba duro, y a veces, te confieso, el trabajo me gustaba. Pero no tenía porvenir. Embaracé a dos guajiras. Tengo dos hijos en el campo. De la que más me acuerdo era linda y boba como ella sola. No sabía leer ni escribir. Le enseñé la cartilla, a ella y a unos cuantos más. ¿Me iba a quedar de padre de esos vejigos y de maestrico? ¡Qué va, Cheché! Siento pena

por ella. Cuando descubra que me fui y la dejé sola y con una criatura por nacer, la guajirita se pondrá como loca. Va a odiarme. Si gano le mando una platica. A cada rato un giro. Ni nací en el campo ni esa vida era para mí. Sería enterrarme vivo.

CHECHÉ. ¿Vas a pasarte la noche sentado aquí?
JUAN JOVEN. No tengo adónde ir.
CHECHÉ. Eso lo sé.
JUAN JOVEN. Recomiéndame el banco de un parque o una fonda de a peseta la cama.
CHECHÉ. No tientes a la guardia española y reserva tu dinero para la comida.
JUAN JOVEN. ¿Dónde me meto entonces?
CHECHÉ. Te ofrezco cama, techo y un cubo de agua.
JUAN JOVEN. ¿Qué tengo que darte?
CHECHÉ. Nada, Juan. Ya no me gustas.
JUAN JOVEN. ¿Me lo juras?
CHECHÉ. Por la pata del cura. ¿Puedes caminar?
JUAN JOVEN. Ya no estoy tan inflamado. ¿Es muy lejos?
CHECHÉ. Al doblar, por la Caleta de San Lázaro…
JUAN JOVEN. Conozco ese lugar. Con Marcos pasaba mucho tiempo por ahí.
CHECHÉ. Te llevo la maleta.
JUAN JOVEN. ¡No!
CHECHÉ. Perdona, pirata.

Se desvanecen la torre de la fortaleza y la bandera española. Se ven ciertos objetos del cuarto de Cheché: un fogón de carbón, varios cubos, un palanganero… Objetos trabajados por la memoria de Juan Cabrera. Cheché arma y viste para Juan un catre de viento.

CHECHÉ. Este es tu cubo. El que te prometí. Si quieres agua tendrás que salir a buscarla de madrugada en la pila de la esquina. Iremos juntos, si no estoy de rancheador. *(Vierte agua en el palanganero).* Muchacho, quítate la ropa: la camisa, el pantalón. Ahí tienes agua para lavarte y una astilla de jabón amarillo.
JUAN JOVEN. Acuérdate de tu promesa.
CHECHÉ. Cuando te desnudes te mandaré al carajo.

Con visajes, un poco en serio y un poco en broma, Juan se quita la camisa. Se lava en el palanganero la cara, el cuello y bajo los brazos. Cheché le da un pedazo de sábana para que se seque.

CHECHÉ. ¿Tienes dieciocho?
JUAN JOVEN. ¿Recordaste o adivinaste?
CHECHÉ. Recordé. Ya no eres el flaco de antes, cuando estábamos en la quinta. Tienes lindo torso.
JUAN JOVEN. La gente como tú se fija mucho en el cuerpo
CHECHÉ. Y la gente como tú se fija mucho en el alma. Lo que pasa es que al alma la llaman «crica».

Ambos ríen.

JUAN JOVEN. *(Se sienta en el catre y se quita los zapatos).* Mi madre, cómo están estos pies.
CHECHÉ. Es tarde para prender el fogón, pero métetelos en el agua fría de la palangana. A lo mejor te hace bien.

Juan Joven se levanta y pone la palangana al pie del catre. Se quita los pantalones y se queda en calzoncillos. Mete los pies.

JUAN JOVEN. Uyy...
JUAN CABRERA. *(Habla desde su lugar).* No sé si desde que descubrí a don Leoncio desvirgando a la guajirita, con aquel frenesí de viejo erótico, o por causas que no recuerdo bien y coincidieron con aquello, lo cierto es que empezó para mí por esos días lo que llaman «pubertad». Me sentía abatido, con deseos de estar solo, de no hablar con nadie... «Allá va el huérfano a esconderse en el mangal. Allí pasa las horas mudo y sin compañía, tirado en la yerba». Otras me iba a las ruinas de la casa de máquinas y me sentaba en alguna rueda mohosa y vieja. «¿Estás contando las nubes, Juan? Cierra la boca que te va a entrar una mosca». Nunca dormí tanto ni tuve tanto sueño. Iba de bostezo en bostezo. Cómo me gustaba oír la lluvia metido en la cama. ¿No te ocurrió lo mismo que te cuento, Marcos? Me figuro que sí. Después de esos días comencé a estar excitado. «Juan, ¿por qué te demoras tanto en el baño? ¿Te estás haciendo una cantúa?» En eso estaba, en el baño, en la cama, en cualquier rincón oscuro me hacía una paja. «Este muchacho está ojeroso, don Leoncio. Tendrá que llevarlo al doctor». El viejo astuto no hacía caso. Me pasaba por al lado y me pegaba un coscorrón. «Acaba con el manoseo y búscate una hembra».
JUAN JOVEN. *(De pie en la palangana).* Uyuyuy... *(Checé le prepara el catre).* No me has dicho nada de las piernas. *(Levanta una pierna y la palmea).*
CHECHÉ. Te salieron buenas.

JUAN JOVEN. Acuérdate de lo flacas que eran. Me las desarrolló el trabajo. Duras las puso. Piernas, brazos, pecho. Todo me fue creciendo.
CHECHÉ. ¿Aquello también?
JUAN JOVEN. Creció hasta el cielo.

Cheché se echa a reír.

JUAN CABRERA. Ordeñar fue lo primero. Terneros y vacas, temprano en la mañana. Con un cubo parecido a ese. Si me hubieras visto enredado entre patas y tetas… ¿Después? Maíz a las gallinas. Llégate al chiquero y tira la comida a los puercos. Ve hasta el arroyo y baña los caballos. Enyuga los bueyes. «Juan, Juan, Juan». «Pala con el abono». «Carga el agua de las bestias»… Y allá iban corriendo y sudando mis piernas, y mis brazos, y mi pecho, y esto también sudaba. Luego, Cheché, llegaba el tiempo de la zafra. Se tensaba el cuerpo, crecía, se estiraba. Esa pega era más recia. Saltaba de la hamaca y no volvía hasta el anochecer. Primero cortador, después pesador de caña. Un buche de café y unas galletas. Dando tumbos, envuelto en un viejo chaquetón, solía pensar en la familia del Cerro abrigadita en sábanas de hilo, en Nena dormida en su cama tibia… ¿Ves cómo se me puso el cuerpo?
CHECHÉ. Valió la pena.
JUAN JOVEN. Nada es malo del todo.
CHECHÉ. Ni bueno tampoco.
JUAN JOVEN. Así llegó el 24 de febrero del 95.
CHECHÉ. Fecha histórica.
JUAN JOVEN. Dos días antes murió don Leoncio. El 23 se recibió la noticia en la finca. Un relato detallado de boca en boca, del Cerro al tren y de la estación a la finca. El viejo murió en su ley, como le correspondía morir.
CHECHÉ. Cenó ropa vieja con arroz y frijoles negros.
JUAN JOVEN. Cinco láguer y dulce de coco.
CHECHÉ. Abundante y bien hecho por el chino de la casa.
JUAN JOVEN. Impecable con su dril cien, se puso el jipi de cinta negra, cogió el bastón, ¡y se fue!
CHECHÉ. ¿Sabes a dónde?
JUAN JOVEN. Caramba, Cheché, también viví en la quinta. El coche lo llevó al Vedado, a la calle Calzada, a acostarse con una de sus queridas.
CHECHÉ. Dos horas después tocaron en la puerta de la quinta…
JUAN JOVEN. Y cuando abrieron, doña Antonia de Cárdenas se encontró frente a un catre que llevaban sobre los hombros cuatro negros.

CHECHÉ. En él traían al esposo difunto.

JUAN JOVEN. En la finca se recibió una carta de Alfonso en la que contaba la muerte de su padre y el gran entierro que le hicieron. Mandaban recortes de periódicos.

CHECHÉ. Lo que no dijeron fue el trabajo que dio poner la tapa en el ataúd de lujo.

JUAN JOVEN. ¿Trabajo…? Eso no lo sé.

CHECHÉ. ¿Tú no dijiste que murió en su ley? Así ocurrió, Juan. Tuvo eso parado horas, y el ataúd abierto, sin poderlo cerrar.

JUAN JOVEN. El animal se resistía a morir.

CHECHÉ. Con compresas frías lo mataron.

Ríen ambos.

JUAN JOVEN. Ninguno de esos periódicos se atrevió a decir la verdad sobre el viejo aristócrata. Lo que valía en él era su patriotismo y su ideal separatista.

CHECHÉ. Nunca los traicionó. Murió dos días antes del veinticuatro. Ni se pudo enterar de la insurrección de febrero.

JUAN CABRERA. Murió sin tener noticias de su hijo Ignacio, del teniente Ignacio Estrada. Sin embargo eso ocurrió después, como tantas cosas… El día en que don Leoncio iba a marcharse de la finca, llamó al mayoral para hacerle una recomendación. Ninguno de los dos me vio, aunque estaba cerca y oí muy claro cuando le dijo: «Cuídame al muchacho. Enséñalo a trabajar, pero sin apuro, sin violentarlo. No es gente de campo y está flacucho». Los dos, a cierta distancia, y yo un tanto escondido, nos emocionamos. En la voz se lo noté, y a mí los ojos se me aguaron. Escondido me quedé mirándolo alejarse por el camino con su sombrerón puesto. Nunca más volví a verlo.

Un silencio.

JUAN JOVEN. Me estoy meando, Cheché.

CHECHÉ. *(Enciende un candil de petróleo y lo conduce hasta el fondo).* Cuidado no te pasme la luna.

JUAN JOVEN. *(Se oye fuera).* Ya creció todo lo que iba a crecer.

CHECHÉ. *(Mantiene en alto el candil).* Mañana verás La Habana de día. Ha cambiado en estos años. Ya los yanquis se fueron y en apariencia nos dejaron solos y libres, reservándose el derecho a intervenir si ocurre algo grave o sus intereses corren peligro. Marcos y yo fuimos a ver bajar del Morro el trapo yanqui y subir nuestra bandera. La ciudad vibraba de entusiasmo. Guirnaldas, faroles, arcos de triunfo en cada esquina. Nos saludábamos y nos dábamos la mano por la calle. Eso pasó ya y cada cual tira para su lado... ¿Estuvo usted en la guerra?, te preguntarán cada vez que busques trabajo. *(Surge Juan Joven y se para debajo del candil)*. ¿Tiene carta de recomendación de algún general? ¿Lo envía el Coronel tal o el más cuál? ¿Amigo del juez? ¿O del Fiscal de la República? ¿No tiene ningún pariente en el Ejército Libertador? No hagas antesala. Perderás el tiempo y la alegría. *(Coloca el candil en el suelo y Juan Joven se sienta en el catre)*. ¿Por qué no fuiste a la guerra?

JUAN JOVEN. Por miedo.

JUAN CABRERA. *(Fumando)*. Odiaba al gobierno español pero le tenía miedo a la guerra. No podía acostumbrarme a la idea de jugarme la vida. La guerra es espantosa: por eso mismo, porque uno pone su vida por delante. A la guerra, como yo la veía en la hamaca o pesando caña, se va a morir. Si uno se salva y regresa es por pura suerte. El destino es morir, la casualidad salvarte. Y se me encogían los cojones, me temblaban las manos. Un tajo de machete, un balazo de fusil español, pasar por un aguacero de proyectiles montado a caballo, las entrepiernas peladas y el culo ardiendo, encima de una bestia irracional que igual te arroja en la tierra que te mete entre el tiroteo enemigo. El miedo me hacía imaginar disparates que me llenaban de pavor y de sudores. Sobre mi hamaca venían las bayonetas relucientes y me aferraba enloquecido a las sogas para que no me dejaran partir. Conozco la historia de Cuba. Don Leoncio me prestaba sus libros. Admiré a los que iban a la manigua dispuestos a morir, admiré a Ignacio Estrada. Un valiente. Un mambí. Pero me quedé. Me quedé sin ir a la guerra.

CHECHÉ. Con ese cuerpo, con esas piernas, hubieras hecho un buen soldado separatista.

JUAN CABRERA. Mi cabeza me hace vivir y morir por anticipado. No puedo ser un buen militar. ¿Y tú qué hiciste, Cheché? Desapareciste de la quinta y nunca volvimos a verte.

CHECHÉ. Mejor para ti. Desaparecido no podía perseguirte por la casa ni esperar con los ojos abiertos, sin dormir, a que llegaras al cuarto y te metieras en la cama desnudo. Me gustabas, Juan, tanto como te gustaba Nena.

JUAN CABRERA. No, no es igual.

CHECHÉ. ¿Por qué? ¿Porque somos hombres y entre hombres...?

JUAN CABRERA. No es por lo que dices con tono burlón, sino por algo más duro y doloroso: no es igual porque yo no me he olvidado de Nena y tú te olvidaste de mí.

Hay un silencio.

CHECHÉ. Amor, ¿no?
JUAN CABRERA. Ponle el nombre que quieras.

Otro silencio.

CHECHÉ. Tras de mí andaba la policía española, me seguía la pista y tuve que huir una noche y esconderme en un lugar más seguro que en la casa de un viejo separatista. La quinta estaba vigilada día y noche. Abandoné el Cerro y me escondí en un barrio extramuros.
JUAN JOVEN. Nunca supe que conspiraras.
CHECHÉ. Lo que demuestra que fui un perfecto conspirador… Tampoco hice nada excepcional. Otros hicieron más y corrieron mayores peligros. Todavía me parece ver lo que le ocurrió a uno de los nuestros. Lo sorprendieron y le dieron en plena calle un balazo en la frente. Yo fui testigo y todavía me parece verlo morir. Cuando la policía se marchó y dejó el cuerpo tirado en la acera, busqué el mensaje escondido en el pecho ensangrentado y lo llevé a su destinatario. No impidieron nada con asesinarlo, eso era yo, un enlace.
JUAN JOVEN. ¿Y el nuevo gobierno no te dio nada y sigues de tabaquero?
CHECHÉ. Ni quiero ni pido. Si contribuí con un grano de arena lo hice porque me dio la gana, sin esperar recompensa. Señor, tiene la cama tendida. Que duerma como los angelitos.
JUAN JOVEN. Dormido ciertas cosas se liberan y se levantan provocadoras. Algo parecido a lo que le ocurrió a don Leoncio en el ataúd.
CHECHÉ. Depende de sus sueños. A mí también me ocurre. Duerme tranquilo. Cambié de color. Ahora me gustan y me acuesto con negros, negros retintos solamente.
JUAN JOVEN. Nunca me he acostado con una negra.
CHECHÉ. Prueba. Me voy de cacería como los antiguos cazadores de cimarrones. Si oyes ruido o algunos quejidos sospechosos, sigue durmiendo sin preocuparte. Cheché está cumpliendo con la naturaleza.

Recoge el candil y lo apaga en el fondo. Desaparecen.

6

JUAN CABRERA. Cargué cubos de agua y encendí el candil miles de noches. Los meses pasaron. Cualquiera que nos viera sin conocernos pensaría:

«estos maricones son marido y mujer». Nos turnábamos en la cocina, nos bañábamos juntos en cueros, en las pocetas de San Lázaro, comíamos en la misma fonda. Y, para colmo, trabajábamos en la misma tabaquería. Cheché me acompañaba y yo lo acompañaba a él. Como diría Marcos, una «amistad a la antigua». Yo me iba de putas y él se iba de maricones. Ese era el momento en que nos separábamos. Cada cual cumplía con su naturaleza. Este anillo, aquí en el meñique, me lo regaló Chela, una putica preciosa. Trabajaba en una casa de citas por la calle Virtudes. Yo le puse «la virtuosa» porque estaba buena y todo lo hacía muy bien. Medio que se enamoró. La visitaba dos veces por semana, casi siempre martes y jueves, bañado y oloroso. Ella no me cobraba. Por el contrario, quiso que fuera su chulo y no acepté el ofrecimiento. Tiempo después, como un señor Representante a la Cámara no debe visitar casas de lenocinio, según se definen en el Código, la abandoné, pero no me deshice del anillo. Lo tuve que empeñar dos o tres veces y cada vez conseguí rescatarlo. No me lo quito ni para bañarme. A Chela, cuando estábamos en el asunto y yo la tenía debajo, la llamaba «Nena» y cerraba los ojos. Ella gozaba y se reía ignorante de lo que ese nombre en verdad significaba.

7

Ventanal de cristales emplomados. Juan Cabrera está de espaldas en mangas de camisa y tirantes. Elegante buró de madera reluciente con una lámpara dorada de cristal verde. Aparece Alfonso. Ha engordado y encanecido. Conserva su apariencia y sus maneras elegantes.

ALFONSO. Buenos días, señor Representante.
JUAN CABRERA. *(Sin volverse).* Buenos días.
ALFONSO. Mucho le agradezco que me reciba. Sé que usted debe estar muy ocupado.
JUAN CABRERA. Lo estoy. *(Se vuelve).* ¿Cómo estás, Alfonso? Antes no me tratabas de «usted».
ALFONSO. Los nuevos tiempos...
JUAN CABRERA. Entraron por el salón y hubo que recibirlos.
ALFONSO. Frase histórica de gran sabiduría.
JUAN CABRERA. ¿Votaste por mí?
ALFONSO. Me convendría decirle que sí.
JUAN CABRERA. No votaste. Qué extraño que vengas a pedirme un favor y te comportes con tanta franqueza conmigo.

ALFONSO. Me queda un resto de dignidad.

JUAN CABRERA. Aquí haré que lo pierdas. Saldrás más indigno de lo que entraste.

ALFONSO. No me obligue a escuchar insultos. Soy un magistrado de la nación.

JUAN CABRERA. Nuestro pasado común me ofrece esa oportunidad.

ALFONSO. Creo que este encuentro es inútil y que debo marcharme.

JUAN CABRERA. De antemano sabes que no te irás. Vienes a jugarte el todo por el todo. Me necesitas. Qué rara debe sonar esta palabra en tu oído de aristócrata. Tal vez durante la votación creíste que nunca me necesitarías. O tal vez algo peor: que no sería electo.

ALFONSO. Muy poco me preocupan las elecciones… Pero era evidente que lo sería. Vi su foto en algunos periódicos y me contaron que hablaba en los mítines. Que es un brillante orador popular. Di por cierta su elección.

JUAN CABRERA. ¿De veras, Alfonso?

ALFONSO. De veras.

JUAN CABRERA. Electo aquel que llegó a tu casa con una maleta de cartón, al que presentaron como huérfano y recogido, aquel que doña Antoñica mandó pelar al rape para que se distinguiera del resto de sus hijos. ¿De veras, Alfonso? Aquel que sobrevivía de las migajas de los Estrada, al que achicaron uno de tus trajes…

ALFONSO. *(Con ironía imperturbable).* A su tamaño, ¿no?

JUAN CABRERA. A mi tamaño. Pero creció y creció. Aquel creció. ¿Quién te lo iba a decir? Ni en la más terrible de tus pesadillas. Aquel huérfano desvalido se convirtió en Representante a la Cámara.

ALFONSO. Es a él a quien vengo a ver, no al otro.

JUAN CABRERA. Pero es el otro quien te recibe. Al menos por un momento.

ALFONSO. Hagamos ese momento lo más corto posible.

JUAN CABRERA. Eso no depende de ti, Alfonso. Ni lo que vienes a pedirme tampoco está en tus manos. Está en estas. ¿Las ves…? En estas. Qué cosa la vida. Cada minuto nos da una sorpresa. Si hubieras podido prever lo que iba a ocurrir te evitarías esta humillación. Cómo te habrás lamentado antes de dar este paso, antes de llamar a mi puerta…

ALFONSO. No me reprocho nada. Cada cual hace en la vida lo que debe hacer.

JUAN CABRERA. La vida no es tan clara ni tiene un trazado tan perfecto. Si fuera así, aún yo sería un criado en el Cerro. Intervine en ese trazado y lo cambié a mi favor.

ALFONSO. Las cosas no las hacemos solos.

JUAN CABRERA. Siento tanto orgullo en este instante ante ti, que me parece que todo lo hice solo. Con estas manos trabajé. En la quinta, en la finca, en cualquier parte. Con ellas levanté la talanquera y me fugué de la finca. Que permaneciera siempre allí era el destino que me escogiste.

ALFONSO. Yo no soy quién para elegir el destino de nadie.

JUAN CABRERA. No escondas tu poder. Tampoco oculto el mío. En aquel momento decidiste: «El huérfano que vaya a la finca y allí se quede por el resto de sus días». Así resolviste la cuestión.

ALFONSO. Si usted se propone regresar al pasado, yo no. Es un regreso que me envejece.

JUAN CABRERA. Eres parte de mi pasado. Cuando oí tu voz y me volví para mirarte, me dije: «tropezaste con el pasado». Recordar es para mí inevitable.

ALFONSO. Recordar con rencor.

JUAN CABRERA. Sí, con rencor. Con rabia, con todo, hasta con amor. Después del triunfo necesito ver mi vida pasar, brevemente aunque sea, comprender la manera en que me fue llevando hasta el acta de Representante. No exijo confidencias, me basta con las mías. Si quieres callar, calla, no te obligo a hablar. Son las circunstancias las que te obligan a escucharme.

ALFONSO. ¡Cuánto resentimiento, señor Representante!

JUAN CABRERA. Los que fuimos la servidumbre de una época tenemos derecho al resentimiento.

ALFONSO. Ya usted no es un criado.

JUAN CABRERA. Por eso, porque no lo soy, has venido a verme. Y porque no lo soy me acuerdo de que lo fui. Cuando vine a La Habana, después de fugarme y tachar el trazado que habías hecho de mi destino, pensé ir a verte. Llamar a tu puerta y pedirte que me recogieras. Con los dedos aferrados a mi maleta, lo único que heredé de mi madre, me paré ante tu puerta. Brillaba tu tarja de abogado. Di dos pasos, tres, cuatro, alcé la mano y retrocedí sin llamar. Sentí que ese instante de debilidad sería el último que tendría Juan Cabrera. Escaparía de la vieja tutela de los otros. Le dije adiós a tu puerta con un ademán, di media vuelta y me largué para siempre. Paré muchos meses en el cuarto de un maricón. Me dio techo y comida. No nos tocamos y nada me pidió a cambio, muy distinto a como fueron ustedes conmigo. A tu familia le pagué con mi trabajo. ¿Mi jornal? Un plato de comida y ropa usada. Cuando me escapé del destino que me trazaste fui peón de albañil, cargué vigas y tablones, pintor de brocha gorda, auxiliar de carpintero, hasta que Cheché, así se nombra el maricón que me dio albergue, y Marcos, que había regresado de su exilio en México y hoy es el senador Marcos López, me encontraron un empleo de lector en la tabaquería donde trabajaban.

ALFONSO. ¿Es el mismo Cheché que era criado en la quinta?

JUAN CABRERA. Ya no es el mismo.

ALFONSO. Me doy cuenta. Nunca le noté que iba a parar en eso.

JUAN CABRERA. Le hubieras trazado otro destino. Pero ya ves, él también escapó de tus manos. Como lector de tabaquería, leyéndoles a los demás, aprendí mucho. Les leía novelas, doctrinas sociales, historia… Por las noches llenaba cuadernos de ejercicios para mejorar la letra. Llevaba las cuentas en la tabaquería. Cuando Marcos se metió en la política lo ayudé a escribir sus discursos, a memorizarlos. Soy un criollo, Alfonso. Sin mucha base, asimilo, absorbo rápido como una esponja el agua. Trago y guardo. Versatilidad criolla. Redacté manifiestos y empecé a discursear. Los tabaqueros fueron los primeros en aplaudirme. Dos o tres años después figuré en la boleta electoral y me eligieron.

ALFONSO. Lo felicito: se ha hecho a sí mismo. Es un ejemplo de los nuevos tiempos. Solo le advierto: no soy responsable de que fuera huérfano, pobre, y de que su madre…

JUAN CABRERA. …fuera la querida de tu padre.

ALFONSO. Fuera lavandera y muriera tísica. Permítame recordarle que mi familia le brindó protección cuando se hallaba desamparado.

JUAN CABRERA. Tu padre me llevó a su casa del Cerro para que no entorpeciera sus relaciones con mi madre.

ALFONSO. No conocía ese detalle. Sé que mi padre le prestaba libros y lo matriculó en una escuela.

JUAN CABRERA. En una escuelita de barrio con un maestro borracho. Por el contrario, ustedes estudiaron en grandes colegios y fueron a la Universidad. Algo tuvieron muy claro: que yo pertenecía a un lugar y ustedes a otro distinto. Fueron fieles a esa división y mantuvieron la distancia.

ALFONSO. Desde suposición actual, señor Representante, no le resultará difícil entender dichas distancias y tales diferencias. Usted no tiene la posición social de su secretario ni de la mayoría de las personas que votaron por usted.

JUAN CABRERA. ¿Por esas distancias y esas diferencias me apartaste de Nena?

Hay un silencio.

ALFONSO. Hoy por hoy, si juzga su pasado desde su presente, comprenderá que Nena no era para usted.
JUAN CABRERA. En esa época no era todavía un «usted», solamente un «tú». ¿Eso intentas que comprenda?
ALFONSO. Yo sé que lo comprende.
JUAN CABRERA. Pero no lo admito.
ALFONSO. Hay circunstancias que obligan, señor Representante. En un momento dado son invariables. ¿Qué quería usted que mi padre y yo...? Separarlos era nuestro deber, y así lo hicimos. No dudo que las circunstancias puedan variar con el tiempo, pero mientras no varían tenemos que obrar de acuerdo con ellas.
JUAN CABRERA. No estás hablando en el foro, como decía tu padre. Nada podría hacerme admitir que Nena no era para mí. Para ti y tu padre fue un manoseo...
ALFONSO. Un simple despertar de la naturaleza.
JUAN CABRERA. En lenguaje forense... Para mí fue algo que no puedo olvidar. No solo la manoseaba, yo la quería. Y don Leoncio y tú pisotearon mi sentimiento.
ALFONSO. Lo ignorábamos.
JUAN CABRERA. Fácil es decir eso ahora después que se ha hecho sufrir, anhelar, pasar noches en vela. Todo puede explicarse, colocarse en un orden ascendente, analizar las consecuencias, señalar las distancias..., pero vivir día a día una pasión frustrada es una cosa más rota, más triste, más rabiosa. No solamente la perdí, tú me la quitaste. Hiciste uso de tu poder contra el huérfano. No somos inocentes. Ni tú, ni —permíteme quitarles ese tratamiento de don que me pasé la vida dándoles por respeto— Leoncio ni Antoñica, ni yo ni nadie.
ALFONSO. Aprenda que las cosas son como son y no tienen remedio. En la crónica social de un periódico vi una fotografía suya y de su esposa, Bertica Martínez, linda y de buena familia. El retrato reflejaba un tierno ambiente doméstico. Yo defendí a mi sobrina. Tuvo suerte de que aquellos manoseos debajo de la cama, que ambos me ocultaron, como escondió usted las cartas de Nena y su retrato, no tuvieran consecuencias graves. Después que lo mandamos a la finca llevamos a Nena al médico. Todavía era virgen. Habíamos llegado a tiempo. Al defender a mi sobrina hice lo que debía. Pero el mundo es una intrincada red de consecuencias, y defendiéndola a ella lo dañé a usted. No le pido que lo admita, tan solo que lo comprenda.
JUAN CABRERA. No pretendas convertirme en tu cómplice.

ALFONSO. Señor Representante, lleva usted poco tiempo en el cargo. Si está orgulloso de sí mismo porque desde la humildad de su origen ha llegado a la Cámara y representa a una parte del pueblo, su cargo implica la entrada en otra esfera del mundo en la que yo como magistrado también figuro. Para nosotros dos esa esfera es la del intercambio. Dar y tomar. Los sentimientos pertenecen a una esfera que no es la nuestra. Al darle el tratamiento de «usted» me propuse señalarle esa pertenencia. Tal vez ambas esferas puedan en un momento dado, casi irracionalmente, entremezclarse sin que perdamos de vista a la que pertenecemos. Escuché que se paró ante mi puerta y ante mi tarja de abogado se arrepintió y se marchó sin llamar. Este momento es parecido, con los secretos parecidos que existen entre cosas diversas, con una exclusión: no giraré sobre mis talones para darle la espalda y marcharme. En cambio doy dos pasos, tres, cuatro... No me siento débil como usted se sintió, en mi caso acercarme denota fortaleza y conocimiento del mundo. ¿Me ayudará usted?

Durante estas palabras un criado estira las mangas de la camisa de Juan Cabrera, le ajusta la corbata y ceremonioso le pone el saco de dril cien. Finalmente le entrega jipi y bastón. Cuando termina, se ha transformado Juan Cabrera en un Representante a la Cámara.

JUAN CABRERA. Yo firmaré la recomendación y usted será Presidente de la Audiencia de La Habana.
ALFONSO. Su firma bastará, señor Representante.

Juan Cabrera extrae un tabaco y el criado le da fuego con un encendedor dorado.

JUAN CABRERA. *(Fumando).* Dar y tomar.
ALFONSO. Como Presidente de la Audiencia recibirá mi apoyo incondicional.
JUAN CABRERA. Espero que lo haga público.
ALFONSO. Así será.

8

Frente a un gran espejo, Bertica Martínez de Cabrera termina de maquillarse. Da unos pasos de vals y canturrea.

BERTICA. *(Llamando).* Neno, Neno, Neno... Cien años llamándote. No me dejes tanto tiempo sola delante del espejo que puedo enamorarme de mí misma. Neno, Neno, Neno... Este peinado me queda que ni pintado. Ay, me gustó. Voy a llenar la casa de espejos. Dorados, enormes, venecianos... Pasearé desnuda por todas las habitaciones. Desnuda no, vestida por Coco Chanel o por Jacques Fath. Un vestido para cada espejo. O un espejo para cada vestido. Neno, Neno, Neno... *(Juan Cabrera en camiseta de botones dorados y con tirantes).* Sordo como una tapia.

JUAN CABRERA. Llamabas a Neno, y Neno no es mi nombre.

BERTICA. Nena tampoco es el mío y a cada rato me llamas así. Por tanto formemos una nueva pareja. Tú eres Neno y yo soy Nena. Acabo de bautizarte. Ya no te llamas Juan Cabrera.

JUAN CABRERA. ¿Nos casaremos otra vez?

BERTICA. Al final de un largo noviazgo. Estoy arrepentida de haberme casado contigo tan pronto. Tres meses de novios. Nos casamos casi sin conocernos. Debí hacerte esperar más tiempo. Veinte o treinta años. ¿No piensas vestirte?

JUAN CABRERA. ¿No te gusto así?

BERTICA. No sé qué responderte. Me encuentro dudosa. Acércate para verte mejor. A esta hora soy un poco miope. A ver, a ver qué tenemos por aquí y por aquí. Qué bien... Reacción perfecta.

Caminan abrazados hacia el espejo.

JUAN CABRERA. ¡Qué grande estás!

BERTICA. ¿Me tomabas por una niña? Despierta, el tiempo pasa aunque me respeta y deja indemne. ¿Quieres cerrarme el vestido?

JUAN CABRERA. ¡Qué linda espalda!

BERTICA. Por esta abertura entra un poco de frío.

JUAN CABRERA. Mi pecho te cubre.

BERTICA. ¡Qué tibio estás!

JUAN CABRERA. No había visto ese espejo.

BERTICA. Acabo de comprarlo.

JUAN CABRERA. ¿En una casa de antigüedades?

BERTICA. En una casa antigua. En una quinta del Cerro.

JUAN CABRERA. ¿Qué quinta del Cerro?

BERTICA. No sé, creo que la de los Estrada.

JUAN CABRERA. ¿Tú los conoces? ¿Estuviste allí?

BERTICA. ¡Dios me libre! Un comprador se ocupa de buscarnos muebles, jarrones, en esas casas venidas a menos que fueron de grandes familias hoy arruinadas... Ciérrame el vestido.

JUAN CABRERA. ¿Aún sientes frío? Deberías quitártelo completamente.
BERTICA. No, ahora no. Vístete tú también. Ponte el traje de dril blanco. Me estremezco cuando te vistes de blanco. Qué color tan excitante. Quiero que me lleves al Payret. Estrenan una obra de la que me contaron el asunto. Fue la mujer de Marcos.
JUAN CABRERA. Conozco a esa familia Estrada.
BERTICA. Sí, ¡no me digas! ¿Te gusta mi perfume? Está de moda. Chanel.
JUAN CABRERA. Creía que únicamente había vestidos con esa marca.
BERTICA. Ay, esa ignorancia tuya me encanta. Te hace tan varonil. Eso y no leer la crónica social. Ayer se casó Nena Estrada. Una gran boda. Su padre Alberto Estrada ha ganado mucho dinero. Tiene una cadena de boticas. El novio también es rico y de prosapia. Un sportman. Campeón de tenis. Linda mujer Nena. Preciosa se veía con el traje de boda comprado en París. Ella es mayor que él. Qué extraño que esperara tanto tiempo para casarse. ¿Tú no la conociste?
JUAN CABRERA. Sí, la conocí.
BERTICA. Catorce juegos de té le regalaron, ochenticinco jarrones y docenas de pañuelos. El padre un Rolls Royce y el del novio un viaje por Europa en trasatlántico, con habitaciones reservadas en los más caros hoteles…
JUAN CABRERA. ¡Basta, Bertica!
BERTICA. Cariño, perdona, sé que te irritan mi frivolidad y la de mis amigas.
JUAN CABRERA. Me irrita y también me atrae.
BERTICA. No te aprietes así la boca. Vas a sangrar. Nena Estrada. ¿Por ella me llamas Nena?
JUAN CABRERA. Sí.
BERTICA. ¿Fueron novios?
JUAN CABRERA. Sí.
BERTICA. Ay, cariño, todos tuvimos novios y novias en la juventud. No te avergüences. ¿Yo…? De esos novios ni me acuerdo cómo se llamaban. La otra tarde iba de compras y tropecé con uno de tales, y sin acordarme de su nombre nos pusimos a recordar las boberías que hacíamos. Nos reímos muchísimo.
JUAN CABRERA. ¿Boberías…? ¿Para ti eran boberías?
BERTICA. Ay, cariño, ¿qué iban a ser si no? Abróchame. Te arden las manos. Vas a quemarme la cintura.
JUAN CABRERA. Te llevaré a un país de nieve.
BERTICA. Ver nevar me fascinaría. Ver y tocar lo que no tenemos en el trópico. Viajemos, Juan. Es tan elegante. Piensa en los titulares: «La fa-

milia del Representante Cabrera llega a París». Pon la mano aquí para que sientas saltarme el corazón.

JUAN CABRERA. ¿Qué estrenan en el Payret?

BERTICA. La compañía del Alhambra inaugura esta noche su temporada decente. No recuerdo cómo se llama la obra. Una mujer enamorada que sigue a su amante por todas partes del mundo y en cada una se le aparece de forma diferente. Si llega al Japón es una geisha. Si llega a Turquía, una odalisca.

JUAN CABRERA. Esta pregunta es para ti, para ti solita: ¿me quieres como quiere ella?

BERTICA. Quizás. Vístete. Te responderé en el teatro.

Desaparecen.

9

Juan Cabrera, solo.

JUAN CABRERA. No había modo que le dijera Berta. Para mí será siempre Bertica. ¿Afición? La crónica social, joyas, trajes, fiestas, meriendas, chismes… La mujer apropiada para un Representante. Que se retrate con él y sea vistosa. Tico, tico, tica, tica… Bertica y Albertico. Esos diminutivos… Hay que entender este país… No solo es el «Bertica» trato cariñoso, es una definición. Ella es un adorno, un adorno caro, pero un adorno. De pie, frívola. Horizontal, una locura. En esas noches o en los amaneceres en que el deseo me domina está ahí a mi lado dispuesta, hembra sana, carne limpia, vibrante. Obediente y rítmica, bailamos un danzón en la cama. A cada requerimiento una respuesta, a cada respuesta un nuevo requerimiento. Mientras esta ligazón dure estaremos juntos. En estas mujeres la falta de misterio es un misterio. Ningún golpe emotivo, raro, ningún alimento para el recuerdo. Tica, tica, tico, tico… La otra vive rodeada de misterio en mi cabeza. La hice crecer, cumplir años, hacerse una mujer. Su padre no es Albertico ni su madre Susana: ella nació de mí. La engendré y la crié. Pese a que me perteneces, pudiste abandonarme. ¡Qué extraño es esto! Estás en brazos de un jugador de tenis, te tiene debajo, dan la vuelta y quedas encima, la cabeza hacia atrás y babeante la boca, y un hilo de sangre los moja, y eres mía y te tengo delante. Para tenerte más, convierto a veces a Bertica en ti y la llamo por tu nombre. Algunos días encerrado en el baño, o cuando Bertica ha salido a cumplir con su locura de comprar y comprar, te dedico las más gloriosas de mis masturbaciones. Como un muchacho me hago la paja. Estás más en mi mente que en tu retrato. *(Saca el retrato y las cartas).* Aquí eres todavía una señorita de la alta sociedad habanera, en mi mente eres ya otra. Soberbia en tu belleza de hembra madura, espléndida y apetitosa. *(Mirando las cartas).* Frases de amor, citas, cariños encubiertos con chistes, todo de tu puño y letra. «Ayer estuviste muy pesado y nos despedimos sin besarnos. Procura besarme hoy. Te espero en el jardín a las cinco, pollo mojao». «Creo que Cheché nos ha visto. No debemos jugar más debajo de la cama». «¿Tú eres igual al hombre en cueros del libro que nos presta tío Ignacio? Te veo al mediodía en el traspatio, detrás de la mata de mango. Tu amiguita Nena». ¡Tantos años de sanaco guardando, escondiendo este retrato y estos papeles! ¡Perra! Calentarme y mantenerme en vilo con esto parado era cuanto querías. Verme desnudo, perra curiosa. Joven perversa. Embaucarme y seducirme. Delante de tu tío Alfonso lo negaste todo. Y yo, con estas pruebas escondidas, te salvé de las correas de Antoñica y de que te metieran a pupila en un convento. ¿Sabes lo que me pasa? Después de aquellos días nunca te ocupaste de mí. Ni un recuerdo, ni un papelito, ni una cartica. No puedo soportar tu libertad: vives y te mueves sin contar conmigo. Como nunca te tuve no puedo olvidarte. El imposible es insoportable. Me arrepiento de haberte dejado virgen. Tu sangre hubiera borrado este sentimiento. ¡Maldita seas! Una y mil veces. *(Rompe el retrato y las cartas. Los esparce y pisotea).* Bertica, la frívola, sabe más que yo. Tiene la admirable sabiduría de los tontos. La vida no los marca. Nena, ¡vete al carajo! Fuiste una bobería. Y sin embargo, y sin embargo...

10

Suenan los arreos del coche de doña Antonia de Cárdenas. Se oye abrir y cerrar la portezuela. Aparece doña Antonia envejecida, un traje negro largo sin más adorno que las gafas que cuelgan sobre el pecho. Está muy delgada. Ha dejado de ser la mujer imperiosa y robusta del pasado. Tiene el aspecto polvoriento de una dama en decadencia. La sigue Goyo, las pasas encanecidas, vestido como un antiguo esclavo.

DOÑA ANTONIA. ¿Es aquí?
GOYO. Seguro, su mercé.

DOÑA ANTONIA. Dile que vine a verlo.

Juan Cabrera vestido de dril cien.

JUAN CABRERA. Oí el coche, doña Antonia.
DOÑA ANTONIA. ¿Lo recordaste? Ya no es el mismo. Bueno, en parte es el mismo de aquella época. Ahora tiene un solo caballo. Eran dos, ¿recuerdas? Me deshice de uno.
GOYO. Era un gandío. Comía mucha maloja.
DOÑA ANTONIA. Goyo, déjanos conversar. ¿Cómo me encuentras, Juan?
JUAN CABRERA. Más delgada y...
DOÑA ANTONIA. ...más vieja. Muchísimo más vieja. Y triste, muy triste. Tú, por el contrario, te ves muy bien. Desde niño fuiste lindo. Avispado, un poco malcriado y respondón, pero despierto y con bonitos ojos. Ya me lo decía Corina. «Mamá, el muchacho va a romper corazones». Con una vida tan ajetreada, no te estropeaste. Roce social, maneras... Hasta la voz, que cuando estabas en la quinta era una valla de gallos, se te ha vuelto agradable. *(De repente).* Me contengo para no llorar. Vengo a verte porque tú me lo recuerdas y a la vez se me humedecen los ojos. Perdona que me ponga a lagrimear en tu propia casa. Ya está pasando, ya está pasando...
JUAN CABRERA. Soy tan torpe para consolar que no sé qué decirle...
DOÑA ANTONIA. Tú lo querías, Juan. Solía verlos conversando.
JUAN CABRERA. Lo quise y él me quería. Me daba lecciones de Anatomía y de Higiene Social en su propio gabinete, en el que no dejaba entrar a nadie. Mirábamos por el microscopio...
DOÑA ANTONIA. Cuanto está relacionado con mi hijo Ignacio, los que estuvieron cerca de él y fueron sus amigos, ese gabinete que mencionaste, su muñeco de anatomía, volver a encontrarme con cualquiera de estas cosas me hace sufrir y sin embargo las busco y me acerco. No subo al piso alto de la quinta nada más que para estar largo rato en su gabinete. Hojeo sus libros, paso mis dedos marchitos por el frío metal de sus instrumentos, me siento en su sillón... Ya está pasando, ya está pasando. Hace veinte años que me lo digo. Está pasando, está pasando. Cómo se puede recordar tanto tiempo. Envidio a esos seres que pierden el don terrible de recordar y parece que vuelven a la infancia.
JUAN CABRERA. Pídale a su Dios que la consuele.
DOÑA ANTONIA. No solo he envejecido: he cambiado. La muerte de mi hijo fue, paso a paso, transformando mi vida. Quien está ante ti no es la

que conociste. Dejé de ir a la iglesia, de confesarme y comulgar. Ningún consuelo espero de Dios. Él me quitó a Ignacio, desconozco con qué fin, cuál fue su propósito, pero estoy convencida de que permitió que los otros lo mataran.

JUAN CABRERA. No sufra, doña Antonia. Tal vez no entendemos la máquina del mundo.

DOÑA ANTONIA. ¿Y qué importa entender? Se fue sin despedirse, sin que yo pudiera darle un beso. Él sabía que yo podía impedir su partida. Con lágrimas, con lamentos, de rodillas, arrastrándome tras él… No lo volví a ver con vida. ¿Sabes lo que eso significa? Sé que lo sabes. Tampoco volviste a ver a tu madre. Sin embargo, pudiste despedirla. Dios te lo permitió. En la alta noche llamaron a mi puerta. Ladraron los perros, que husmean la desgracia. Todos los perros de la cuadra ladraban. «Mamá, han traído a Ignacio», gritó Corina desde el patio. Bajé las escaleras corriendo, corriendo… Mi hijo había regresado. Corina me abrazaba y lloraba, y yo creí que era de alegría y rompí también a llorar. De pronto se apartó como se abre una puerta y yo lo vi entonces, tendido en una parihuela en medio del patio. Hijo, hijo, ¿estás herido? Y estaba muerto. Vestido con su uniforme y sus malditos galones de teniente. No sé qué hice, si grité o me quedé callada, tal vez me arrodillé para besarlo. Cuando amaneció yo estaba en el suelo del patio. Sus hermanos habían retirado la parihuela y preparaban el velorio.

GOYO. Yo la llevé a su cuarto.

DOÑA ANTONIA. Cerré las cortinas y me tiré en la cama. Me negué a ir al velorio, al entierro, a las misas por su alma. Yo hablaba con él de otra manera. Sobre todo sin testigos, y sin apoderarme de su acción ni de sus méritos. Sus hermanos tendieron el cadáver y empezaron a comérselo, a alimentarse con sus restos. El muerto indefenso y callado no pudo defenderse. Ellos gritaban a los cuatro vientos: «¡Somos los hermanos del Teniente Coronel Ignacio Estrada, muerto en campaña!» Ellos, ellos, Alfonso y Albertico, vivían de comerse al hermano, al héroe de la patria. ¿Qué hicieron con sus restos? Un velorio interminable. Una fiesta, una fiesta. Poco faltó para que bailaran al son de los tambores. ¡Qué asco! Lo despedazaron como auras tiñosas. Tres días duró el velorio. Hasta que el forense les dijo que olía a podrido, no consintieron en enterrarlo. ¡Qué asco! Después de esa fiesta, ¿qué hicieron las auras tiñosas? Sacaron a relucir al otro muerto, al padre, y gritaron también que era un veterano, separatista, filibustero, ¡un insurrecto!, que había luchado en la guerra de Céspedes y lo había dado todo por la causa. No les faltó nada para decir que también había muerto en el campo de batalla, bajo las balas españolas. ¡Qué asco! Y pensar que eran hijos y hermanos. Pensar que los tres salieron de este vientre. Cómo pude parir a Ignacio y a esas dos alimañas. Abrieron el panteón familiar y lo enterraron junto al padre. Redoblantes, cornetas de duelo, discursos... Nada faltó en aquella mojiganga. ¿Y después...? ¡Adelante! Siguieron adelante sin bochorno, sin una gota de vergüenza. Ya tenían al pasado de su parte y se adaptaron jovialmente al presente. Dejaron de pertenecer a la aristocracia. Ahora descienden de libertadores y se han hecho republicanos.

GOYO. Cálmese, su merced. Se pondrá mala.

DOÑA ANTONIA. ¿Dirás que lo que valía en Ignacio y en Leoncio ni lo comprendí ni lo acepté mientras los dos vivieron? Y fue así, Juan Cabrera. La muerte de ambos me iluminó. A Leoncio lo amé siempre. Nadie me humilló tanto como él. Fui humillada y vilipendiada. Cuando te trajeron a la quinta hacía veinte años que dormíamos separados, cada cual en su cuarto. Yo lo sentía llegar en la alta noche. Venía de estar con alguna de sus queridas. Tenía varias y de todas las razas. Yo hablaba entonces con Dios, como hacen los abandonados. Hablaba sola y en vano, después lo supe. «¿Por qué no viene a mi cama, Señor?» Oía a Leoncio toser y luego roncar dormido. En la mañana volvía a ser mi esposo, desayunábamos juntos, hablábamos de nuestros hijos, peleábamos y nos reíamos... Anhelé tantas veces que la noche no llegara y no lo oyera decir: «Goyo, prepara el coche». Ay, Juan, cuán imperfecta es la vida. La mía era tan pequeña, reducida a los límites de mi casa, a gritar a los criados que prepararan la comida. Para Leoncio no era así: iba de una cama a la siguiente, conspiraba, tenía amigos, se iba a la finca y montaba a caballo. Esperé que envejeceríamos juntos y el coche no saliera más. Y no fue así. Murió en sus trece. Si a mi hijo me lo trajeron tendido en una parihuela, a él en un catre, con las ropas a medio vestir. La última de sus queridas me lo mandó de vuelta. De noche fue de ellas, de día ninguna me lo pudo quitar.

JUAN CABRERA. Sí quise a su hijo, hoy lo admiro. Fue a pelear a la manigua de verdad, de frente y cerca del enemigo, empuñando en su fina mano de hombre de gabinete el revólver humeante. De frente y de cerca. No ganó los grados por ser hijo de un veterano o de un hombre de dinero. No se cuidó quedándose detrás en los ranchos o en los hospitales, disimulando como esos bichos que se conservaron para disfrutar de la futura República.

DOÑA ANTONIA. Extrañé que nunca volvieras por la quinta.
JUAN CABRERA. Discúlpeme, pero ya no busco tropezar con mi pasado.
DOÑA ANTONIA. Queda en ella muy poco del pasado. Allí casi todo es presente. Tropezarías con sus huellas o sus cicatrices. Verías lo que el presente hace con ciertas familias. He vendido mis joyas, las lámparas y las vajillas, los muebles del comedor. Mármoles. Espejos. Están vacías las paredes, sin un cuadro que valga la pena. Ayer, hoy, mañana. El techo se cae a pedazos. Están podridas las ventanas. Crece la yerba libremente en el traspatio. La cocina apenas se enciende y a Bejuco lo enterramos en el cementerio chino hace tres años. A este le doy cada lunes la libertad para que empiece libre la semana. Le digo: «Goyo, la esclavitud se acabó. Puedes irte. Vete donde te lleve el viento, coge tus cosas y tira la puerta».
GOYO. ¿Adónde irá el pobre Goyo? ¿Quién va a darle trabajo? La libertad me mete mieo, su mercé. Esclavo nací. No ordene que me vaya. El pobre Goyo ya no pue viví sin ser esclavo.
JUAN CABRERA. *(Con temor).* ¿Y Corina, la bella Corina?
DOÑA ANTONIA. ¿Te gustaría verla? Está en el coche. Tráela, Goyo.

Aparece Corina. Es una vieja con apariencia de niña. La cara arrugada y blanca, el pelo en trenzas teñido de rubio. Balbuce y habla incoherencias. Goyo la conduce del brazo. Trae una silla pequeña y la ayuda a sentarse. Corina tiene una muñeca de trapo. Se la pone en las piernas, le habla y juega con ella.

CORINA. Quieta, Nena. Eres mala, majadera. A ver, tu tía Corina… Papilla, papilla…
DOÑA ANTONIA. ¿No te acuerdas de Juan?

Juan Cabrera se le para delante profundamente conmovido.

CORINA. *(Haciendo pucheros y pasándose los dedos por los labios bambolea la cabeza).* Juan, Juancito, pedazo de pescadito… ¿Tú eres Juan? Mira mi muñeca. Se llama Nena. Qué lindo tu traje blanco. ¿Por qué no bailas con Nena? *(Empieza a cantar una canción infantil).* No quiere comer, no quiere comer… Voy a tocarte el piano, niña majadera. *(Toca en un teclado imaginario).*
JUAN CABRERA. ¿No te acuerdas de mí?

Corina lo mira abstraída y mueve los dedos sobre sus labios. Emite un sonido de bebé.

DOÑA ANTONIA. Vámonos, Corina. No importunemos a Juan. Fíjate en lo bien trajeado que está.

CORINA. ¡Qué lindo tu vestido blanco!

DOÑA ANTONIA. *(Como si en realidad hablara con una niña)*. Es el señor Representante Cabrera, y viste así porque va a un banquete en su honor. *(A Juan Cabrera)*. Te llevarás una sorpresa en el banquete. Van Susana y Albertico. El senador Marcos López los invitó. Para que completes el cuadro social del país te mandaré a Goyo, un ex esclavo. Hija, despídete.

CORINA. *(Se levanta y agita la muñeca)*. Adiós, pescadito. ¿Tú eres Juan?

Doña Antonia se la lleva.

JUAN CABRERA. ¿Desde cuándo está así?

GOYO. Dimpué que trajeron al señorito Ignacio. Goyo se alegra de verlo, su mercé. Está contento.

JUAN CABRERA. Dale esto a doña Antonia.

GOYO. *(Los ojos muy abiertos)*. No, no, señó Juan. La doña ofenderse. No, dinero de naide. Los hijos mandan plata y su mercé vira plata pa trá. «Goyo, de las tiñosas nada». No pase pena: su mujé Betica compra cosas. *(Se lleva la sillita)*.

JUAN CABRERA. *(Gritando)*. Goyo, ¿y la magnolia?

GOYO. *(Alejándose)*. Florece entodavía.

Desaparecen.

11

Café habanero, 1920. Juan Cabrera sentado en el mismo lugar. Para la celebración del banquete varios camareros visten una larga mesa colocada a lo ancho de la escena.

JUAN CABRERA. ¡Camarero! Un coñac Felipe Segundo. Espera, no te vayas. Dame un minuto. ¿Me conoces? ¿Sabes quién soy?

CAMARERO. Por supuesto.

JUAN CABRERA. A ver... Dime quién soy.

CAMARERO. Juan Cabrera.

JUAN CABRERA. ¿Nada más?

CAMARERO. El señor Juan Cabrera, Representante a la Cámara.

JUAN CABRERA. Así que tú también me conoces.
CAMARERO. ¡Quién no! La ciudad está llena de su efigie. Pasquines y abanicos. Hacia cualquier parte que uno se vire encuentra su nombre.
JUAN CABRERA. ¿Votaste por mí?
CAMARERO. No.
JUAN CABRERA. ¿Y por qué no?
CAMARERO. No simpatizo con su partido.
JUAN CABRERA. ¿Para qué simpatizar con un partido? Hay que simpatizar con la gente. ¿Te das cuenta? Muchos que me dieron su voto no simpatizan con el partido, les gusto yo, mi sonrisa, mi voz, lo que conocen de mi vida. Los criollos somos así. Simpatía, emoción… ¿No te cae bien mi cara?
CAMARERO. Mire, señor Representante, mejor le sirvo su coñac. Yo soy obrero y trabajo por un jornal. Estoy doce horas de pie.
JUAN CABRERA. ¿No te interesa el futuro del país? Tienes delante a quien representa una parte, tal vez pequeña, de ese futuro. Yo también trabajé duro. De criado de una familia, en la zafra, peón de albañil, lector de tabaquería… Si no fui obrero todo el tiempo como tú, fui algo peor: un recogido.
CAMARERO. ¿Por qué no huyó de la casa y se hizo obrero?
JUAN CABRERA. Huí de la finca.
CAMARERO. Vaya.
JUAN CABRERA. ¿Me estás juzgando? Suavemente, pero juzgándome. Me hice algo mejor: un político. Desde el Congreso ayudaré a gente como tú, hayan o no votado por mí. En el Congreso no todo está podrido. Existen buenas personas. ¿Qué te parecería si votáramos una ley aumentando el salario a tu sector?
CAMARERO. ¡Buena! ¡Buenísima! ¿Y a los demás sectores?
JUAN CABRERA. Quieres mucho de golpe. Hay otros senadores y representantes. Solo no puedo con todo. Déjémosles algo por hacer a los demás.
CAMARERO. Gracias por adelantado, Representante. Si cumple su promesa mis hijos vivirán mejor, aunque los hijos de los otros sigan pasando hambre.
JUAN CABRERA. Haremos una ley general para complacerte. Sírveme el coñac. ¿Tú eres del campo?
CAMARERO. Habanero. Antes de estar aquí, maquinista de ferrocarril. Tuve un accidente. En la pierna, ¿ve? Cojeo al caminar. Encontré esto, un puesto algo más suave.
JUAN CABRERA. Se te nota que eres habanero. No tienes el aire de dormido de la gente del campo. ¡Excelente coñac! Obrero, me voy. Si cambias de opinión, vota por mí en las próximas elecciones.

CAMARERO. Fácilmente no cambio de opinión. Pero no se preocupe: habrá quien vote por usted.
JUAN CABRERA. Así sea. Y como decía en mi juventud, ¡venga lo que venga!

Se aleja el camarero renqueando. Juan Cabrera avanza hacia la mesa del banquete. Entran los invitados. Cheché, Marcos, correligionarios. Conversan y beben de pie. Aparece Goyo. Todos al entrar dan la mano efusivamente al señor Representante. Se destaca la aparición de Alfonso, que llega a cumplir la promesa de hacer público su apoyo a Juan Cabrera. Este le presenta a Marcos López. Entran Susana y Albertico elegantemente ataviados. Juan los conduce a su lugar en la mesa. Todos se sientan. Juan y Bertica quedan en el medio del banquete. La escena se cierra con la aparición del Coro y la repetición de varios parlamentos de la Primera Parte. Todos los comensales quedan inmóviles. Marcos se levanta y le entrega a Juan Cabrera una pequeña caja envuelta en vistoso papel de regalo. Juan la abre y saca una pistola cuarenta y cinco. Marcos dice: «Que te aproveche». Vuelven a sentarse y permanecen inmóviles. Al fondo se ilumina la cúpula del Capitolio y se oye una orquesta típica tocar un yambú. Oscuridad total y repentina.

2003.

ÍNDICE

El caso se investiga	7
La zona cero	31
Todos los domingos	83
Los siete contra Tebas	121
Las tres partes del criollo	167